期货交易

爱思潘 ◎ 著

从十五次爆仓
到长期稳定盈利的蜕变

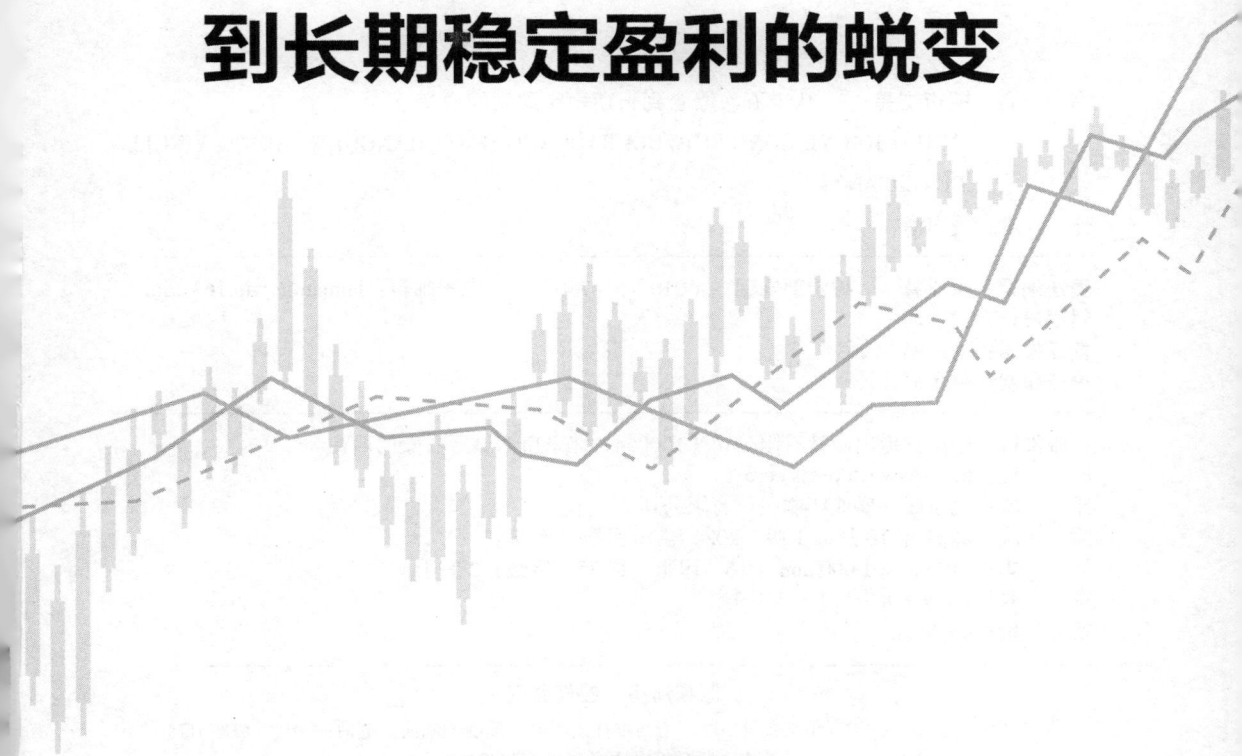

中国铁道出版社有限公司
CHINA RAILWAY PUBLISHING HOUSE CO., LTD.

U0650059

图书在版编目（CIP）数据

期货交易：从十五次爆仓到长期稳定盈利的蜕变 /
爱思潘著 ． － 北京：中国铁道出版社有限公司，2024.
10． － ISBN 978-7-113-31539-9

Ⅰ. F713.35

中国国家版本馆 CIP 数据核字第 2024CB0377 号

书　　　名：**期货交易——从十五次爆仓到长期稳定盈利的蜕变**
　　　　　　QIHUO JIAOYI: CONG SHIWUCI BAOCANG DAO CHANGQI WENDING YINGLI
　　　　　　DE TUIBIAN

作　　者：爱思潘

责任编辑：张亚慧　　　编辑部电话：（010）51873035　　　电子邮箱：lampard@vip.163.com
封面设计：宿　萌
责任校对：刘　畅
责任印制：赵星辰

出版发行：中国铁道出版社有限公司（100054，北京市西城区右安门西街 8 号）
网　　址：http://www.tdpress.com
印　　刷：北京联兴盛业印刷股份有限公司
版　　次：2024 年 10 月第 1 版　　2024 年 10 月第 1 次印刷
开　　本：710 mm × 1 000 mm　1/16　印张：17.75　字数：288 千
书　　号：ISBN 978-7-113-31539-9
定　　价：88.00 元

前　言

当今时代，金融市场蓬勃发展，尤其是期货市场的发展格外亮眼。在上海期货交易所、大连商品交易所和郑州商品交易所的基础上，2013年我国成立了上海能源交易中心，2021年成立了广州期货交易所。越来越多的投资者参与其中，对于专业投资知识的需求急剧增加。但现实是不少投资者欠缺投资知识，缺乏系统的学习，不具备专业的投资技能，这往往会导致亏损局面的出现。

我从2012年参与外汇期货交易，从亏损到稳定盈利，经历过市场涨跌起伏的洗礼，深刻体会到投资成功的欣慰和失败的无奈、愤懑。为了帮助投资者走出失败的泥潭，走向长期稳定、健康盈利之路，我把自己的交易经验和交易方法进行提炼，总结成爱思潘交易系统。

在本书中，不仅详细讲解了爱思潘交易系统，还讲解了科学的学习方法，该方法能够帮助投资者少走弯路，避开陷阱，直通投资正路。

投资要有科学的理论作为指导。缺乏理论指导的投资是盲目的投资，最终必然走向失败。在交易领域，投资理论的创新是很难的，现在几乎所有的交易理论都是外国人创立的，属于定向派。所谓的定向派是指那些通过基本面分析、技术分析等工具去预测未来价格走势的投资者——如预测上涨做多，预测下跌做空。这种提前为市场未来走势定向的理论我个人认为是十分有害的。

定向派投资理论是造成重仓交易、亏损扛单、导致重大损失的理论根源。因此，这些交易理论并非都是正确的，根据我的实战交易经验，首次提出无向论，即市场的走势是没有方向的，要按照市场运行的规律（能量论）做交易。不必知道未来的行情朝哪个方向运行，依旧可以做好交易。

投资要有策略和流程。交易不适合普通人，不是因为普通人不具备交易的能力，而是缺乏系统的交易思维训练。比如，开进多单、行情下跌、浮亏出现，普通人会凭借避险的本能逃跑，而专业的投资者则会按照事先做好的计划来应对。虽然很浅显，但这就是普通人和专业投资者的区别。

另外，投资要有具体的操作标准。理论的力量在于指导具体的实践，交易理论同样也是如此，一个无法实际应用的交易理论是没有价值的。在爱思潘交易系统中有五大交易理论：无向论、能量论、共振论、平衡论和实践论，都有具体的操作标准。

本书分为三大部分：第一部分讲解原创的交易理论，第二部分讲解交易理论的具体应用，第三部分讲解高效科学的学习方法。

最好的学习方法是知行合一，投资不是靠嘴说，而是靠实践。希望你能够一边学习本书讲解的爱思潘系统，一边对其进行验证，我相信每一个验证，都是一份成长。

如果本书能对你的思维有一些启发，对你的交易有一定帮助，我将倍感欣慰。任何投资都伴随着风险，请谨慎为之，祝你交易顺利！

作　者
2024 年 8 月

目 录

第 1 章

市场公理：用公理化思维
指导交易

1.1　交易思想决定交易成败

交易市场的交易规则非常简单，只需按照要求开户，注入资金就可以进行交易。只要是开盘时间，交易者都可以自由地开单、平仓。获利的方法无非是低买高卖，仅此而已。然而这种看似自由、简单的事情，却让无数怀揣梦想的交易者不仅没有美梦成真，反而坠入了亏损的噩梦之中。因为学习交易并不只是学习下单、平仓等这些简单的交易动作、交易技巧。而是需要学习交易思想、交易策略、交易流程、分解固化交易动作等，最后内化形成自己的交易系统。

1. 什么是交易思想

交易思想是交易员的交易思维方式，是其看待交易市场的角度、方式和方法。对交易员的心理变化及其所有交易行为等都起着决定性的作用。因此，建立正确的交易思想是所有成功的交易员必备的基本条件。

2. 交易思想决定交易能否成功

你永远赚不了超出自己认知范围之外的钱，除非靠运气；但是凭运气赚到的钱，最后又会亏掉，这是一种必然。在交易市场中，你所赚的每一分钱，都是你对这个市场认知的变现；你所亏的每一分钱，都是因为你对这个市场认知有缺陷造成的。

交易思想、交易理论极其繁多，有基本面分析、趋势理论、均线和波浪理论等技术指标理论。而各种理论观念造就了交易员对市场的认知，这就意味着：你建立什么样的交易思想，市场就会在你眼前呈现什么样的市场走势。如果你坚信均线理论，那么市场在你眼前呈现的走势就是贴合均线运行的；如果你坚信布林带指标的"神奇"，那么市场在你眼前呈现的走势就是贴合布林带运行的；如果你确信形态分析理论，那么市场在你眼前呈现的走势就与形态分析一致。

虽然这些传统交易理论都有其优点，在特定的行情走势里都能非常好地反映市场的价格变化规律，但是由于它们都有其局限性，并不能全时段反映市场的行情走势情况。

毕竟传统技术分析方法都是采用统计分析使用不完全归纳法总结而来的，对行情的分析不仅不能得出确定无疑的结论，而且像均线、MACD、布林线等技术指标往往因参数设置的不同会得出完全不同的结论；波浪理论更有千人千浪的说法。

3. 正确的交易思想需要符合什么标准

第一，交易思想要经得起推敲，逻辑上要清晰、严密。

第二，交易思想能够客观分析交易市场的行情走势，具有一致性结论。对于交易市场的行情变化分析要客观，不带有主观猜测判断。每个认同者均能得出一致性的观点。

第三，交易思想要与市场吻合，对市场行情的分析判断应该与市场的实际走势相吻合，与市场保持高度一致，符合市场自身的规律。

1.2 公理化思维与打造交易系统

建立正确的交易思想，树立正确的交易理念后，我们需要科学地制定相应的交易策略才能将交易思想、交易理念落到实处，才能更好地利用交易思想指导交易活动，否则只是纸上谈兵。

1.2.1 选择交易机会的策略

较低的交易风险、较高的成功率是每一个交易者所追求的，对于我的交易系统而言，共振交易是在标准交易机会基础上形成的多个周期交易机会的共振，具有成功率高、止损幅度小、交易风险低的特点。对于一般交易者而言，选择只做共振交易机会的策略，不仅可以利用较高的成功率提升交易信心，还可以在符合资金管理的情况下利用共振交易机会止损幅度小的优势合理增加仓位，大大提高盈利金额。也就意味着在风险可控的同时进行重仓交易，不过，它不是冒着非常大的风险，而是在单次交易最大亏损金额不变的前提下增加仓位，达到重仓盈利的目的。

比如，一个标准交易机会的最大止损幅度为 300 点，正常仓位为 1 手时（以 1 标准手浮动 1 点金额为 1 元计），最大亏损金额为 300 元；而如果是一个共振交易机会，最大止损幅度降为 100 点，在控制最大亏损金额同样是 300 元的情况下，仓位可以达到 3 手。达到了风险可控的同时进行重仓交易，一旦出现大幅度的释放行情，即可实现大幅盈利。

1.2.2　选择交易机会模型的策略

通常情况下，按形态可将交易机会分为矩形、旗形、三角形、双头（底）、头肩顶（底）、通道等模型，这些交易机会是市场里的一种运行的状态，相对容易识别，而且比较稳定。同时，交易机会不是突然间出现，也不会瞬间消失。对于这些交易机会，每个交易者一定要有一到两个非常擅长的交易机会模型。比如，擅长做通道、矩形或是旗形。特别是对于初学者来说，只要先熟练掌握使用其中一个擅长的交易机会模型，就能慢慢掌握并熟练运用其他的交易机会模型。

1.2.3　选择交易模式的策略

针对离场的方式，本书中交易系统有多种的交易模式可供选择，比如，控制系统中有 K 线控制模式、351 均线控制模式、定量控制模式、趋势控制模式及升（降）级控制模式等。

每一个交易员的脾气秉性是不一样的，有的人性格比较急一些，有的人性格比较慢一些。真正最符合你的交易模式只能是你自己创造的，当然不是让你凭空创造，而是把本书交易系统的交易模式学会之后再自行发挥，得以成长，真正形成自己的交易方法、模式。虽然大家用同一个交易思想、交易理论，做法却可以不同。

比如有人喜欢轻仓交易，有人喜欢重仓交易，有人喜欢直接做正向释放，有人喜欢做逆向释放等。这些都没问题，只要和你的脾气相合。不过，这些不是说到就能做到的，需要经过反复测试你所选的模式是否真正适合自己。

1. 交易流程化

在处理我们生活中的事情时，往往需要按一定的流程进行，比如，钓鱼。第一步是准备钓具、鱼饵，第二步是选择鱼塘、观察鱼塘、投鱼饵，第三步是开始钓鱼。绝对不会是你看到一个池塘，直接就把鱼钩扔下去，因为你根本不知道池塘里是否有鱼，所以，这样的钓鱼结果可以预估到一定是一团糟。

交易活动也是如此，在交易界流传最广的一句话是"计划你的交易，交易你的计划"。即交易之前你要制订交易计划，然后严格执行交易计划。计划必定是按照先后顺序，先做什么、接下来做什么、最后做什么，是有条理、有秩序、流程化的。

当你按照链条式的流程去做交易时，会非常淡定、安稳。因为你知道眼下这一步要做什么，下一步要做什么。比如，当识别出交易机会后，要对交易机会进行确定，确定它是什么机会。如果确定好交易机会后，接下来是入场的问题，一步一步进行，不快也不慢，按部就班。不然就会没有章法，就会手忙脚乱，容易造成认知错误导致出现亏损、情绪波动。情绪一旦出现问题，交易就会更加混乱，甚至出现冲动交易、不计后果的重仓交易等错误。

2. 分解交易动作

它是我们真正履行交易规则，执行交易计划的实践手段。通过交易动作来完成交易规则的执行，没有交易动作，交易计划就无法实现。所以，你必须要清楚在整个的交易过程中包括哪些行为，需要做出哪些动作，这些动作的标准及这些动作的原则是什么，换言之，交易动作要学习的是如何完成交易计划。

所谓的交易动作是指交易员的行为和心理活动的总和。

交易动作分为入场之前的交易动作和入场之后的交易动作。包括分析行情、识别交易机会、风险管理、目标控制、等待、入场、减仓、离场。这些交易动作贯穿于整个交易过程。

➤　交易状态

交易状态是指交易员的交易心态，包括心情是否平静、愿不愿意交易、有没有心情做交易、交易的心理能量是否充足、是被迫交易的还是主动交易等。

➤　风险管理

风险管理时时刻刻都在伴随着每个交易者，当风险不能确定时你是不能做交易的，因为风险是无限大的。一旦你把风险量确定了，同时你又可以接受，这时风险才是可控的。

➤ 目标控制

交易的目标是什么？有人说交易的目标是赚钱，肯定不是。因为当交易的目标被定义为赚钱时，你就会随意地改变自己的交易方法。只要认为某个方法可以赚钱，你立即会把当前所用的方法给换掉，改成其他方法。如果新换的方法也不能够赚钱，你又要换另一个方法。就是这样不断地追逐学习新的交易方法、交易技巧、交易系统的过程当中，你始终未能得到盈利，既浪费了时间，也浪费了精力。

交易的目标是"为法而动"。法，指的是法则、规则，即你按照规则做交易。你的交易目的是让这些规则被彻底地执行，和盈利没有关系。因为人是一个感性化的动物，当你提到利益时往往会把人的感性调动起来，一旦把感性调动起来就会造成情绪化交易。而交易时出现情绪化是十分具有破坏性。所以，你需要把自己理性的层面调动起来，执行交易规则。把符合理性的方面调动起来，要求自己执行交易计划中所写的每一条。比如，市场形成一个上三角的机会，计划是突破之后入场，如果现在没突破不入场，突破了就入场。如果行情重新回到区间里就离场，没有回到区间里就不离场。当浮盈等于最大亏损时我们执行保护等。严格执行这些规则，只要这些规则清晰，你所有的交易动作都是为这些交易规则的执行而奋斗，只有这样，你才可以真正地实现长期稳定盈利。

➤ 分析行情识别交易机会

你利用市场规律分析、看待行情，清楚明白市场目前是什么状态，确切知道未来会是什么状态，未来是怎样的行情走势，为交易制定可靠的交易机会提供有利基础。同时，准确识别交易机会，合理控制资金风险管理，为入场制订详细计划。

➤ 等待

等待是最重要的交易动作，在没有交易机会出现时，你要耐心等待交易机会的出现，交易机会出现了之后要耐心等待入场时机，入场之后要等待达到保护的条件对持仓进行保护，保护后要等待出现减仓或离场信号后进行减仓或离场操作。

如果不会等待，不知道等什么，证明你还没有掌握交易方法。

交易其实是一场等待的"游戏"，交易活动的绝大部分时间都是在等待，等待的过程对于大部分人来说是痛苦的、煎熬的、难以忍受的，等待的过程充满着自我怀疑、对策略的怀疑、对市场的怀疑。只有会等待的交易员才是成熟的交易员。

➤　入场、减仓、离场

入场、减仓、离场是交易过程中直接影响交易后果的交易动作，每一次你都必须审慎对待，绝不能在没有交易计划的情况下进行操作，也绝不能在心理状态不佳的情况下进场操作，真正做到"为法而动"。

1.3　市场运行的公理：为利而动

我们都会认可任何事物背后必有道理这句话。不过，这个道理不能凭空想象，一定要有所依据，否则就只是空中楼阁、水中之月。

既然不能凭空想象，就要实事求是，从市场活动的实际出发，从市场自身出发，只有融入研究对象，我们才能发现其本质。

让我们一起思考：交易市场是如何产生的？金融交易市场是货币资金或金融商品交易的场所，参与者在交易市场可以进行各种票据、有价证券、黄金及外汇的买卖活动，通过资金的转移实现资金的重新配置和优化组合。交易市场之所以能够长期存在，最重要的一点是有交易者不断地参与，正是有了无数的交易者在交易市场买卖市场的标的物品，才使得交易市场充满活力。如此就引出又一个疑问：市场的参与者为什么要参与交易活动？他们的目的是什么？

其实很简单，早在两千多年前，司马迁在《史记》的《货殖列传》篇开头就已经给出了答案："天下熙熙，皆为利来；天下攘攘，皆为利往"。

这也就意味着，所有的市场参与者，他们有一个共同的目的：为了在交易市场中获得利益。无论是做短期投机的交易者，还是做价值投资的交易者，抑或是进行套期保值的交易者等，他们在交易市场的所有交易活动的目的都是自己能够获利。简而言之就是"为利而动"。

无论是股票市场、期货市场还是外汇市场，有各种各样的交易参与者，有大的投资机构、私募基金、公募基金、个人投资者或是社会保障机构等。市场只要运行，参与者每时每刻都在用各种各样的方式进行交易，有人使用趋势方法，有人使用波段方法，也有人使用快进快出的"剥洋葱"抄单方法，还有人使用计算机自动化交易的量化方法等。

看似每个交易者都在关注市场价格的上下跳动，其实价格只是表现而已，他们真正关心的是账户资金的盈余，因为来到交易市场的唯一目的就是利益，每一个交易动作都是因为他们认为这样做有利可图，都是"为利而动"。

既然"为利而动"是交易市场上的一个不证自明的事实真相，接下来，我们就以这个事实真相作为研究市场的基础理论依据、作为市场运行的公理、作为进一步研究的第一性原理。

1.3.1 交易市场的演化过程

既然我们要对市场进行研究，试图找到它的自身运行规律，就应该先了解交易市场的演化过程。

在交易市场有三个撮合成交的原则：

- 价格较高的买进申报优先于较低的买进申报，价格较低的卖出申报优先于较高的卖出申报。
- 价格最高的买方报价与价格最低的卖方报价优先于其他一切报价成交。
- 在以相同的价格申报时，应该与最早报出该价格的一方成交。

依据市场撮合成交的原则，通过一个实验，弄清楚交易市场运行的演化过程。

假设在一个理想的交易市场中，有 100 个人参与交易活动，标的物为某种商品的期货价格。从某个时刻开始，依据规则，市场会对该商品提供一个参考价格 P_0，然后交易参与者开始报价，并根据撮合成交原则进行撮合成交。

再一次强调：我们已经找到市场运行的公理——为利而动，所有参与者的交易活动都是以盈利为目的。可以预测接下来将会出现以下几种情景。

1. 情形一

100 个参与者对 P_0 这个价格全部认同，对这个价格均无异议。没有人认为该种商品在可预见的未来价格会发生变化，所有人都无法获得盈利，因此，没有任何人报价进行买卖，不能对资金进行转移，市场无法实现对资金重新分配、优化组合的基本功能，市场也就无法存续下去了。

2. 情形二

随着时间的流逝，可能是该商品的上游行业的生产状况发生了较大变化，或是该商品本身生产状况发生了较大的改变，或是由于天气原因导致原料供应受到了影响，抑或是行业政策得到调整等，在这 100 个人中已经有一部分人觉得，在可预见的未来，该种商品的期货价格会高于 P_0，于是就在市场报价做多。

此时可能会出现如下两种情况：

- 没有人认为在可预见的未来价格会下跌，所以，没有人报价做空，依据市场撮合成交的原则，这种情况根本不会成交，结果同"情形一"一样，如果一直延续，市场也就不存在了。
- 一部分人从天气上分析，认为未来价格会上涨，入场做多；另外一部分人从行业政策上分析，认为未来价格会下跌，于是入场做空。依据撮合成交的原则——多单和空单经撮合成交，生成新的价格。

至此，参与交易的这 100 个人逐步分化成了两个群体，即做多单的多方和做空单的空方。由于每个人在不同时刻对行情的判断都在变化，虽然分化出了两个阵营——多方和空方，但是每个阵营的人员是在随时不停地变化着的。

3. 情形三

随着行情的发展、时间的推移，这 100 个人中有一部分人发现市场的价格变化呈现出一些规律，某些情况下无论做多还是做空都难以赚钱，而另外一部分人发现在某些情况下可以通过做多或做空赚到丰厚的盈利。于是在出现难赚钱时，他们选择不参与交易，只是在一旁观望，只待合适的时机再进入市场。我们称他们为观望的一方，也叫观望的第三方。

至此，在交易市场的交易参与者分化成了三个阵营：做多的多方、做空的空方及观望的第三方。

1.3.2　市场价格变动的原因

市场价格的涨跌直接关系到交易者账户资金的盈亏变化，既然市场价格的变动将直接影响交易者"为利而动"这一基本目的能否实现，同样，按照"与缘合一"的思想，顺着抽丝剥茧的思路，我们必须要探究市场价格变动的原因。

让我们再次回到理性的交易市场，再做一次实验：

经过市场多空双方不停地交易，刚刚过去的一瞬间，通过撮合成交规则，多空双方达成的最新市场价格是 2 500 元，现在市场上有 100 手的买单挂在 2 499 元的价格上，有 50 手的买单挂在 2 498 元的价格上，有 150 手的卖单挂在 2 500 元的价格上，有 200 手的卖单挂在 2 501 元的价格上。当然，除了市场上已经挂出多单的多方及挂出空单的空方以外，还有观望的第三方。

就目前的状况下，我们将这个实验模型进一步理想化，假设市场中的空方所挂的卖单不发生改变，也不会有新的卖单挂出。此时，如果将市场价格往上推高一格，使市场价格从 2 500 元上涨到 2 501 元，需要达到什么条件呢？

现在的市场价格是 2 500 元，存在 150 手价格 2 500 元的卖单，那么，多方首先要把这 150 手的卖单买下，然后在 2 501 元的价格上至少买 1 手（交易限制最小成交手数为 1 手），才能使市场价格上涨到 2 501 元。也就意味着，做多的多方需求量比较大，在 2 500 元的价格上 150 手卖单不能满足多方的需求，但是在 2 500 元的价格上又没有更多的卖单提供给多方，多方要想买到足够的数量单就需要将买价提高到 2 501 元，即在 2 500 元的价位上多方的买入力量大于了空方的卖出力量，市场价格因此得以上涨。

接下来我们把实验模型设置得再复杂一些，首先依然假设市场中的空方所挂的卖单不发生改变，但是观望的第三方却有可能随时入场增加新的空单进行卖出。

多方依旧在 2 500 元的价格上把 150 手卖单全部买下成交，此时的市场价格依然是 2 500 元，但是多方的需求却不止 150 手，它需要买到更多，当它们打算以 2 501 元的价格买入 20 手的那一刹那，场外观望的第三方却在 2 500 元的价格上新挂出了 100 手卖单，依据市场撮合规则，多方买入的 20 手仍旧以 2 500 元的价格成交，市场价格依然维持在 2 500 元。说明在 2 500 元的价位上多方的买入力量没有超过在这个价位的空方卖出力量。

至此，实验并没有结束，因为新入场的空方想要卖出 100 手，多方只买了 20 手，远远不能满足空方的卖出需求，作为卖方认为市场价格在可预见的未来会低于 2 499 元，所以，它们愿意在 2 499 元的价格上继续卖出，如果此时不再有新的多方以高于 2 499 元的价格买入，市场价格就会从 2 500 元下跌到 2 499 元。之所以会这样是因为在 2 500 元的价位上做空的卖方的卖出力量超过了做多的买方的买入力量。

通过以上实验，我们可以清楚地明白市场价格的波动变化是多方和空方力量大小导致的，多方的力量大于空方力量，价格就会上涨；多方力量小于空方力量，价格就会下跌；多方力量等于空方力量，价格就维持不变。

1.3.3　价格变化过程转化为数学模型

为了更好地解释市场价格波动的原理，接下来我尝试把市场价格变化的过程转化成数学模型，从数学的角度加以描述。

价格函数 P 和时间变量 t、多方力量变量 U，空方力量变量 D 之间关系表示为（在此我仅对函数进行定性分析，不做深入探讨）：

$$P=f(U,\ D,\ t)$$

对于这个三元函数，如果在图形上表达，需要在四维的空间上进行描述，由于我们只是做定性分析，所以，对其进行适当简化，价格函数 P 的二维简化图形，如图 1-1 所示。

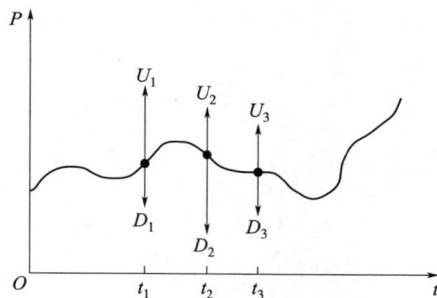

图 1-1　价格函数 P 的二维简化图形

图 1-1 中横向坐标为时间变量，竖向坐标为价格函数，曲线为价格函数关于变量 t 的变化走势，向上的箭头为某时间点上市场在该价格上的多方力量，向下的箭头为某时间点上市场在该价格上的空方力量，箭头的相对长度代表力量的相对大小（多方力量和空方力量是一对方向相反的作用力）。

● 在 t_1 时间点上，多方的力量 U_1 大于空方力量 D_1，所以，其合力的方向与多方力量的方向一致，导致之后的价格上涨。

- 在 t_2 时间点上，多方的力量 U_2 小于空方力量 D_2，所以，其合力的方向与空方力量的方向一致，导致之后的价格下跌。

- 在 t_3 时间点上，多方的力量 U_3 等于空方力量 D_3，其合力为零，导致之后的价格不变。

通过以上实验及价格函数的定性分析可以得出：

市场价格的变化波动的原因是在某一个价位上的多空双方力量的差所导致，同时，多空双方的合力方向决定了价格波动的方向，多方力量大于空方力量，即双方的合力方向与多方一致，价格就会上涨；多方力量小于空方力量，即双方合力方向与空方一致，价格就会下跌；多方力量等于空方力量，即双方合力为零，价格维持不变。

多空双方力量的此消彼长推动市场价格的不断变化，行情走势就是多空双方彼此争斗的结果，只有对多空双方的合力进行研究，才能揭示市场行情走势的秘密。

第 2 章

无向论：当下的市场才是
真实的市场

2.1　90% 的交易员亏损的根源

1. 渴望赚钱，重仓交易

资金管理应该始终是投机交易的核心，甚至高于其他交易规则。如果交易者在这方面没有自己的原则和判断力，那么，他们的长期利润可能会被毁掉。事实上，任何极端操作都可能为投资者造成永久的痛苦和遗憾。

2. 频繁交易，微亏变大亏

一些交易者亏于重仓，不过，很多人轻仓也逃不出同样的命运，原因是进出频繁、交易过度。过多的活动、过多的关注趋势的微小变化和过多的交易，往往是投资者失败的重要原因。频繁的操作不仅让我们付出高昂的交易成本，也让我们高度紧张。稍有一点儿粗心大意的损失就会使我们的心态更糟，错误会更严重。从心理学的角度来看，没有计划，然后下一个心情单，最后导致心态很差的概率很高，就像钝刀割肉。

3. 盲目交易，缺乏系统

买卖是交易成败的开始，良好的切入点、退出点和市场发展过程中的节奏把握，这些是交易者必须深入研究的课题。毕竟它是交易者的"技术武器和装备"，如果在这一点上，交易者没有自己系统的实施方法和原则，其损失很可能是不可避免的。很多交易者在对市场知之甚少的情况下盲目投资，这是期货交易者巨额亏损的重要原因。事实上，期货行业同其他行业一样，没有系统的学习和广泛的实践是不可能成功的。

4. 害怕止损，死扛到底

在期货交易中，操作失误是常见的事情，损失本身就是交易的成本，交易损失是正常的，是不可避免的，它是你整个交易过程的一部分。但是，一旦方向做错而不肯承认，心存侥幸，则可能造成重大损失，随着时间的推移，交易的最终失败往往是不可避免的。

另外，不愿意放弃，拒绝承认错误，是技术因素。没有止损来限制自己的损失，或者止损没有严格执行。片面追求胜率，害怕交易亏损，最后的结果往往是那种你不愿看到和得到的结果。

5. 不做反思

在期货交易中失败是正常的。有的失败是由于我们对市场的无知，有的失败是由于我们的贪婪，有的失败是由于我们的恐惧，等等。期货投资是一个矛盾的过程。

你要想成为赢家，首先必须是一个有天赋的失败者。这听起来可能很奇怪，但事实确实如此——亏损是交易者成功的门票。许多人没有意识到的是，我们所谓的成功是有代价的，而且代价很高。他们一直认为，市场投机的门槛非常低，低到不需要准备介入。然而，市场要求所有想学习它的人支付一定数量的学费。我们作为投资者不得不赔钱来支付学费，但是伴随赔钱而来的是足够的教育，如果使用得当，最终将产生更少的损失和更多的财富。

2.2 什么是无向论

无向论是揭示金融市场波动本质的创新性交易理论，它以当下正在波动的市场为交易研究对象，深刻揭示了市场波动背后的神秘力量和价格波动的原理。

无向论突破了以预测未来行情方向进行交易的传统交易理论的局限和弊病，为研究市场走势提供崭新的视角，具有深远的指导意义。

2.2.1 市场走势的本质

有市场就会产生价格，多空双方力量的大小决定价格差，双方力量的变化会推动市场价格的变化，从而产生市场价格的波动。多空双方力量的此消彼长推动市场价格的变化，市场的走势变化是多空双方力量差变化的结果，即双方博弈的结果。因此，研究市场的走势即是研究多空双方合力的行为。万事万物都有其规律性，万物背后必有原理、必有原则、必有道理、必有规律。只是有些规律还没有被认识而已。市场的参与者——人，其行为也具有规律性，因此，有人参与的市场也具有其规律性。

市场走势的本质即是多空双方争斗的结果。研究市场走势，即是研究多空双方合力行为。既然是人的行为，必定有其规律性。

没错，按照规律办事才是做任何事情成功的唯一途径。

作为交易市场主要行为主体的交易者具有人类固有的规律性，使得交易市场也必然有其规律性，只有按照交易市场的规律去做才能把交易这件事情真正做好。既然如此，我们就要从人出发找到交易市场的规律，然后按照这个规律进行交易活动。

2.2.2　市场无方向的证明

通过对市场、市场参与者的不断探究，我们发现了在市场中赚钱的要义、赚钱的规律：就是找到市场里最强的一方，并加入他们，依靠他们的力量形成的正向价格差获得盈利。如此一来交易的问题似乎变得明了、简单。你只要找到市场里最强的一方，就可以确定市场的运行方向。

如果你能在任意时刻确定市场里面谁是最强的一方，就可以随时确定市场的运行方向，当然也就可以在同一方向下单，获得正向价格差，获取盈利。

在开始行动之前，我们回顾交易市场的撮合原则及多空力量大小与市场运行方向的关系，具体如下：

- 价格较高的买进申报优先于较低的买进申报，价格较低的卖出申报优先于较高的卖出申报。
- 价格最高的买方报价与价格最低的卖方报价优先于其他一切报价成交。
- 在以相同的价格申报时，应该与最早报出该价格的一方成交。

多空力量大小对比与市场运行方向的关系：

- 多方力量大于空方力量，多方此时是力量最强的一方，市场价格方向表现为上涨。
- 空方力量大于多方力量，空方此时是力量最强的一方，市场价格方向表现为下跌。
- 多方力量和空方力量相等，市场价格将维持不变，市场价格方向表现为横向运行。

下面我们用数学的方法试着去寻找，市场中谁是最强的一方？市场往哪个方向运行？

在任一时刻 t_1，交易盘口状态见表 2-1。

表 2-1　t_1 时刻盘口数据

档　位	挂单类型	报　价	手　数
n		Bnt_1	B_Qnt_1
……		……	……
5		B_5t_1	B_Q5t_1
4	卖单	B_4t_1	B_Q4t_1
3		B_3t_1	B_Q3t_1
2		B_2t_1	B_Q2t_1
1		B_1t_1	B_Q1t_1
市场当前价位		P_0	
1		S_1t_1	S_Q1t_1
2		S_2t_1	S_Q2t_1
3		S_3t_1	S_Q3t_1
4	买单	S_4t_1	S_Q4t_1
5		S_5t_1	S_Q5t_1
……		……	……
m		S_mt_1	S_Qmt_1

按照市场实际运行的撮合成交机制，当前价格 P_0 可能介于第一档的买价 S_1t_1 和第一档的卖价 B_1t_1 之间，或者等于第一档的买价 S_1t_1，或者等于第一档的卖价 B_1t_1。为了便于分析，此处以当前价 P_0 等于第一档的卖价 B_1t_1 为例进行分析。

市场在时间 t_1 之后的下一个瞬间 t_2 时刻，即在 t_1 时刻之后的第一个瞬间市场盘口数据发生改变，因为市场的每个参与者对行情的认知、判断均不相同，就会对当前价格的高低出现分歧，从而使盘口数据发生了改变。这个改变可能是现有的挂单撤单，也可能有增加新的挂单，也可能是新入场的现有价位现价单引发的改变，只要与 t_1 时刻的盘口不一致，t_2 时刻的新盘口就形成了。假设 t_2 时刻的盘口状态是市场刚刚收到交易者的指令且正要进行撮合交易时的状态，盘口数据见表 2-2。

表 2-2　t_2 时刻盘口数据

档　位	挂单类型	报　价	手　数
i		$B_i t_2$	$B_Q i t_2$
……		……	……
5		$B_5 t_2$	$B_Q 5 t_2$
4	卖单	$B_4 t_2$	$B_Q 4 t_2$
3		$B_3 t_2$	$B_Q 3 t_2$
2		$B_2 t_2$	$B_Q 2 t_2$
1		$B_1 t_2$	$B_Q 1 t_2$
1		$S_1 t_2$	$S_Q 1 t_2$
2		$S_2 t_2$	$S_Q 2 t_2$
3		$S_3 t_2$	$S_Q 3 t_2$
4	买单	$S_4 t_2$	$S_Q 4 t_2$
5		$S_5 t_2$	$S_Q 5 t_2$
……		……	……
j		$S_j t_2$	$S_Q j t_2$

t_2 时刻盘口数据中的报价及手数是在 t_1 时刻的基础上通过已下单的交易者撤单、重新下单及场外观望的交易者的即时下单呈现的。按照市场的撮合成交机制，可能会出现以下两种情况：

一是，如果卖价 $B_1 t_2 >$ 买价 $S_1 t_2$，则不会成功交易，即没有多单和空单成交，市场价格不会变化。

二是，如果卖价 $B_k t_2 \leqslant$ 买价 $S_h t_2$（$k \leqslant i, h \leqslant j$），则会有多单和空单成交。此时，如果 $B_Q 1 t_2 + B_Q 2 t_2 + \cdots + B_Q k t_2 < S_Q 1 t_2 + S_Q 2 t_2 + \cdots + S_Q h t_2$，则经市场撮合交易后市场价格将变动为买价 $S_h t_2$。此时可分为以下三种情况：

- 如果买价 $S_h t_2 = P_0$，则市场价格不变。
- 如果买价 $S_h t_2 < P_0$，则市场价格会下跌。
- 如果买价 $S_h t_2 > P_0$，则市场价格会上涨。

如果 $B_Q 1 t_2 + B_Q 2 t_2 + \cdots + B_Q k t_2 \geqslant S_Q 1 t_2 + S_Q 2 t_2 + \cdots + S_Q h t_2$，则经市场撮合交易后市场价格将变动为卖价 $B_k t_2$。此时可分为以下三种情况：

- 如果卖价 $B_k t_2 = P_0$，则市场价格没有变动。

- 如果卖价 $B_k t_2 < P_0$，则市场价格会下跌。
- 如果卖价 $B_k t_2 > P_0$，则市场价格会上涨。

从以上推理分析可知，在市场撮合成交机制的规则下，交易者下单、挂单的时间和下单量是自由的，不受任何限制的，所以，在 t_1 时刻之后，t_2 时刻盘口的状态存在以上的各种可能性，在下一刻 t_2 经过市场撮合交易后，市场价格有可能上涨、有可能下跌，也有可能不变。即市场在任意时刻都不具备确定的方向——市场无方向。

2.2.3　市场无方向期货螺纹钢行情案例

理论的分析结果证明市场在任意时刻具备三种方向（上涨、下跌、横向运行）的可能性，多方和空方的力量大小存在不确定性。在实际交易市场是否如此呢？下面以国内期货品种螺纹 2210 合约为例，对其在某一时刻的盘口数据进行分析。

从图 2-1 中我们可以看出，当前合约的市场价格为 4 890 元。第一档的买价为 4 889 元，在此价位上有 4 手买单。第二档的买价为 4 888 元，在此价位上有 53 手买单；第三档的买价为 4 887 元，在此价位上有 82 手买单；第四档的买价为 4 886 元，在此价位上有 85 手买单；第五档的买价为 4 885 元，在此价位上有 243 手买单。

螺纹2210	RB2210		▼
卖5	4894	344	725
卖4	4893	71	381
卖3	4892	81	310
卖2	4891	183	229
卖1	4890	46	46
买1	4889	4	4
买2	4888	49	53
买3	4887	29	82
买4	4886	3	85
买5	4885	158	243
最新 4889	涨跌 -126	昨结 5015	
现手 40	涨幅 -2.51%	均价 4945	
总手 753178	开盘 4960	涨停 5516	
持仓 1742547	最高 4991	跌停 4513	
日增 -6676	最低 4885		
内盘 392979	外盘 360159		

图 2-1　螺纹 2210 盘口数据分析

第一档的卖价为 4 890 元，在此价位上有 46 手卖单；第二档的卖价为

4 891 元，在此价位上有 229 手卖单；第三档的卖价为 4 892 元，在此价位上有 310 手卖单；第四档的卖价为 4 893 元，在此价位上有 381 手卖单；第五档的卖价为 4 894 元，在此价位上有 725 手卖单。

真实的市场里面并不只有这五档卖单，也不只有这五档买单。在下一个瞬间，场内已经下单的交易者可能会撤单，也可能会重新向反方向下单及场外观望的交易者即时下单。当下单完毕的那一瞬间，市场还没有进行撮合成交时，会形成新的各档买价和各档卖价。同时，各个档位的下单手数也可能会有变化。各个档位的价格和下单手数与之前各档位价格和下单手数都有可能不同，这样市场依据价格较高的买进申报优先于较低的买进申报，价格较低的卖出申报优先于较高的卖出申报，价格最高的买方报价与价格最低的卖方报价优先于其他一切报价成交的规则进行撮合成交。生出新的市场价格，这个价格可能高于 4 890 元，导致市场价格上涨；新的市场价格也可能低于 4 890 元，导致市场价格下跌；新的市场价格也可能等于 4 890 元，导致市场价格维持不变。

假设在当前卖单不变的情况下，如果下一刻出现了超过 4 手价格为 4 889 元的卖单，价格就会变成 4 888 元，而如果出现了 46 手价格为 4 890 元的买单，价格就会变为 4 891 元；但是如果出现了 46 手价格为 4 890 元的买单，同时又有一个新的 4 手价格为 4 889 元的卖单，价格维持不变。

当然，真实市场并非只有以上几种情形，可以说是有无数种可能，但是结果无非三种：在下一刻市场价格有可能上涨，也有可能下跌，还有可能维持不变。

综合理论分析及实盘盘口数据分析可以得出一致的结论：

市场的本质——无向论：市场在任意时刻都是具备三种方向（上涨、下跌、横向运行）的可能性，多方和空方的力量大小存在不确定性。

接下来我们看一看真实的行情走势，市场是否真的没有方向？

例 1：图 2-2 为某交易市场的一段实盘行情走势，从图 2-2 中我们可以明显看出当前行情处于上涨的过程中。按照传统的趋势理论分析，当前市场走势的方向可以确定是向上的。

从图 2-3 中我们可以看出，之后市场价格继续向上运行，市场走势的方向确实是向上的。现在市场运行到了一个新的位置，我们可以得出结论：目前市场走势方向是向上的。

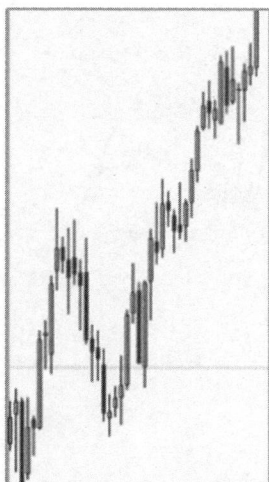

图 2-2　某交易市场的一段实盘行情走势

图 2-3　市场价格继续向上运行

从图 2-4 中我们可以看出，接下来的行情发生了反转，市场价格一路向下，与之前预测的方向完全相反。市场目前以横向震荡的方式运行，按照传统的形态理论分析，震荡行情之前是下跌走势，之后的也应该是下跌走势。

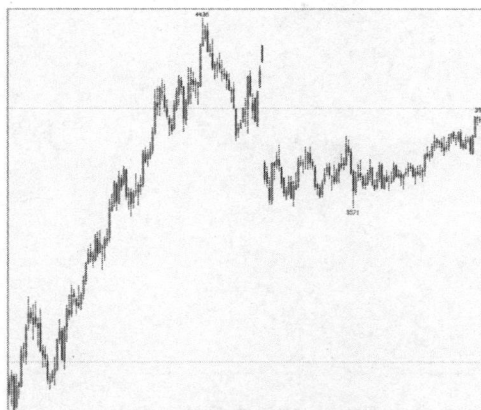

图 2-4　市场价格发生反转后一路向下

从图 2-5 中我们可以看出，后续的行情走势似乎证明了传统的形态理论预测得完全正确——现在行情急速下跌，符合市场的走势方向。

21

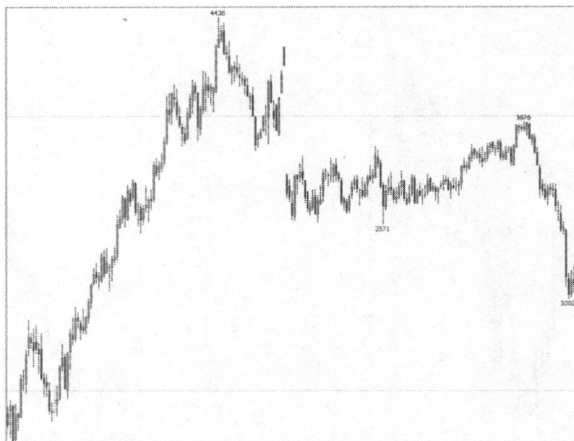

图 2-5　市场行情急速下跌

从图 2-6 中我们可以看出，随后的市场走势不仅没有保持原有的下跌方向，反而发生反转掉头向上，毫无预兆，难以预料。

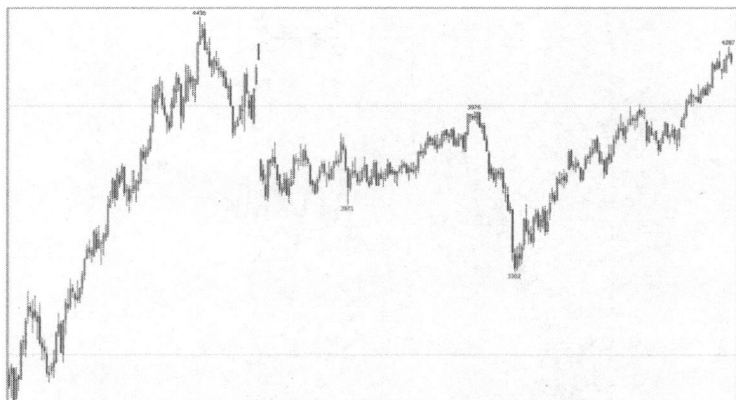

图 2-6　市场走势掉头向上

例 2：图 2-7 为一段上涨行情之后，行情进入横向整理阶段，按照趋势理论及传统形态理论的分析，我们认为之后市场行情应该继续向上运行。

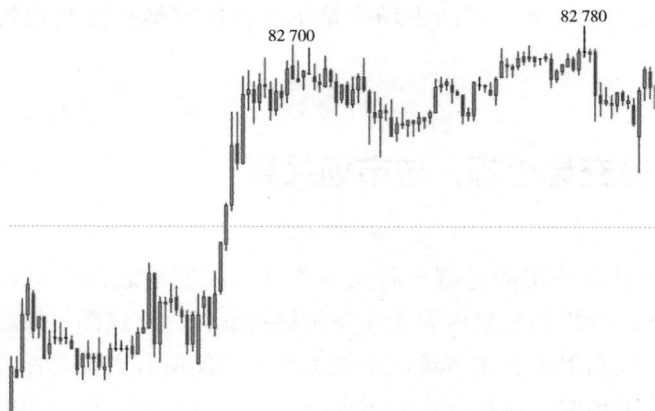

图 2-7　横向整理

从图 2-8 中我们可以看出，后续的市场走势并没有上涨，而是一路下跌，走出了与之前方向相反的走势，并且在 1、2 两点的时刻，市场也同时具备上涨、下跌和横向运行三个方向。

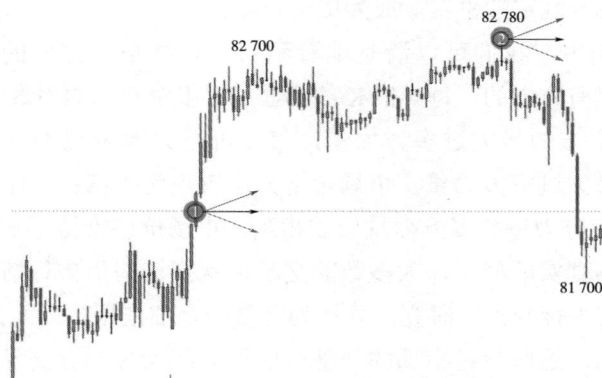

图 2-8　市场同时具备上涨、下跌、横向运行三个方向

如果你认为这两个例子只是个案，不足以说明问题，可以随意打开任何交易市场的历史走势图进行观察，不难发现，像这样的情况比比皆是。市场在任意时刻都具有三个方向（上涨、下跌和横向运行）。

可能有交易者认为，在交易市场，特别是股票市场，会有庄家存在，这些掌握大量资金、大量股票的庄家可以操控市场方向，操控股票价格。

其实在具有完善交易制度的市场中是不存在庄家能够控制市场方向的情况的。

2.3　放开交易思想，与市场共舞

　　无论交易者使用的是哪一种交易方法，在交易之前必定会对市场行情进行分析，分析的对象内容无非是价格折线图、K线图、棒状线等行情走势图。当我们提出真实市场这个概念时，可能所有人都会诧异，电脑屏幕上呈现的走势图不就是真实的市场吗？它可以呈现市场有史以来的所有数据。

　　这些走势图并不是真实的市场，为什么？

　　首先，从这些各种行情的走势图上看到的走势已经都是固定下来的，我们可以在这些价位上看到当时的多方和空方的力量强弱，之后的价格变化方向、幅度等。所有的一切都非常清晰明了。之所以能够看得很明白，因为它已经成为既定的事实，成为历史数据。

　　在走势图中，我们可以清楚地看到历史行情是有方向的，就连每一根K线都是具有方向的，每一根K线都显示了多空双方的力量强弱，比如，阴K线表明空方力量大过多方力量，市场价格方向表现为下跌；阳K线表明多方力量大过空方力量，市场价格方向表现为上涨；十字星、十字线等K线表明空方力量和多方力量旗鼓相当，市场价格维持不变。看起来这似乎就是市场真实的样子，大多数的交易员就把这些历史行情走势当作真实市场，对其进行分析、研究，并作为交易的全部依据。

　　其实不然，这些只是市场的一部分而已。因为大部分交易员往往忽略了一个事实，即忽略了当前那个正在跳动的价格及正在形成的K线。这个正在跳动的价格和正在形成的K线才是关键，比之前已经形成的这些K线重要得多。

　　为什么？

　　因为过去的因素已经成为过去，现在正在发生的因素才会对未来的影响更为重要。这里并不是说过去的历史走势对未来行情没有影响，而是相对而言，过去的因素没有当下正在发生的因素对未来影响大。可以说未来的行情就是由当下这个基点开始的，同时，当下这个基点也是过去的结尾，因此，它是连接了过去和未来，当下只要往后退一步就会成为过去，往前走一步就会是未来。在这种情况之下，当下这一刻是最重要的，它连通了过去的行情，同时，也连通了未来的行情，因此，投资者集中精力去研究当下的 K 线显然是最为重要的。很显然当前的价格变动、当前的 K 线对我们研究市场更重要。

总之，真实的市场是当下的市场，正在跳动、正在变化的市场，在当下这一刻，多空双方相互交换，创造历史的价格，既包含过去的市场也包含当下的市场。同时，当下这一刻市场同时具备三种可能性，即上涨、下跌和维持不变。这也就意味着——当下的市场并没有方向。应用逻辑如下：

一是，任何预测市场方向的努力，都是徒劳的，终将失败。

无论是从理论分析还是交易实盘数据分析，都可以得出市场在当下这一刻没有办法知道谁强谁弱，无法确定未来市场价格的运行方向，每一种方向都存在可能性，所以，投资者任何预测市场方向的努力都是徒劳的，预测市场方向就如同抛硬币一样没有任何实际意义。

二是，市场的趋势可以向上、向下和横盘运行，历史趋势不能决定未来趋势。

历史的行情走势是由一个个过去的当下时刻组成的，都具备当下这一刻的特性，当下这一刻既然无法确定未来市场的方向，那么历史的趋势方向也不能决定未来的走势方向，即历史趋势不能决定未来走势。不要认为过去行情上涨，未来也一定上涨，市场未来的趋势方向和历史方向没有必然一致的关系。

三是，任意一个时刻，市场都同时具备三个方向，无论上涨、下跌还是横盘。敬畏市场，时刻保持警惕，为每一种走势做好应对策略。

任意时刻市场都同具备三个方向，无论上涨下降还是横盘，所以，要求我们从内心深处敬畏市场，不能赚钱之后扬扬得意，忘乎所以。要时刻警惕，为每一种走势同时做好应对策略。

既然当下这一刻具备三种走势的可能性，就不能认为当下这一刻一定会如何。趋势为什么会发生变化，因为某一个价位上多空双方力量发生变化了，而你没有察觉到，结果行情往反方向运行了。见微知著，任何小的变化都可能引起大的变化，所以，任何一个当下，我们都要为每一种走势做好应对的策略。

四是，我与市场不再是你死我活的关系，而是水溶于水的关系。

人的恐惧来源于未知，当我们明白未来市场的三个方向，并做好应对措施时，就不会再紧张了，我与市场不再是你死我活的关系，不再需要争斗了，市场怎么走都是对的，怎么运行都是正常的，明白这一点，市场未来的走势在我们心中不再是一个惊叹号，而是一个句号，因为未来走势本该就是如此。不要因市场里面的风吹草动让自己惊讶不已，甚至觉得走势超越了自己的认知思维，不再为市场价格的跳空、大涨、大跌所惊诧。

市场里面只有三种力量，做多的多方、做空的空方、观望随时入场的第三方，三种力量在准备，做空的人想着下空单，一直想让市场价格往下运行，做多的人一直认为价格会往上涨，想着要做多。还有观望的第三方。就是这三种力量导致行情的千变万化。所以，市场里面任意一种走势都是正常的，没有我们不能理解、不能接受的。

只有真正理解行情才懂得敬畏市场，而不是藐视市场。藐视市场就是藐视自己，只能显示出自己见解和思维的局限性，所以，要敬畏市场，时刻保持警惕，为每一种走势同时做好应对策略。同时准备好三种策略。当你认为市场同时具备三个方向的时候，当下这一刻，你就与市场保持一致了。

五是，"超自然"视角。

在正确学习路径里提到每个人的思维方式决定他的人生方向。并通过不断地推演，一个真实市场已经呈现在我们面前，需要用什么样的思维方式面对它呢？

在确定思维方式之前，先让我们确认一下自己的理想目标——能够洞察市场、厘清真相、掌握先机。猛一看这个目标实在是过于理想化，似乎有些痴人说梦。其实一点儿都不难，每个人在生活中都曾经拥有过这种超能力。

想一想在你看电视剧、看小说、看电影的情景，你时常为其中某个人物的安危担心、着急，而这个当事人却浑然不知自己身陷危险的境地。抑或是剧中人物以为身陷绝境，而你却早已料定只是虚惊而已。

为什么？难道你能预知未来？

　　当然不是，是因为你不像剧中人那样身处其中，而是以一个旁观者的身份掌握了全部的情节，也就是以"超自然"的视角来看待他们而已。

　　同时，"超自然"视角思维方式是以一种抽身其外，让自己变成一个旁观者，以一个更高、更客观、更理性的角度来看问题，从而作出理性决策的一种思维模式。

　　在现实生活中，我们每个人都沉浸在自己的世界里，站在自己的视角看待一切，继而遮蔽了双眼，看不到事情的本质。结果使得我们看到的世界过于局限，要么陷在情绪里，停留在当下的感受里难以自拔；要么是无法看清自己的真实渴望，永远被当下的欲望牵引。

　　如果以"超自然"的视角来思考，就会看到完全不同的情境，产生截然不同的想法与感受。

　　田忌赛马的故事想必每一个人都很熟悉，起初田忌只是单纯地考虑如何以自己的上等马战胜齐王的上等马，如何以自己的中等马战胜齐王的中等马，如何以自己的下等马战胜齐王的下等马，结果每次都以失败告终。孙膑一个置身事外的人却能以"超自然"视角的思维方式统揽全局，分析双方的各种优势、劣势，继而作出最优的理性决策：用下等马对付对方的上等马；用上等马对付对方的中等马；用中等马对付对方的下等马。最后，以 1 输 2 胜赢得齐王的千金赌注。

　　简言之，用"超自然"的视角看待分析问题就如同站在高处看路面的交通状况一样，哪里畅通、哪里拥堵及拥堵情况如何可以做到一目了然。而道路上处在拥堵车流里的司机，由于不清楚到底是什么原因造成的拥堵，不知道能不能短时间顺利通过，往往却是心急如焚。

　　投资者要跳出交易者多空的身份，不去主动地选择做多、做空，当别人不知道你是做多还是做空的情况下，别人就没有办法"对付"你，你选择做多，所有做空的人都是你的敌人，甚至那些没有做单的人、正在观望的人，也把你视为敌人。当所有人都不知道你要做多还是做空时，他们就拿你毫无办法，所以，你不要选择方向，不要树敌。内心不再纠结于是做多还是做空，不再考虑这个问题。你自己就会感觉非常轻松。

　　你是做多还是做空？要看具体的情况，你既是做多的也是做空的，随时准备做多，也随时准备做空，也随时准备什么都不做，达到这样一个状态，就超越了多和空的羁绊，跳出多空的牢笼，让多空双方自己去选择。

多空双方一旦选择就会呈现出强弱的变化，多方力量大于空方力量，或者空方力量大于多方力量，当你看到了多方力量大于空方力量的时候，干脆就加入多方。看到空方力量大于多方力量，就直接加入空方。

因此，交易不是一个主动出击的过程，交易是一个被动出击的过程，交易最重要的就是等待，耐心等待。为什么要等？因为你没有看清楚多空双方力量谁强谁弱，当然不能出击，要等。这就是交易方法的"法宝"。正确的交易方法应该是被逼无奈地入场，多空力量已经非常明显，不入场不行了，达到这样的状态才出手，效果往往非常明显，也容易成功。

用"超自然"的视角看待市场：你不要选择多空，打开思想，与市场共舞。一旦选择方向，"敌人"立即就出现在你面前，释放自己，跳出多空的牢笼，让他们自己去选择。用"超自然"的视角俯视多空，研究他们的合力，始终与最强的一方为伍。

第 3 章

市场的基本规律

3.1 从能量的角度分析市场行情

在深入探究科学交易思维的过程中，我们发现了"为利而动"的市场公理，并把它作为我们研究市场规律的第一性原理，推导出了市场价格波动的原因——价格波动是由多空双方力量大小对比造成的。我们通过进一步推理分析得出了在市场中赚钱的真义——不做空方，也不做多方，只做市场中最强的一方；为了找到市场中谁是最强的一方，我们发现了在市场中每个交易员所赚的钱正是其他交易员所亏损的钱，在交易中盈亏同源；为了找到市场中任意时刻谁是最强的一方，推导出了无向论——市场在任意时刻都同时具有三个方向（上涨、下跌和横向运行）。虽然无向论揭示了市场波动的本质，让我们在任何时刻都要制定应对市场各种走势的策略，真正和市场融为一体，但并没有能够找到市场中最强的一方。

不过，我们可以通过分析市场历史行情的整体走势，以跳出正在跳动的价格，跳出正在波动的行情，以求找到市场中谁是最强的一方。

均线交易理论和趋势交易理论是传统的交易理论，能够帮助我们用整体的视角研究行情的运行规律，现在使用这两种理论，用科学的研究方法和求实的精神，探究能否在历史行情中找到谁是市场中最强的一方。

首先，我们用均线理论对市场行情进行分析，从图 3-1 中可以发现：当我们用多条均线分析行情时，均线出现收敛、发散和相互转换的现象，呈现出一张一弛的规律性变化，仿佛市场在呼吸一样，顷刻间让我们感受到了市场的生命气息。

其次，我们再结合趋势理论对同样的市场走势进行分析，依据趋势交易理论，从图 3-2 中可以清晰地发现，行情走势分为三种基本的趋势：上升趋势、下降趋势和无趋势，三种状态之间相互转换，从而构成整体市场行情走势。

结合均线理论我们可以得出结论：当市场处于上升趋势时，均线系统向上发散排列，当市场处于下跌趋势时，均线系统向下发散排列，当市场

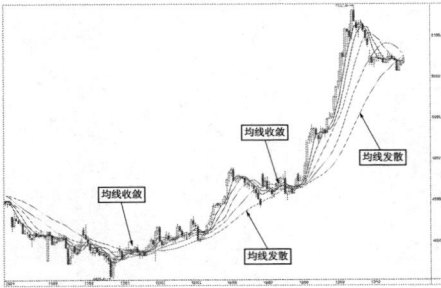

图 3-1　均线收敛、发散和相互转换

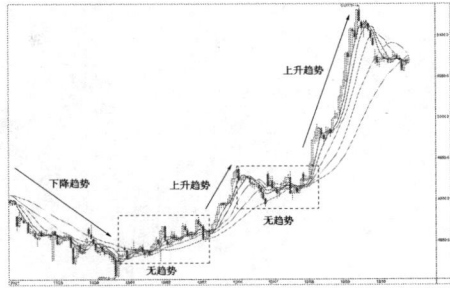

图 3-2　上升趋势、下降趋势和无趋势

处于无趋势运行时，均线系统处于收敛状态。我们把这三种行情运行的状态分成两大类：均线收敛状态（无趋势运行状态）和均线发散状态（上升趋势或下降趋势）。

当把市场运行走势分成两类状态之后，我们再来重新审视市场走势，发现市场行情走势是在两种状态之间不断地交替转换，并且发现两种状态分别具有不同的特点，具体如下：

- 均线收敛的无趋势运行阶段，市场价格波动幅度小，走势复杂繁复，消耗时间长，如同水壶烧水的加热过程，不断地在聚集能量。
- 均线发散的上涨（下跌）运行阶段，市场价格剧烈波动，走势简单明快，用时相对较短，如同水壶烧开，能量快速释放。

结合市场两种状态的特点，我们可以将两种状态分别定义为能量积累状态和能量释放状态。

因此，通过对各种市场行情走势的观察分析，得知市场行情走势具有能量积累和能量释放不断交替转换的规律，这就是市场运行的基本规律——能量论。

3.2　什么是能量积累

能量积累是市场运行的基本形式之一，与能量释放相对应，价格在一定区间内波动，具有运行时间长、波动幅度小、运行角度小、复杂反复、阴阳交错、沉闷压抑特征的市场运行状态。下面详细说明能量的特性，如图 3-3 所示。

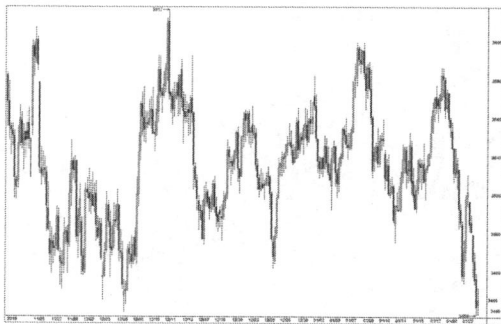

图 3-3　能量的特性

- 运行时间长：是指相对于能量释放而言，能量积累占据整个行情运行的 80% 以上的时间。
- 波动幅度小：是指价格在一定幅度区间内运行，而不超越该区间，如同被封死在特定区域内。
- 运行角度小：是指能量积累区间的水平角度，一般为水平角度，即 0°。
- 复杂反复：是指能量积累的内部结构，上下反复无常，错综复杂运行。
- 阴阳交错：是指能量积累的 K 线特征，阴线和阳线相互夹杂，各种类型的 K 线密集排列。
- 沉闷压抑：是指能量积累的心理影响，由于价格变化幅度小，走势反复无常，无论多方还是空方盈利都十分困难，会给交易员带来沉闷压抑的心理感受。

3.2.1　螺纹钢能量积累实例

图 3-4 为螺纹钢 2020 年 9 月至 11 月的小时图周期行情走势。从图 3-4 中我们可以观察到，A 区域和 B 区域是两段能量积累走势，在积累时间的长短上虽然有差异，但它们都具有以下相同的特征：

- 在一个固定的价格区间内运行，波动幅度较小，每当触及积累区间的上下边线附近时，价格出现折返的走势。
- 积累区间整体角度接近 0°，内部走势上下起伏，错综复杂。
- 相对于之前的一段快速行情，积累的时间较长。
- 当价格脱离能量积累区间后，均出现了一段快速的行情。

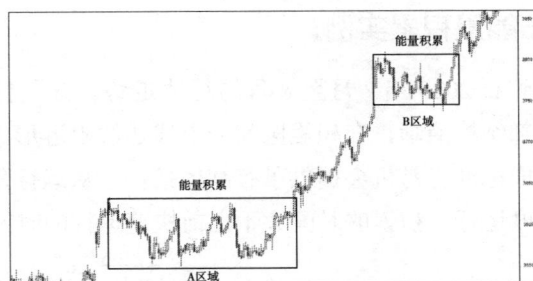

图 3-4　螺纹钢 2020 年 9 月至 11 月的小时图周期行情走势

3.2.2　橡胶能量积累实例

图 3-5 为橡胶 2021 年 7 月至 9 月的行情走势，在这两个月时间里，行情运行跌宕起伏。7 月初橡胶向上快速运行，期间虽有小幅度回落，但不断创出新高，到 8 月初，行情展开横向运行，进入 A 区域的能量积累。在 A 区域内运行的时间跨度为 10 天时间，之后向下快速运行，两天时间就结束了。可见，积累时间要远大于行情释放的时间。

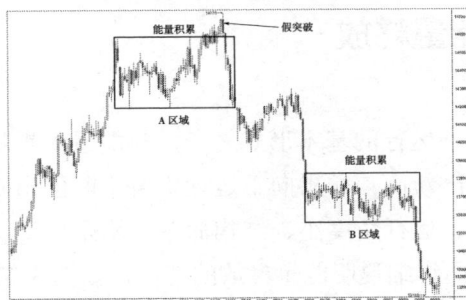

图 3-5　橡胶 2021 年 7 月至 9 月的行情走势

另外，需要特别说明的是，在 A 区域上边线，价格一度向上突破，创出新高 14 735 元，但行情立即被拉回到区间运行，迅速下跌。此种情况称为假突破，快速下跌称为逆释放。

8 月 26 日至 9 月 6 日，橡胶在 B 区域内展开能量积累走势。在 B 区域内，K 线横向密集排列，阴阳 K 线夹杂，整体角度接近 0°，由于区间狭小，K 线被挤压，几乎无内部结构，这是另外一种经典的能量积累形式——无结构能量积累。

3.2.3　铁矿石能量积累实例

图 3-6 为铁矿石 2020 年 7 月至 8 月的行情走势。该段行情具有两段积累行情走势，内部结构清晰，在积累区间的上线边线附近形成了较为清晰的触及点，这为形成标准交易机会提供了有利的条件。从运行角度上来看，均是接近于水平角度运行。积累的时间大于之前快速运行的时间，超过两倍。

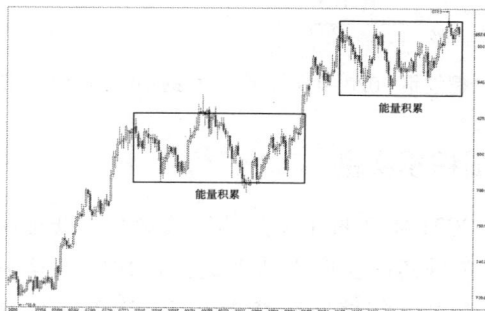

图 3-6　铁矿石 2020 年 7 月至 8 月的行情走势

3.3　什么是能量释放

能量释放是市场运行的基本形式之一，与能量积累相对应。如果向上运行，价格不断创出新高。如果向下运行价格不断创出新低，具有运行时间短、波动幅度大、运行角度小、结构简单、阴阳失调、酣畅淋漓特征的市场运行状态。下面详细说明能量释放的特性，如图 3-7 所示。

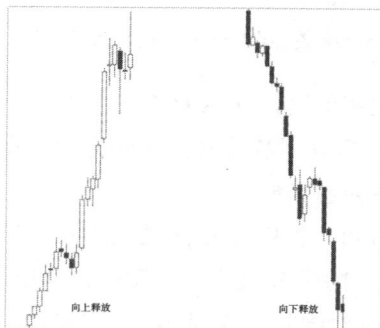

图 3-7　能量释放

- 运行时间短：是指相对于能量积累，释放的时间较短，运行速度较快，一般为前一个能量积累时间的二分之一。

- 波动幅度大：是指价格变化幅度巨大，波动剧烈，向上运行时，价格不断创出新高；向下运行时，价格不断创出新低。

- 运行角度大：是指行情运行的水平角度，向上运行的角度接近 90°，不小于 45°；向下运行的角度接近 -90°，不大于 -45°。

- 结构简单：是指释放的结构不像能量积累结构那么复杂，通常为一字结构。

- 阴阳失调：是指阳线和阴线的比例失调，向上运行时，阳线的数量远远超过阴线的数量，阳盛阴衰，极端情况下，甚至出现纯阳的走势；向下运行时，阴线的数量远远超过阳线的数量，阴盛阳衰，极端情况下，甚至出现纯阴的走势。

- 酣畅淋漓：是指释放带给交易员的心理感受，由于释放的结构简单，价格变化幅度大，盈利的概率较高，从交易体验上呈现为酣畅淋漓的感觉。

3.3.1 甲醇能量释放实例

图 3-8 为甲醇 2020 年 7 月至 9 月小时图周期的行情走势，经历过 7 月的能量积累，进入 8 月之后，甲醇展开向上释放的走势，仅用 1 个月时间，从 1800 点一路上涨到 2043 点，幅度高达 243 点。从该段释放的结构上观察，价格不断创出新高后，经过短时间小幅度回撤，继续飙升，一路猛冲；阳线的数量远远超过阴线的数量，阴阳失调，呈现出阳盛阴衰的

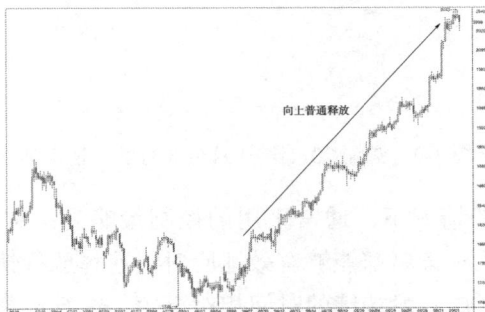

图 3-8　甲醇 2020 年 7 月至 9 月小时图周期的行情走势

释放格局。

甲醇的这段释放属于典型的普通释放，也是最常见的释放形式，比快速释放运行的时间要长，基本的运行模式为：释放＋小积累＋释放＋小积累。循环运行，直到释放结束。

在实战交易中，向上释放时做多，向下释放时做空，胜算较大，对盈利十分有利。在普通释放中，往往会形成多个加仓机会，每次小幅度回撤后再创新高，都可以进行加仓，成功的加仓是实现盈利的基础。投资者对于普通释放要高度重视，尤其是形成加仓机会的普通释放行情。

3.3.2 沪铜能量释放实例

图 3-9 为沪铜 2021 年 3 月至 5 月的行情走势。从图 3-9 中观察可知，沪铜有两段明显的释放行情，在释放的结构上完全相同，首先，都是阴阳极度失调的纯阳释放，其次，释放结束后，都出现了较大幅度的回撤。我们把这种阴阳极度失调的释放形式称为快速释放，一旦行情展开快速释放，我们需要启动特殊的持仓控制策略。

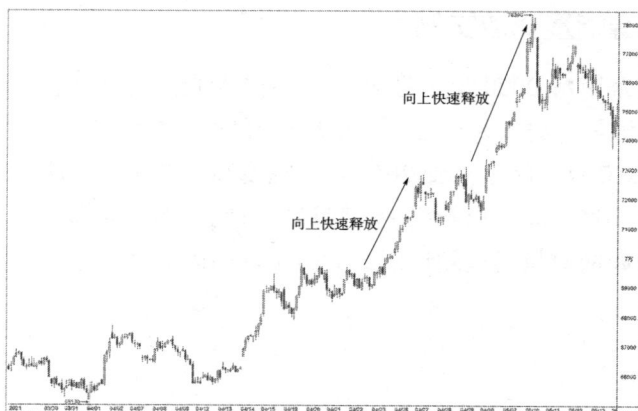

图 3-9　沪铜 2021 年 3 月至 5 月的行情走势

在快速释放的情况下，通常采用的控制策略为：定量控制和 K 线控制，这两种持仓控制策略都能够有效地应对快速释放行情，防止盈利大幅度地回撤。快速释放一般持续的时间相对更短，在行情释放的末端遇到纯阳或纯阴释放形式，我们不可恋战，应及时止盈。

3.4　能量论五大定理和应用

能量论是本书交易系统的重要基石，能量积累、释放是金融市场中最基本的波动规律。其实，不仅市场波动遵循此规律，大到自然宇宙、中到社会变迁、小到人生起伏，概莫能外。建立在反映客观规律基础上的交易系统，才是实现长期稳定盈利的坚实保障。下面我们沿着"寻找市场中最强一方"的脉络，讲解能量论的五大定律及其应用。

什么是能量论的五大定律？

能量论的五大定律是指能量论在金融市场交易中的具体应用。具体包括必然律、惯性律、包含律、无向律和势能律。

我们在 3.1 中寻找当下一刻市场最强一方时，发现市场的任意时刻都同时具有三个方向（上涨、下跌、横向运行），当用能量论分析行情时我们会发现：市场在宏观上也具有相对应的三种运行方式——向上释放、向下释放、横向能量积累。市场在微观和宏观上呈现出对应的关系，证明市场具有全息性。既然如此，让我们换为更高的角度，进行宏观分析，继续寻找市场中谁是最强的一方。

既然是进行宏观研究，我们先忽略行情走势的具体细节，只把市场行情的走势轮廓呈现出来，看看是否能有所发现。

图 3-10 为硅锰 2022 年 8 月底至 9 月初 15 分钟周期行情走势。

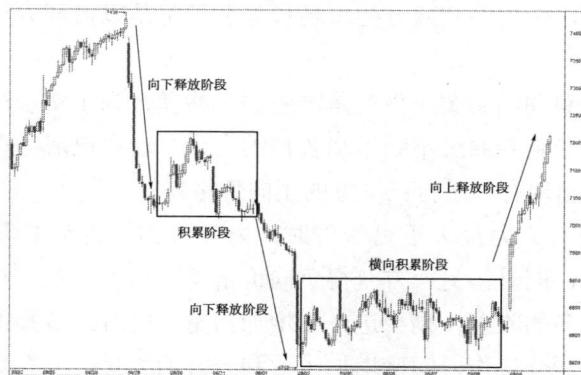

图 3-10　硅锰 2022 年 8 月底至 9 月初 15 分钟周期行情走势

从图 3-10 中我们可以发现，在向上释放阶段，市场价格不断上涨；在向下释放的阶段，市场价格不断下跌；在横向运行的能量积累阶段，市场价格在特定区间内上下小幅波动，平均保持不变。

众所周知，价格的上涨一定是多方力量大于空方力量造成的，价格的下跌一定是空方力量大于多方力量造成的，而价格不变一定是多空双方力量相等造成的。这就意味着，在向上释放阶段，多方就是市场中力量最强的一方；在向下释放阶段，空方就是市场中力量最强的一方。

至此，我们已经找到了市场中谁是最强的一方，并加入最强的一方，与强者为伍，才是交易获胜的根本。由于在能量积累状态，多空力量均等，找不到最强的一方，因此，我们不在行情积累时参与交易，只需在能量积累向能量释放转换时参与交易，就能做到与强者为伍，最终获得盈利。

市场自然会告诉你谁强谁弱，无须提前主观判断。一般的操作法则是：当市场从能量积累转为向上释放时，做多；当市场从能量积累转为向下释放时，做空；当能量释放转为能量积累时，平仓。一般的法则只能应对普通的行情，特殊的法则才能应对复杂的行情。比如，假突破的问题就要用到平衡论，才能真正找到市场中最强的一方。

3.4.1 必然律

在能量积累状态中，市场中多空双方力量相对平衡，导致市场价格不会发生较大幅度的变动，无法产生大的价格差，市场价格总是在一个小幅度的区间范围来回震荡运行，使得此时参与交易活动的多空双方都无法获得盈利，然而，作为多空双方的市场参与者又都是以盈利为目的，这就形成了矛盾。

在交易中获利的必要条件就是产生的价格差，为了实现盈利，参与交易的多空双方一定会通过不断增加各自的力量，让自己成为市场中最强的一方，使市场出现有利于自己一方的正向价格差。

一旦出现一方力量大于另一方时，力量强的一方势必获得正向价格差，获得盈利，同时，另一方获得负向价格差，出现亏损，获得盈利的一方为了获得更多的收益，则会进一步增加力量。同时，亏损的一方为了减少亏损而进行平仓操作，间接增加了盈利一方的力量，还有场外的观望者也会为了盈利加入盈利的一方，三方的共同力量使得多空双方力量差逐步增加，从而价格差也被拉大，价格差越大，市场行情进入释放状态。因此，积累之后，市场进入释放状态。

释放的过程由于出现持续的单方向的价格差，导致一方持续盈利，另一方持续亏损，随着行情不断地释放，获利一方在"为利而动"的驱使下会逐渐地进行平仓操作，将浮盈转化成真实的盈利。盈利一方的平仓操作实际上增加了亏损一方的力量，随着盈利一方平仓的数量增加，多空双方力量再次到达平衡的状态，导致市场行情再次进入能量积累状态。因此，释放之后，必然积累。

下面对必然律进行详细论证。

设：价格函数为 P，多方力量为 U，空方力量为 D，时间为 t

由前述可知：价格函数 P 和时间变量 t、多方力量变量 U，空方力量变量 D 之间关系如下：

$$P=f(U,\ D,\ t)$$

无论是多方力量 U 还是空方的力量 D 都是由双方在市场中的下单行为造成的，即双方力量是以市场中多单数量和空单数量的形式体现的。市场中无论多单还是空单都是交易员的行为，交易员的一切行为都会受到情绪的影响，在交易中，交易员的主要情绪有两种：贪婪和恐惧。获利时的贪婪及亏损时的恐惧，时刻对交易员的交易行为产生影响。

为了便于定性研究积累和释放的过程，我以 T_d 表示多方的贪婪变量，以 T_k 表示空方的贪婪变量，以 K_d 表示多方的恐惧变量，以 K_k 表示空方的恐惧变量。

- 多方力量：$U=f_1(T_d,\ K_d)$
- 空方力量：$D=f_2(T_k,\ K_k)$
- 价格函数 P 就可表示为：$P=f(f_1(T_d,\ K_d),\ f_2(T_k,\ K_k),\ t)$

此时，价格函数转化为五元函数，如果在图形上表达，需要在六维的空间上进行描述，由于我们只是定性分析，所以对其进行适当简化，示意图如图 3-11 所示。图 3-11 中 1、2 和 3 线段为能量积累状态，4、5 线段为向上释放状态，6 线段为向下释放状态。

在 t_1 时刻之前，多空双方力量均衡，处于能量积累的平衡状态；在 t_1 时刻之后，多方的力量超过了空方力量，形成向上的价格差，导致价格上涨。随着价格上涨，多方获得账户的浮盈、空方的账户出现浮亏。当多方浮盈出现后，多方的贪婪变量 T_d 变大，恐惧变量 K_d 变小，导致多方为了获得更多盈利不断加仓，进一步增加了多方的力量。同时，空方由于账户的浮亏引发空方恐惧变量 K_k 变大，贪婪变量 T_k 变小，导致空方为了减少亏损进行减仓操作，空方的平仓等于增加了多方的力量，使得空方力量进一步变小，造成多空双方力量大小悬殊增加，价格继续上涨，行情向上释放。

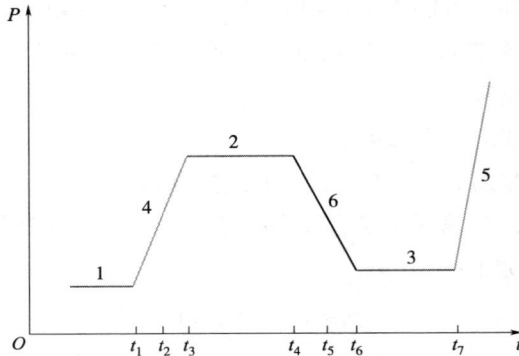

图 3-11　价格函数转化为五元函数简化图

当行情运行到 t_2 时刻，随着多方获得的浮盈不断增加，多方开始出现恐惧情绪，恐惧变量 K_d 增加，贪婪变量 T_d 变小，于是开始进行平仓操作，导致多方力量逐渐变小；由于多方的平仓就等于空方的力量增加，使得价格上涨速度减小，空方开始出现贪婪的情绪，贪婪变量 T_k 开始增加，同时恐惧变量 K_k 逐渐变小，于是部分空方开始入场，导致空方力量逐渐增加。

当行情运行到 t_3 时刻，多空双方力量再次达到平衡，无法出现大的价格差，使得价格维持不变，再次进入能量积累阶段。

在 t_4 时刻之前，多空双方力量均衡，处于能量积累的平衡状态，在 t_4 时刻之后，空方的力量超过了多方力量，形成向下的价格差，导致价格下跌。随着价格下跌，空方获得账户的浮盈、多方的账户出现浮亏，当空方浮盈出现后空方的贪婪变量 T_k 变大，恐惧变量 K_k 变小，导致空方为了获得更多盈利不断加仓，结果进一步增加了空方的力量。同时，多方由于账户的浮亏引发多方恐惧变量 K_d 变大，贪婪变量 T_d 变小，导致多方为了减少亏损进行减仓操作，多方的平仓等于增加了空方的力量，使得多方力量进一步变小，造成多空双方力量大小悬殊增加，价格继续下跌，行情向下释放。

当行情运行到 $t5$ 时刻，随着空方获得的浮盈不断增加，空方开始出现恐惧情绪，恐惧变量 K_k 增加，贪婪变量 T_k 减小，于是开始进行平仓操作，导致空方力量逐渐减小；由于空方的平仓导致多方力量的增加，使得价格下跌速度变小，多方开始出现贪婪的情绪，贪婪变量 T_d 开始增加，同时恐惧变量 K_d 逐渐变小，于是部分多方开始入场导致多方力量逐渐增加。

当行情运行到 t_6 时刻，多空双方力量再次达到平衡，无法出现大的价格差，使得价格维持不变，再次进入能量积累阶段。当行情运行到 t_7 时刻，与 t_1 时刻的形式相同，从而形成完整的循环。

由以上证明过程可知：必然律成立，积累之后必然释放，释放之后必然积累。

3.4.2　惯性律

惯性律是指积累和释放具有维持自身运行状态的特性。积累之后，更高概率地积累，释放之后，更高概率地释放。

任何事物发展都具有一定惯性，即在一定时间、一定条件下保持原来的趋势和状态。万事万物皆是如此。

惯性律在交易中怎么应用？

既然市场积累、释放具有惯性，积累状态和释放状态一旦形成就不会马上结束，在交易活动中，我们要遵循这一规律，行情进入积累状态后要及时离场，在行情进入释放阶段要果断入场、加仓，因为一旦市场进入积累状态，就一定会持续一段时间，及时离场才能确保真实的盈利。市场进入释放阶段后，在惯性的作用下会持续地处于释放状态，它是出现力量最强的一方的时刻，我们则可以不断地入场、加仓加入最强的一方，获得正向价格差，获得盈利。

【惯性律 PTA 行情实例】

图 3-12 为 PTA 2022 年 6 月至 9 月的 2 小时周期行情走势，由释放和积累两段行情走势组成，释放状态从 6 月 15 日开始，至 7 月 15 日结束，时间跨度为 1 个月时间，充分证明释放具有惯性的特征，一旦真正的释放开始，便不会轻易地结束。在期货交易中，延续 1 个月的释放行情属于中等规模的行情，在该释放期间，我们通过入场系统开空单和通过控制系统进行持仓和加空单的操作，获利颇为丰厚。

图 3-12　PTA 2022 年 6 月至 9 月的 2 小时周期行情走势

积累状态从 7 月 15 日开始，至 9 月初，在惯性律的强大控制下，依然处于积累状态，时间跨度截至 9 月初已经一个半月的时间，价格始终在能量积累区间内运行，由此可知，积累同样具有惯性。根据实战交易经验，释放的惯性强度小于积累的惯性强度，也就意味着，积累状态转化为释放状态要比释放状态转化为积累状态难度要大，这种现象由于积累的时间大于释放的时间所致。

3.4.3　包 含 律

包含律是指大释放之中，包含小积累；大积累之中，包含小释放。阴阳交错，势不可当。

市场行情是一个各部分之间存在全息关联的统一整体，各个子系统与系统、系统与市场整体之间是全息对应的关系，也就意味着同一个整体的部分与整体之间、同一层次的不同事物之间、不同层次与系统中的事物之间、事物的开端与结果、事物发展的大过程与小过程之间都存在着相互全息的对应关系；每一部分中都包含着其他部分，同时，它又被包含在其他部分之中。简而言之，在交易的细节上和整体上存在相同的特性。

在市场行情走势上也有同样的关系，在大释放之中，包含有小的积累，在大积累之中，包含小释放。图 3-13 为铁矿 2021 年 6 月底至 8 月初小时图行情走势。A 区域为横向的能量积累，由于积累区间幅度较大，属于大积累，在 A 区域内部形成了 A_1、A_2、A_3、A_4 释放。B 区域为向下的大释放行情，在释放的内部，形成了 B_1、B_2 小积累。

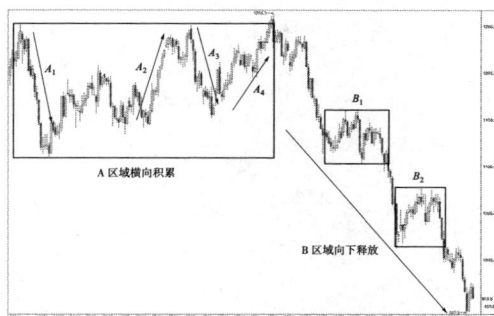

图 3-13 铁矿 2021 年 6 月底至 8 月初小时图行情走势

其中，大小是相对而言的，不能进行主观判断，必须要遵循固定的原则，否则容易造成大小不分的情况。

那么，包含律在期货交易中怎么应用？

释放的行情是多空力量分出胜负，最强的一方出现时，在当积累向释放转换时就是我们入场的时机，大释放之中包含小积累，因此，当在大释放过程中出现小积累时，就是我们加仓的最佳时机。

在大积累中，包含小释放，小释放并不意味着幅度小，这是因为小释放是相对于大积累的区间而言，大积累的区间幅度决定小释放的幅度，另外，在小时图以上周期图表上，小释放的价格差也是可观的，足以支撑其实现盈利。通常我们会利用大积累中包含的小释放做逆向释放的行情。

【包含律玉米行情实例】日线图

图 3-14 为玉米 2020 年 6 月至 2021 年 1 月日线周期行情图，将近 6 个月的时间内，玉米都在进行释放，释放幅度之大，时间跨度之广，十分罕见。在整个释放的过程中，价格不断创出新高，即使有小幅度的回撤，也很快被突破，继续向上运行。

真正的释放会由多单小释放和小积累组合而成，如图 3-14 所示，此轮大释放由 A、B、C 三段小释放和两段能量组合而成。根据包含律，我们可以利用大释放中的小积累做波段交易或加仓交易。很多交易员由于错过了释放初期的入场时机，就放弃了之后的交易，导致错失整个行情。

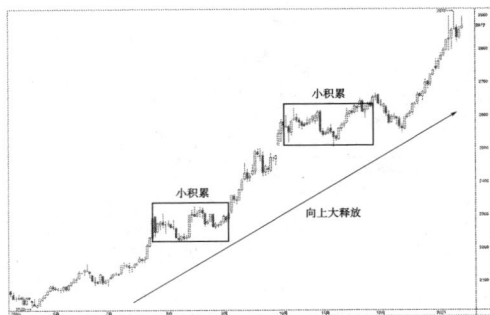

图 3-14　玉米 2020 年 6 月至 2021 年 1 月日线周期行情

在学会包含律之后就会明白，我们完全没有必要担心错过释放初期的入场时机，可以通过在释放的过程中，利用小积累做波段交易。只要不放弃，总会有机会。

3.4.4　无 向 律

无向律是指在任意时刻市场都同时具备三个方向，因此，市场由积累状态向释放状态转换的时刻也是无方向的，即释放的方向也是不确定的，不受历史方向影响的。这意味着，未来释放的方向可以和之前释放的方向保持一致，也可以和之前释放的方向不一致。

图 3-15 为螺纹钢 2022 年 7 月至 9 月的行情走势，我们观察图 3-15 可知：A 段为向上的行情释放，经过 B 段的积累后，进入 C 段释放，C 段释放的方向和 A 段保持一致。在经历过 C 段的释放之后，行情进入 D 段的能量积累，之后行情进入 E 段的向下释放。此时，可以发现 E 段的释放方向和 C 段的释放方向完全相反。由此可知，历史的释放方向不能决定未来行情释放的方向。

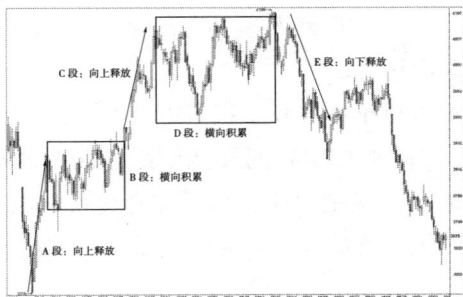

图 3-15　螺纹钢 2022 年 7 月至 9 月的行情走势

无向律在交易中怎么应用？

传统交易理论认为市场具有趋势性，未来行情会按照历史行情的方向运行，即市场经过横向盘整运行之后的方向与之前的趋势方向一致，如果之前是向上运行，经过积累后，未来行情也会向上运行；之前行情如果是向下运行，经过积累后，未来行情也会向下运行。这种定向派理论让交易者只考虑市场运行的一种情况，忽略其他两种可能性，因此，容易出现交易策略的单一化、绝对化，从而导致逆势扛单、重仓交易等问题。

利用无向律，在市场处于积累状态时，我们可以做好行情向上释放、向下释放，以及继续横向积累的三种交易应对策略，确保做到释放行情。

利用无向论，在市场处于释放状态时，由于市场每个当下都具有三种运行方向，能够让我们不盲目持仓，科学合理地了结盈利。死多头和死空头都属于盲目持仓，把盈利拿成亏损，把亏损拿到爆仓，这是十分不可取的，根本原因是定向思维，不明白无向律之故。

3.4.5　势能律

势能律是指：大积累，带来大释放；小积累，带来小释放；大小积累共振，小积累，引发大释放。由于行情波动的全息性，在各种周期上的行情走势都符合能量积累、释放的规律，不论是 1 分钟周期还是 5 分钟周期、15 分钟周期、1 小时图周期、4 小时图周期、日线图周期等，在各自的周期上均呈现出能量积累、释放的规律。释放的幅度和规模大小和能量积累的时间长短直接相关，大积累必定带来大释放，小积累必定带来小释放，只有一种特例，当大积累和小积累共振时，小积累也会带来大释放，这是因为小积累的释放引发了大积累的释放所致。

图 3-16 为螺纹钢 2019 年 6 月至 8 月小时图周期的行情走势，通过观察可知，A 区域的大积累带来 B 区域的大释放，C 区域的小积累带来 D 区域的小释放。

势能律在交易中怎么应用？

追求稳定盈利已经满足不了某些交易员的胃口，他们还要追求大幅盈利。有没有实现的方法？有，要实现大幅盈利需要同时满足两个条件：一是大释放的行情，二是重仓。

图 3-16   螺纹钢 2019 年 6 月至 8 月小时图周期的行情走势

根据势能律大积累带来大释放，小积累带来小释放的规律，我们可以知道大释放的行情到来之前要有大积累，那么，我们要等待大积累的出现，由于大积累耗费的时间较长，因此要有耐心。直接重仓交易是不可取的，大行情启动初期往往不是直接释放，行情较小的回撤和反复就会导致重大损失。我们可以利用大释放中的小积累分批逐步加仓的方式来达到重仓的目的，这样能既控制了风险，又做到大释放行情。

大幅盈利是等来的，等一个大积累，等释放后，分批加仓。比如，2019 年和 2020 年黄金的大释放，很多交易员的交易战绩相当不错，翻倍的比比皆是，十几倍收益的大有人在。

3.5   一眼看懂行情的分析方法

能够看懂当前行情是交易实现盈利的必要条件，看不懂行情就入场交易，属于盲目冲动交易，没有不亏钱的。我见到过很多交易员分析行情时，大脑一片空白，内心狐疑不定，得不出确定的结论，自然无法制定出有效的交易策略，这是亏损的重要原因之一。

如何能够快速、精准地分析行情，制定科学的交易策略呢？答案是用能量论。

下面讲解使用能量论分析行情的方法和流程，只需要两步，帮你一眼就能看懂纷繁复杂的行情，作出科学的交易策略。

第一步：确定分析周期。在行情图表上可以切换不同的周期，每一个周期显示的图表都是不同的，在不同的图表上进行分析行情，就会得出不同的结论，因此，先固定好分析周期。分析周期是指仅在指定的周期图表上分析行情，判断机会，通常期货交易的分析周期为小时图，外汇市场的分析周期为 4 小时图。

第二步：根据能量论的定义，分析当前行情的运行状态属于积累还是释放。如果当前行情属于积累走势，再看这段积累走势之前是否有释放走势，如果有，再判断是否符合标准机会的要求，如果没有，则耐心等待。如果当前行情属于释放走势，按兵不动，等待积累的出现，此时切记不要追单或摸顶摸底的操作。

3.5.1　积累状态的判断规则

积累状态的判断规则是本书交易系统的独创，能够准确研判复杂的能量积累行情，为了让投资者掌握住、用得好，下面通过演示图的方式详细讲解。

如图 3-17 所示，行情沿着长的线段由下往上运行，处于释放状态，行情不可能一直进行释放，总有进入积累的时候。当价格运行到 1 点时，多空双方力量达到平衡，随之空方力量大于多方力量，价格往下回撤。当价格回撤至 2 点时，多空双方力量再次达到平衡，价格开始向上反弹，当价格反弹至 1、2 两点之间幅度的二分之一位置时，判定行情开始进入能量积累阶段，此时，行情处于能量积累初期阶段。

如图 3-18 所示，随着行情的继续运行，市场价格从 2 点反弹之后，受到阻力压制作用，到达 3 点之后再次向下回撤。当价格回撤至 2、3 两点之间幅度的 1/2 位置时，3 点确立。依据 1 点和 2 点的价位，作水平线，确定能量积累区域。此时，行情仍处于能量积累初期阶段。

如图 3-19 所示，当 3 点确立之后，价格继续向下回撤，当回撤到 4 点之后，价格再次向上反弹，当价格反弹至 3、4 两点之间幅度的二分之一位置时，4 点确立。此时，行情进入能量积累中期阶段。

当行情进入能量积累中期阶段之后，连接 1、3 两点及 2、4 两点，形成相应的积累状态图形，并结合交易机会的标准（第 4 章中将会讲解）进行交易机会的识别。

如图 3-20 所示，当价格继续反弹至 5 点之后，受到阻力压制作用，价格再次回撤。当价格回撤至 4、5 两点之间幅度的二分之一位置时，5 点确立，此时，行情进入能量积累末期阶段。5 点之后，行情可能会继续形成之后的点，均认为进入能量积累末期阶段。进入能量积累末期之后，市场行情随时可能进入释放状态。

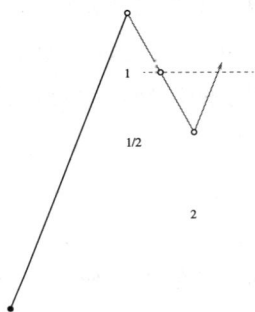

图 3-17　能量积累行情初期阶段

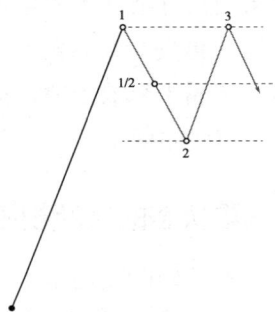

图 3-18　行情仍处于能量积累初期阶段

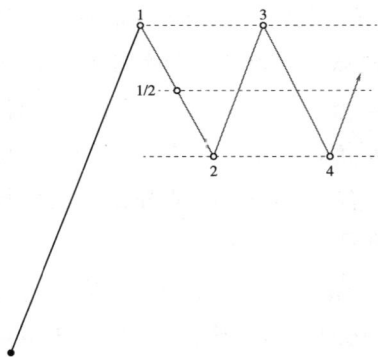

图 3-19　行情进入能量积累中期阶段

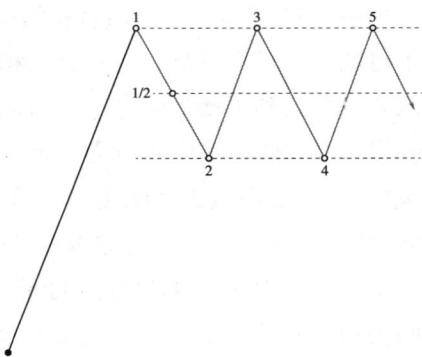

图 3-20　行情进入能量积累末期

3.5.2　能量释放的起点和终点的判定规则

识别交易机会和定量控制都要用到能量释放的幅度大小，因此，我们确定能量释放的起点和终点十分重要，只有确定了能量释放的起点和终点，才能测量释放的幅度和持续的时间。

- 释放的起点：是指该段释放之前积累阶段的最后一个确立点。图 3-21 中的 4 点就是释放的起点。
- 释放的终点：是指该段释放之后积累阶段的第一个确立点，图 3-21 中 1 点就是释放的终点。

下面以一段完整的释放为例，详细讲解释放的起点和终点。在图 3-22 中，起点为之前积累阶段的最后一个确立点——a 点，终点为之后积累阶段的第一个确立点——b 点。大家需要特别注意的是：释放的起点不是前一个积累阶段的突破点，而是前一个积累阶段的最后一个点。

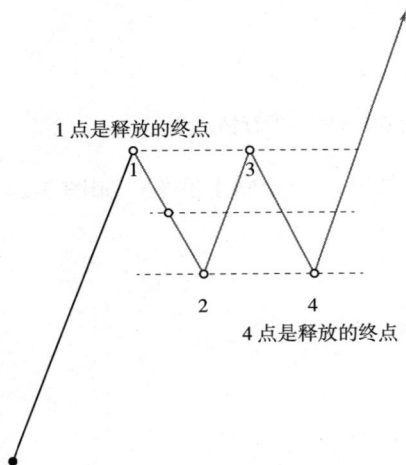

图 3-21　释放的起点和终点　　　　　图 3-22　完整的释放

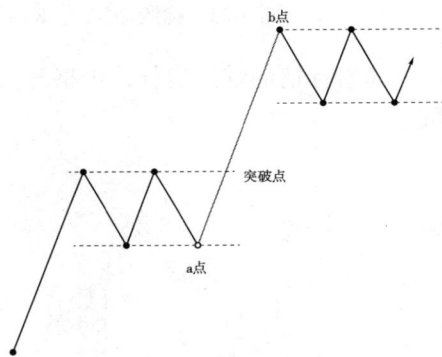

3.5.3　橡胶行情分析实例 M30

下面通过实例讲解行情分析的整个过程。图 3-23 为橡胶 2022 年 8 月至 9 月 30 分钟周期行情走势，我们从图 3-23 中观察可知，走势上下起伏，相当复杂，有种无从下手的感觉。按照行情分析的步骤，首先，确定行情的分析周期为 30 分钟。其次，确定当前最近一段行情的能量状态，橡胶从 12 710 元 / 吨一路下跌到 12 110 元 / 吨，显然处于下降释放状态。行情处于释放状态的交易策略是：如果没有空单的持仓，就等待能量积累的出现，不要盲目追空单；如果之前有空单的持仓，就用控制系统的相关规则，对该段行情持仓控制。

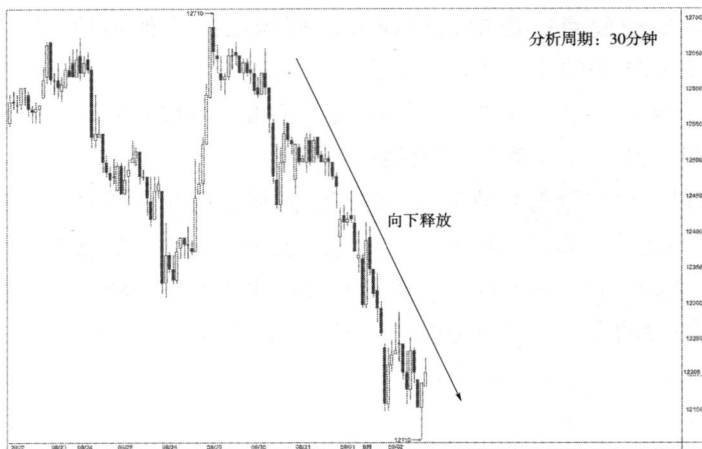

图 3-23　橡胶 2022 年 8 月至 9 月 30 分钟周期行情走势

随着行情的继续运行，价格开始由跌转升，开始向上回撤，如图 3-24 所示。

图 3-24　价格向上回撤

如图 3-25 所示，经过向上回撤之后，行情继续向下运行，一根大阴线直接向下猛砸，超过之前向上回撤幅度的二分之一，判定行情进入能量积累初期阶段。此时，绘制能量积累的 1 点和 2 点，并且依据 1 点和 2 点的价位绘制水平线，确立该能量积累阶段的区域。

能量积累阶段的应对策略是：耐心等待交易机会的形成，不要在该能量积累区间内进行交易，能量积累初期阶段的区域又称为"钞票粉碎机"，我们应极力避免交易。

图 3-25　行情向上回撤后继续向下运行

如图 3-26 所示，行情在 1 点～2 点确立的能量积累区间内复杂运行，并且确立 3 点。此时，行情依旧处于能量积累初期阶段，我们继续按兵不动，耐心等待。

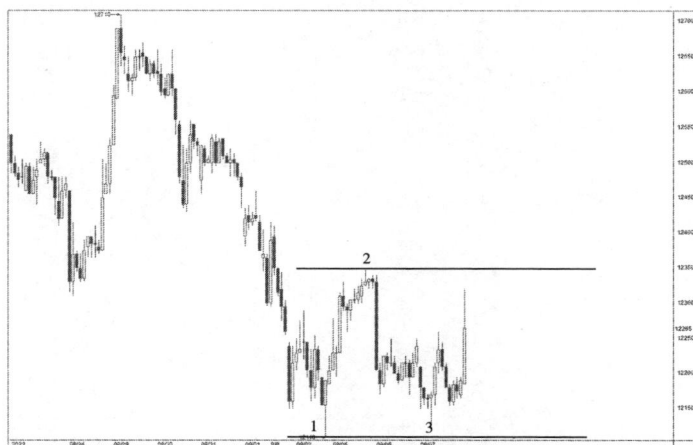

图 3-26　行情处于能量积累初期阶段

如图 3-27 所示，随着行情的继续运行，4 点确立，行情进入能量积累的中期阶段。在能量积累的中期阶段，使用线段连接 1 点～ 3 点，2 点～ 4 点，构成能量积累区域的图形。通过连线发现此段能量积累形成了三角形的能量积累状态。

能量积累中期是形成标准交易机会的重要条件，我们可以通过标准交易机会的识别规则，进一步分析是否构成标准交易机会，为未来的进场交易做准备。

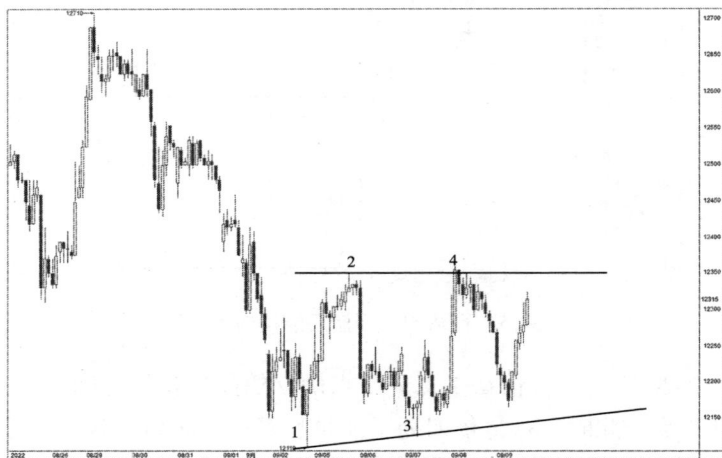

图 3-27　行情继续运行

第 4 章

标准交易机会

4.1 交易机会的定义

1. 交易机会的成因

交易机会是指市场自然形成的，具有稳定性、可重复性、潜在盈利概率高的独特行情走势。

市场的基本规律——"能量论"证明市场是由能量积累和能量释放两种状态构成，两者之间相互转换，积累之后必然释放，释放之后必然积累。在能量释放阶段多空双方的其中一方始终是市场里最强的一方，并且导致市场价格出现较大幅度的价格差。因此，我们依据市场赚钱的真义——不做多方，也不做空方，只做市场最强的一方。那么，当市场从能量积累向能量释放转换的时刻就是我们进场交易的最佳时机，因此，交易机会来自能量积累。

虽然交易机会是在能量积累过程中产生，但并不是所有的能量积累都可以作为交易机会。通过大量的交易实践验证和科学的筛选，在千变万化的市场走势中确定了具有独特走势结构特征、识别简单、成功率高、赚钱效应大的积累结构图形作为交易机会。

只有那些符合特定规则要求的能量积累结构，才是真正的交易机会。交易机会如同宝藏深藏于大山，需要我们认真寻找和严格地甄别，并进行科学有序地开采。

2. 交易机会的形成过程

交易机会具有特定的结构特征和判断规则，它的形成是市场行情自然演化的结果。市场从来不会眷顾任何人，而是无私地、公平地向所有的投资者呈现交易机会。不过，它只会自然地呈现在那些具有专注、耐心的投资者眼前，且不需要刻意去寻找。

3. 交易机会的构成

交易机会来自市场运行节奏的转换，当从能量积累向能量释放转换的时刻，就是交易机会形成的时刻。因此，我们的交易机会由能量释放和能量积累共同组成，二者缺一不可，释放状态不是交易机会，积累状态同样也不是交易机会，只有两者按照特定的规则组合在一起，才是交易机会。可以用公式进行表示：

$$交易机会 = 释放 + 积累$$

4. 交易机会的分类

按照结构特征，交易机会分为标准交易机会、共振交易机会（第 5 章中将会详细讲解）和加仓交易机会（属于特高阶操作，本书中不讲解）。

其中，标准交易机会共有六类：标准三角形、标准矩形、标准旗形、标准通道、标准头肩形、标准 MW 形。共计 12 种图形结构：标准上三交易机会、标准下三交易机会、标准上矩交易机会、标准下矩交易机会、标准上旗交易机会、标准下旗交易机会、标准上升通道交易机会、标准下降通道交易机会、标准头肩顶交易机会、标准头肩底交易机会、标准 M 头交易机会和标准 W 底交易机会，示意结构如图 4-1 所示。

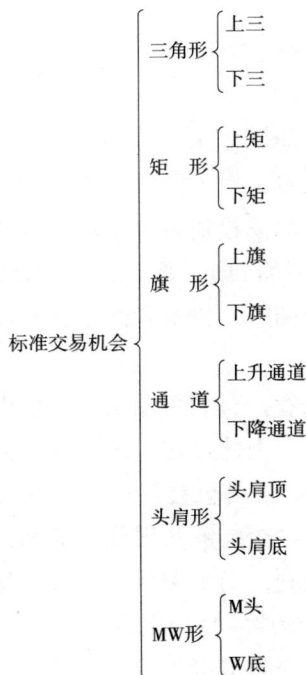

图 4-1　标准交易机会示意结构

标准交易机会是最重要的交易机会。因为，一、标准交易机会是加仓交易机会和共振交易机会的前提和基础；二、标准交易机会出现亏钱的概率极低，获利的概率极高，一旦出现，我们务必要好好把握。

交易机会筛选的角度有以下六个（简称：六度法则）。

● 释放力度：阴阳极度失调地快速释放，角度陡峭接近 90°，不得低于 45°。

● 回撤幅度：回撤幅度要小，不超过之前释放幅度的二分之一，最好是在三分之一以内。

● 积累结构完整度：积累要充分，结构要完整，具备明显的积累初、中、末期特征。

● 熟悉度：要对交易机会有相当的熟悉度，收藏不少于 10 张同一种交易机会的实例图。

● 稳定度：选定的交易品种成交量要大，近期行情走势无跳空情况出现。

● 风险度：符合风险控制规则的要求，合理分配交易成本和科学计算仓位。

5. 交易机会的意义

市场行情涨跌起伏，纷繁复杂，似乎时时刻刻都存在盈利的机会，其实不然。从盈利的角度来看，对于同一个交易策略，行情走势分为有利可图和无利可图两种类型。如果投资者分不清楚这两类行情走势，即使实现了盈利，最终盈利也会还给市场，甚至造成本金的损失。在有利可图时，投资者参与交易，无利可图时，投资者终止交易，才是真正实现稳定盈利的秘密。

从爱思潘交易系统来看，有利可图是指市场出现了交易机会，无利可图是指市场中无交易机会，由此可知，是否存在交易机会成为实现稳定盈利的核心因素之一。因此，交易机会具有重大的意义。

（1）交易机会决定了是否能够实现稳定盈利。当市场行情出现交易机会时，参与交易，获得盈利；当市场行情没有交易机会时，终止交易，耐心等待，从而规避亏损，最终实现稳定盈利。

（2）交易机会决定了交易节奏，减少情绪化交易的出现。交易机会是行情特定的走势，它的形成需要时间。这就决定了在没有交易机会时，投资者不参与交易，耐心等待交易机会的出现。这能够让投资者为交易做足充分的准备，从而避免情绪化交易。

4.2　上矩交易机会

上矩交易机会是指向上的一段释放和矩形积累按照特定规则组成的行情走势。图 4-2 为标准上矩交易机会结构图。

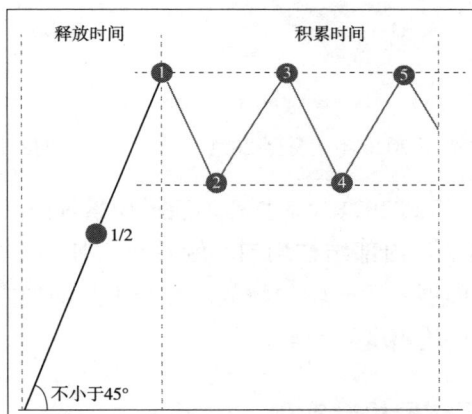

图 4-2　标准上矩交易机会

标准上矩交易机会判断规则如下：

- 向上的一段释放，幅度大，力度强，K 线特征为阳盛阴衰，水平角度接近 90°，不小于 45°。
- 积累的回撤幅度小，不超过之前释放幅度的二分之一。
- 积累的结构完整，外观为矩形，具备初、中、末期特征。
- 积累的内部结构均匀，触及点间距比例接近 1 ∶ 1。
- 积累时间和能量释放跨度比，大于 2 倍。

4.2.1　铁矿石上矩交易机会实例

图 4-3 为铁矿石 2020 年 7 月至 2021 年 5 月日线周期的行情走势，时间跨度较大，形成上矩交易机会。从 2020 年 10 月中旬向上展开释放直到

12 月中旬结束，两个月时间的释放，阳多阴少，上攻力度强劲，上涨幅度高达 400 点。

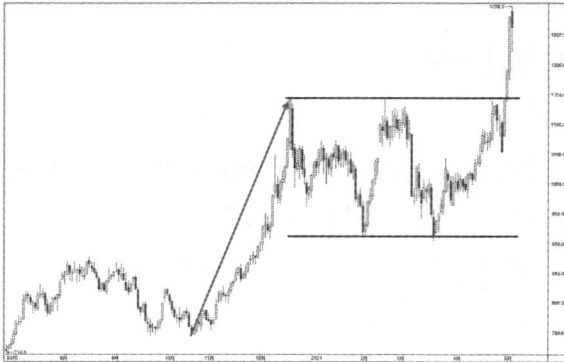

图 4-3　铁矿石 2020 年 7 月至 2021 年 5 月日线周期的行情走势

2020 年 12 月中旬到 2021 年 5 月初为能量积累阶段，积累时间为 6 月，超过释放时间的两倍，内部结构均匀，触及点清晰，形成上矩交易机会。进入能量中期后，即展开下一轮的释放。唯一不足的地方在于积累阶段的回撤幅度略微超过释放幅度的一半。

4.2.2　苹果上矩交易机会实例

图 4-4 为苹果 2022 年 4 月 5 分钟周期的行情走势，苹果的行情运行剧烈，波动幅度较大。4 月 9 日左右开始进入释放阶段，11 日释放结束，短

图 4-4　苹果 2022 年 4 月 5 分钟周期的行情走势

短两天时间，上涨幅度高达 1400 点。整个释放阶段力度相当强大，水平角度接近 90°，K 线实体大，几乎是全阳释放。

4 月 11 日进入能量积累阶段，走势缓慢，回撤幅度远小于之前幅度的二分之一，大约在四分之一，触及点清晰，在矩形区间内运行，形成经典的上矩交易机会。不足之处在于内部结构不够均匀，触及点之间的距离较大。

4.2.3　黄金上矩交易机会实例

图 4-5 为黄金 2021 年 2 月 21 日至 23 日的 5 分钟周期行情走势。国内黄金期货受外盘影响较大，走势较为复杂，稳定度较差。释放时，容易出现跳空，积累时容易出现假突破的影线。

图 4-5　黄金 2021 年 2 月 21 日至 23 日的 5 分钟周期行情走势

2 月 21 日黄金创出新低 370 元 / 克之后，迅速展开 V 形释放，上涨过程较为曲折，途中伴随着较大幅度的回撤。2 月 22 日开盘后不久，释放结束，进入能量积累阶段。在能量积累阶段，回撤幅度小于之前释放的二分之一，在三分之一左右，触及点清晰，形成矩形积累，构成上矩交易机会，2 月 23 日进入下一轮释放。

4.2.4　豆油上矩交易机会实例

图 4-6 为豆油 2020 年 6 月至 7 月的小时图行情走势。豆油是比较稳健的交易品种，6 月 29 日进入释放阶段，7 月 6 日释放结束，整个释放过程阳多阴少，属于标准释放。7 月 6 日进入能量积累阶段，回撤幅度小于之

前释放的二分之一，内部结构均匀，触及点清晰，构成矩形积累，属于相当标准的上矩交易机会。7月15日向上突破，进入下一轮释放。下一轮释放也是相当标准，3天时间上涨幅度高达300点，由此可以证明：越标准的机会，释放的也越标准。

图 4-6　豆油 2020 年 6 月至 7 月的小时图行情走势

4.3　下矩交易机会

下矩交易机会是指向下的一段释放和矩形积累按照特定规则组成的行情走势。图 4-7 为标准下矩交易机会结构图。

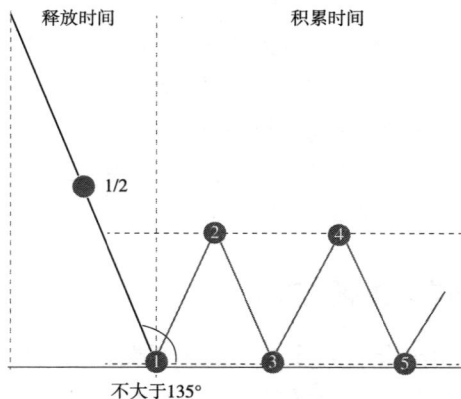

图 4-7　标准下矩交易机会

标准下矩交易机会判断规则如下：

- 向下的一段释放，幅度大，力度强，K 线特征为阴盛阳衰，水平角度接近 90°，不大于 135°。
- 积累的回撤幅度小，不超过之前释放幅度的二分之一。
- 积累的结构完整，外观为矩形，具备初、中、末期特征。
- 积累的内部结构均匀，触及点间距比例接近 1 ∶ 1。
- 积累时间和能量释放跨度比，大于 2 倍。

4.3.1　白糖下矩交易机会实例

图4-8 为白糖 2012 年 6 月至 7 月 15 分钟周期行情图。白糖走势不稳定，经常出现跳空，偶尔会出现猝不及防的急拉猛跌，不建议选为交易品种。经过前一段向下释放之后，白糖进入能量积累阶段。在能量积累阶段，行情走势相当复杂，但回撤幅度接近之前释放的二分之一，触及点清晰，内部结构较为均匀，构成下矩交易机会。

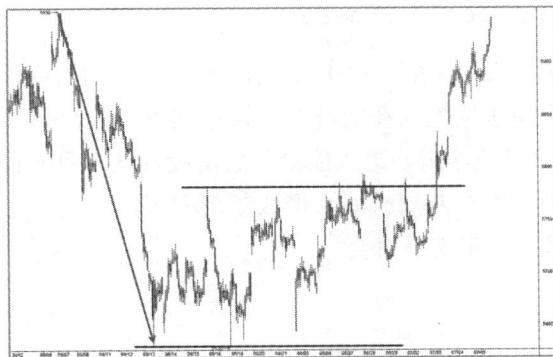

图 4-8　白糖 2012 年 6 月至 7 月 15 分钟周期行情图

4.3.2　鸡蛋下矩交易机会实例

图 4-9 为鸡蛋 2020 年 9 月 2 日的 1 分钟周期行情图，在 1 分钟图上，鸡蛋走势较为稳健，在释放阶段，鸡蛋一路向下运行，不断创出新低，运行至 10:00 左右进入能量积累阶段。在能量积累阶段，回撤非常小，仅仅为之前释放的四分之一，内部结构均匀，触及点清晰，构成矩形积累，形成下矩交易机会。14:00 进入下一轮释放，也是酣畅淋漓。

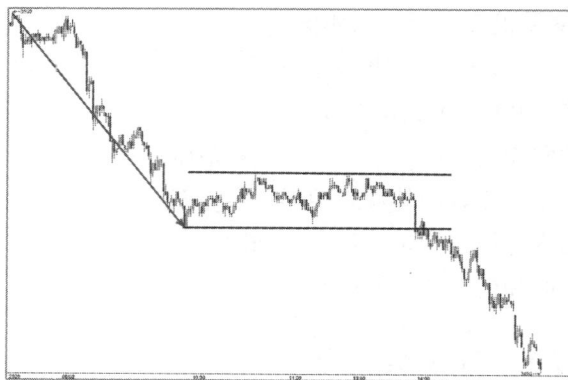

图 4-9　鸡蛋 2020 年 9 月 2 日的 1 分钟周期行情图

　　在不同的交易周期上都会出现标准交易机会，这一点体现市场行情的全息性，但适不适合实战交易呢？不建议在小周期上交易，因为需要时刻盯盘，耗费大量精力和时间，容易出错。

4.3.3　棉花下矩交易机会实例

　　图 4-10 为棉花 2015 年 1 月 4 日至 18 日的小时图周期行情走势。在释放阶段，棉花出现了爆裂的释放特征，极速向下猛砸，并伴有剧烈波动的下影线，1 月 6 日释放结束，进入能量积累阶段。从 1 月 6 日至 18 日结束，整个积累阶段持续大概两周时间，形成矩形积累，触及点比较清晰，内部结构均匀，构筑成下矩交易机会。

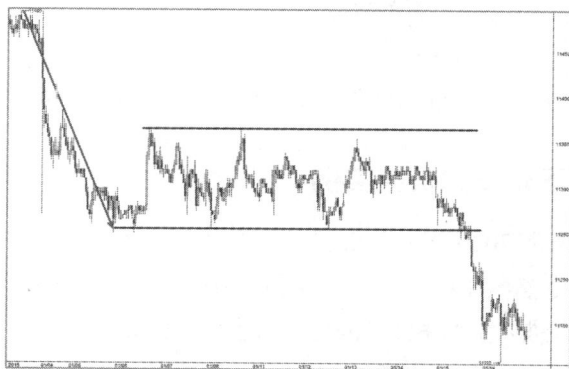

图 4-10　棉花 2015 年 1 月 4 日至 18 日的小时图周期行情走势

4.3.4　动煤下矩交易机会实例

图 4-11 为动煤 2020 年 8 月 15 分钟周期的行情走势。释放阶段为向下的缓慢释放，结构复杂，不是标准释放，但依旧可以作为交易机会的形成条件。8 月 17 日进入能量积累阶段，在能量积累阶段，动煤保持横向运行状态，触及点清晰，内部结构较为均匀，形成矩形积累，构筑成下矩交易机会。8 月 24 日，向下突破，展开新一轮的行情向下释放。

图 4-11　动煤 2020 年 8 月 15 分钟周期的行情走势

第一段行情为复杂缓慢释放，第二段行情为简单快速释放，对于两段释放之间的关系，根据我的交易经验总结为：慢快和快慢，意思是：如果第一段释放为结构复杂的慢释放，第二段释放易展开结构简单的快释放。如果第一段释放为结构简单的快释放，第二段释放容易展开结构复杂的慢释放。

4.4　上三交易机会

上三交易机会是指向上的一段释放和三角形积累按照特定规则组成的行情走势。图 4-12 为标准上三交易机会结构图。

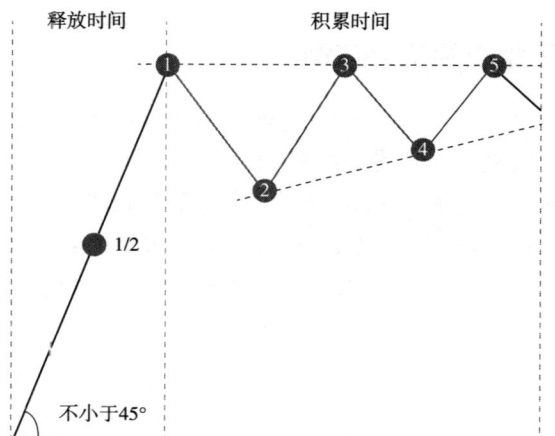

图 4-12　标准上三交易机会

标准上三交易机会判断规则如下：

- 向上的一段释放，幅度大，力度强，K 线特征为阳盛阴衰，水平角度接近 90°，不小于 45°。
- 积累的回撤幅度小，不超过之前释放幅度的二分之一。
- 积累的结构完整，外观为三角形，具备初、中、末期特征。
- 积累的内部结构均匀，触及点间距比例接近 1∶1。
- 积累时间和能量释放跨度比，大于 2 倍。

4.4.1　螺纹钢上三交易机会实例

图 4-13 为螺纹钢 2021 年 2 月至 4 月小时图周期行情走势。螺纹钢交易量巨大，稳定度较高，是交易员必选的交易品种。2 月 2 日进入向上释放阶段，3 月 3 日释放结束，整个释放阶段走势稳健，无较大幅度的回撤，属于较为标准的普通释放。

3 月 3 日开始进入能量积累阶段，回撤幅度接近之前释放的二分之一，内部结构均匀，触及点清晰，形成收敛三角形积累，构筑成上三交易机会。由图 4-13 可知，第二段释放比第一段释放简单，力度较强，符合慢快的规则。

图 4-13　螺纹钢 2021 年 2 月至 4 月小时图周期行情走势

4.4.2　焦炭上三交易机会实例

图 4-14 为焦炭 2020 年 10 月至 12 月小时图周期行情走势。10 月 23 日进入能量释放阶段,快速向上运行,阳盛阴衰,幅度较大,属于标准释放。11 月 10 日进入能量积累阶段,回撤幅度小于之前释放的二分之一,触及点清晰,内部结构均匀度一般,形成收敛三角形积累,构筑成上三交易机会。12 月 1 日向上突破,进入下一轮释放,第二轮释放较为复杂,属于缓慢释放,符合快慢的释放法则。

图 4-14　焦炭 2020 年 10 月至 12 月小时图周期行情走势

4.4.3　白银上三交易机会实例

图 4-15 为白银 2020 年 5 月小时图行情走势。5 月 15 日进入向上释放阶段，向上力度十分强劲，水平角度接近 90°，K 线状态严重失调，几乎是纯阳。5 月 20 日进入能量积累阶段，内部结构均匀，触及点清晰，形成收敛三角形积累，构筑成上三标准交易机会。

图 4-15　白银 2020 年 5 月小时图行情走势

4.4.4　原油上三交易机会实例

图 4-16 为原油 2020 年 11 月小时图行情走势。原油品种属于受外盘影响较大的品种，稳定度较低，11 月 9 日展开向上行情释放，11 月 10 日跳空高开，向上继续猛攻，11 月 11 日进入能量积累阶段。在能量积累阶段，回撤幅度小于之前释放的二分之一，在三分之一左右，内部结构十分均匀，触及点十分清晰，形成十分标准的三角形收敛积累，构筑成上三交易机会。11 月 24 日向上突破后，展开下一轮快速释放行情。对于受外盘影响较大，开盘时经常出现高开或低开的品种，要尽量规避，因为风险不可控。

图 4-16 原油 2020 年 11 月小时图行情走势

4.5 下三交易机会

下三交易机会是指向下的一段释放和三角形积累按照特定规则组成的行情走势。图 4-17 为标准下三交易机会结构图。

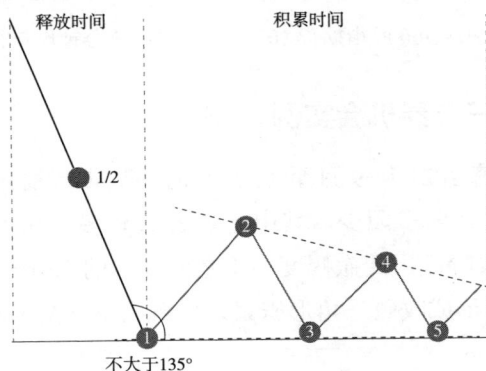

图 4-17 标准下三交易机会

标准下三交易机会判断规则如下：

- 向下的一段释放，幅度大，力度强，K 线特征为阴盛阳衰，水平角度接近 90°，不大于 135°。
- 积累的回撤幅度小，不超过之前释放幅度的二分之一。
- 积累的结构完整，外观为三角形，具备初、中、末期特征。
- 积累的内部结构均匀，触及点间距比例接近 1∶1。
- 积累时间和能量释放跨度比，大于 2 倍。

4.5.1 沪深下三交易机会实例

图 4-18 为沪深 300 股指期货 2021 年 3 月的 15 分钟周期行情走势。3 月 3 日至 3 月 9 日沪深 300 向下缓慢释放，释放结构较为复杂。3 月 9 日进入能量积累阶段，回撤幅度小于之前释放的二分之一，内部结构均匀，触及点清晰，形成收敛三角形积累，构筑成下三交易机会。

图 4-18　沪深 300 股指期货 2021 年 3 月的 15 分钟周期行情走势

4.5.2 玻璃下三交易机会实例

图 4-19 为玻璃 2021 年 9 月至 11 月小时图周期行情走势。9 月初玻璃进入向下释放阶段，阴多阳少，其中无效 K 线较多，属于缓慢释放。9 月 16 日进入能量积累阶段，回撤幅度小于之前释放的二分之一，内部结构均匀，触及点清晰，形成收敛三角形积累，构筑成下三交易机会。

图 4-19　玻璃 2021 年 9 月至 11 月小时图周期行情走势

我们需要注意的是：触及点 1 和 3 在同一水平位置，在绘制图时，下边线需要从触及点 3 开始绘制。

4.5.3　甲醇下三交易机会实例

图 4-20 为甲醇 2019 年 10 月 15 分钟周期行情走势。10 月 14 日开始向下释放，11 月 17 日释放结束，在向下释放阶段，出现幅度较小的回撤走势，属于复杂释放行情。11 月 17 日盘中进入能量积累阶段，回撤幅度较小，小于之前释放幅度的三分之一，内部结构均匀，触及点清晰，形成收敛三角形能量积累，构筑成下三交易机会。10 月 21 日盘中急速向下突破后，进入第 2 轮释放，符合慢快的释放法则。

图 4-20　甲醇 2019 年 10 月 15 分钟周期行情走势

4.5.4　棕榈油下三交易机会实例

图 4-21 为棕榈油 2022 年 9 月 15 分钟周期行情走势。9 月 1 日向下释放，9 月 5 日进入能量积累阶段，整个释放阶段，下跌幅度较大，角度陡峭，阴盛阳衰，属于典型的快速向下释放行情。9 月 5 日进入能量积累，回撤幅度小于之前释放幅度的二分之一，接近三分之一。9 月 7 日开盘后，向下突破进入第 2 轮释放，由图 4-21 可知，第 2 轮释放属于复杂的缓慢释放，符合慢快的释放法则。

图 4-21 棕榈油 2022 年 9 月 15 分钟周期行情走势

4.6 上旗交易机会

上旗交易机会是指向上的一段释放和旗形积累按照特定规则组成的行情走势。图 4-22 为标准上旗交易机会结构图。

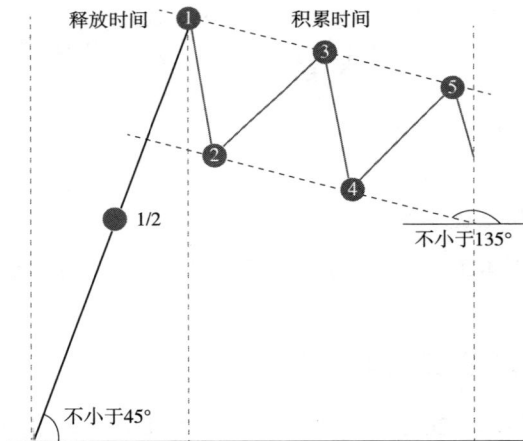

图 4-22 标准上旗交易机会

标准上旗交易机会判断规则如下：

- 向上的一段释放，幅度大，力度强，K 线特征为阳盛阴衰，水平角度接近 90°，不小于 45°。

- 积累的整体回撤幅度小，不超过之前释放幅度的二分之一。
- 积累的结构完整，外观为旗形，具备初、中、末期特征，积累整体角度不小于 135°。
- 积累的内部结构均匀，触及点间距比例接近 1：1。
- 积累时间和能量释放跨度比，大于 2 倍。

4.6.1 螺纹钢上旗交易机会实例

图 4-23 为螺纹钢 2020 年 11 月 15 分钟周期行情走势。11 月 4 日进入行情向上释放阶段，11 月 9 日释放结束，其中有较大幅度的回撤，属于复杂的行情释放。11 月 9 日进入能量积累阶段之后，积累阶段整体回撤幅度不超过之前释放幅度的二分之一，内部结构均匀，触及点清晰，形成旗形积累，构筑成上旗交易机会。11 月 17 日向上突破后，进入第 2 轮释放，快速向上运行，符合慢快的释放法则。

图 4-23 螺纹钢 2020 年 11 月 15 分钟周期行情走势

4.6.2 甲醇上旗交易机会实例

图 4-24 为甲醇 2022 年 1 月 15 分钟周期行情走势。1 月 12 日进入结构复杂的向上释放，1 月 19 日进入能量积累阶段，能量积累整体回撤幅度小于之前释放的二分之一，内部结构均匀，触及点清晰，形成旗形积累，构筑成上旗交易机会。1 月 27 日向上突破后，进入第 2 轮快速释放，符合慢快的释放法则。

图 4-24　甲醇 2022 年 1 月 15 分钟周期行情走势

4.6.3　菜油上旗交易机会实例

图 4-25 为菜油 2021 年 2 月至 3 月 15 分钟周期行情走势。2 月 10 日进入向上释放，期间多次向下回撤，并形成小积累的加仓机会，属于典型的复杂缓慢释放。2 月 26 日进入能量积累阶段，整体回撤幅度小于之前释放幅度的二分之一，内部结构均匀，触及点清晰，形成旗形积累，构筑成上旗交易机会。3 月 8 日突破后进入第 2 轮行情释放，由图 4-25 可知，第 2 轮释放力度十分强劲，水平角度接近 90°，K 线状态极度失调，纯阳释放，一举冲到涨停板，属于经典的简单快速释放行情，符合慢快的释放法则。

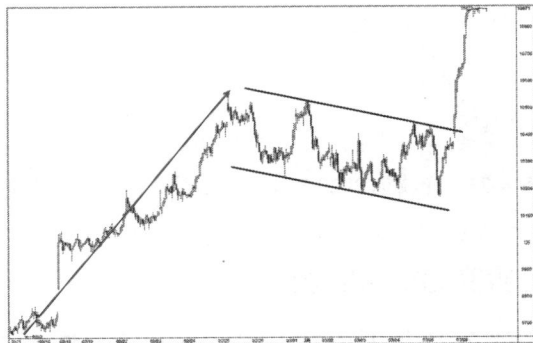

图 4-25　菜油 2021 年 2 月至 3 月 15 分钟周期行情走势

4.6.4　豆粕上旗交易机会实例

图 4-26 为豆粕 2020 年 12 月 30 分钟周期行情走势。12 月 15 日进入

向上释放阶段，12 月 23 日结束。12 月 23 日进入能量积累阶段，整体回撤幅度小于之前释放幅度的二分之一，内部结构均匀，触及点清晰，形成旗形积累，构筑成上旗交易机会。

图 4-26　豆粕 2020 年 12 月 30 分钟周期行情走势

4.7　下旗交易机会

下旗交易机会是指向下的一段释放和旗形积累按照特定规则组成的行情走势。图 4-27 为标准下旗交易机会结构图。

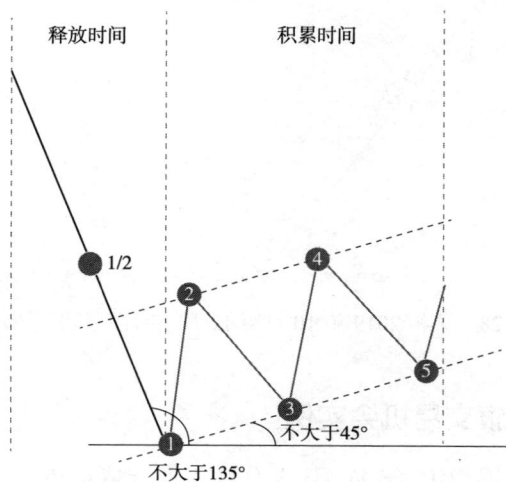

图 4-27　标准下旗交易机会

标准下旗交易机会判断规则如下：

- 向下的一段释放，幅度大，力度强，K 线特征为阴盛阳衰，水平角度接近 90°，不大于 135°。
- 积累的整体回撤幅度小，不超过之前释放幅度的二分之一。
- 积累的结构完整，外观为旗形，具备初、中、末期特征，积累整体角度不大于 45°。
- 积累的内部结构均匀，触及点间距比例接近 1∶1。
- 积累时间和能量释放跨度比，大于 2 倍。

4.7.1 菜粕下旗交易机会实例

图 4-28 为菜粕 2019 年 10 月至 12 月小时图周期行情走势。菜粕 10 月进入向下释放阶段，11 月 14 日释放结束，在释放阶段缓慢向下运行，结构复杂，属于缓慢释放。11 月 14 日进入能量积累阶段，内部结构均匀，触及点清晰，能量积累整体回撤幅度小于之前向下释放幅度的二分之一，形成旗形积累，构筑成下旗交易机会。12 月 9 日向上突破，快速向上释放，符合慢快的释放法则。

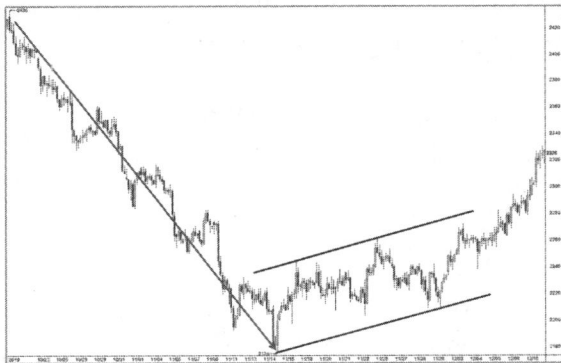

图 4-28　菜粕 2019 年 10 月至 12 月小时图周期行情走势

4.7.2 沪镍下旗交易机会实例

图 4-29 为沪镍 2019 年 11 月 15 分钟周期行情走势。沪镍 11 月 8 日进入向下释放阶段，11 月 21 日释放结束，在释放阶段缓慢向下运行，期间

有较大幅度的回撤，结构复杂，属于缓慢释放。11 月 21 日进入能量积累阶段，内部结构均匀，触及点清晰，能量积累整体回撤幅度小于之前向下释放幅度的二分之一，形成旗形积累，构筑成下旗交易机会。12 月 27 日向下突破后，在下边线形成小积累后，快速向下释放，符合慢快的释放法则。

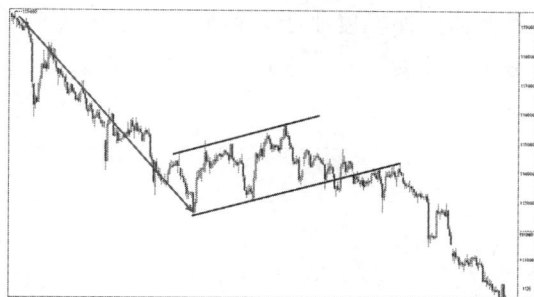

图 4-29　沪镍 2019 年 11 月 15 分钟周期行情走势

4.7.3　丙烯下旗交易机会实例

图 4-30 为丙烯 2019 年 7 月至 8 月 30 分钟周期行情走势。丙烯 7 月进入向下释放阶段，8 月 8 日释放结束，在释放阶段缓慢向下运行，有小幅度的回撤，结构复杂，属于缓慢释放。8 月 8 日进入能量积累阶段，内部结构均匀，触及点清晰，能量积累整体回撤幅度小于之前向下释放幅度的二分之一，形成旗形积累，构筑成下旗交易机会。8 月 21 日向下突破，快速向下释放，符合慢快的释放法则。

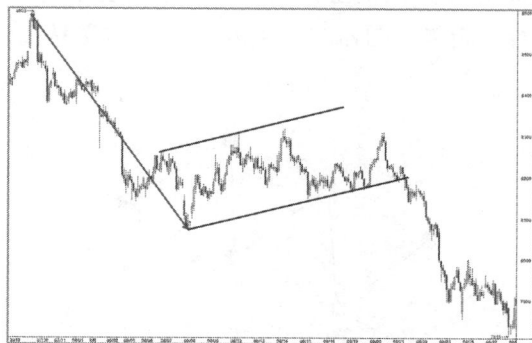

图 4-30　丙烯 2019 年 7 月至 8 月 30 分钟周期行情走势

4.7.4 动煤下旗交易机会实例

图 4-31 为动煤 2019 年 5 月至 6 月小时图周期行情走势。动煤 5 月 18 日进入向下释放阶段，5 月 24 日释放结束，在释放阶段缓慢向下运行，结构复杂，属于缓慢释放。5 月 24 日进入能量积累阶段，内部结构均匀，触及点清晰，能量积累整体回撤幅度小于之前向下释放幅度的二分之一，形成旗形积累，构筑成下旗交易机会。6 月 1 日向上突破，快速向上释放，符合慢快的释放法则。

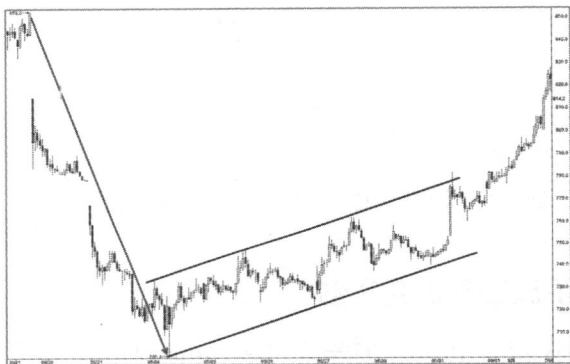

图 4-31　动煤 2019 年 5 月至 6 月小时图周期行情走势

4.8　上升通道交易机会

上升通道是指运行方向向上，回撤后，不断创新高，延续时间较长，外观如同管道的行情走势。图 4-32 为标准上升通道交易机会结构图。

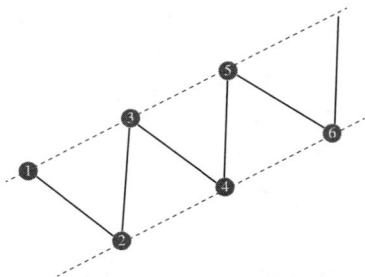

图 4-32　标准上升通道交易机会结构

标准上升通道交易机会判断规则如下：

- 向上运行，突破前高后回撤，回撤不过前低，再创新高，再回撤，循环运行。
- 内部结构均匀，不少于 5 个触及点，越多效果越好。
- 触及点之间间距比例接近 1：1。
- 延续时间较长，上涨幅度较大。

4.8.1　焦炭上升通道交易机会实例

图 4-33 为焦炭 2016 年 4 月 15 分钟周期行情走势。焦炭沿着上升通道向上缓慢运行，不断创出新高，价格触及通道上边线之后，停止上涨，向下回撤至通道下边线后，不再下跌，转头向上继续运行，形成典型的上升通道交易机会。

图 4-33　焦炭 2016 年 4 月 15 分钟周期行情走势

4.8.2　棕榈油上升通道交易机会实例

图 4-34 为棕榈油 2021 年 7 月 30 分钟周期行情走势。棕榈油沿着上升通道向上缓慢运行，不断创出新高，价格触及通道上边线之后，停止上涨，向下回撤至通道下边线后，不再下跌，转头向上继续运行，形成典型的上升通道交易机会。

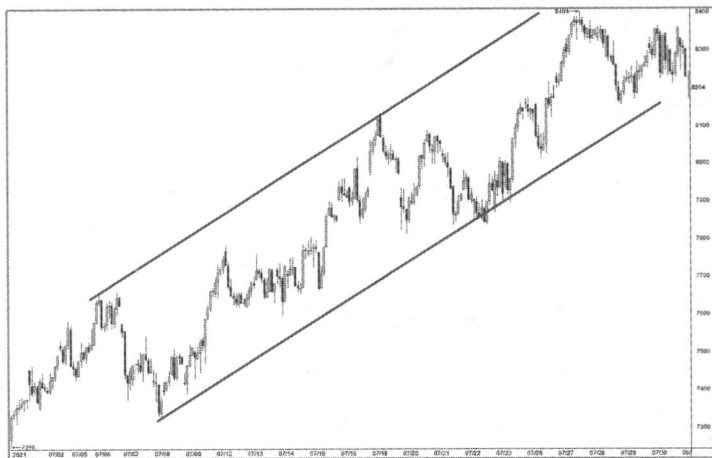

图 4-34　棕榈油 2021 年 7 月 30 分钟周期行情走势

4.8.3　乙二醇上升通道交易机会实例

图 4-35 为乙二醇 2016 年 4 月 15 分钟周期行情走势。乙二醇沿着上升通道向上缓慢运行，不断创出新高，价格触及通道上边线之后，停止上涨，向下回撤至通道下边线后，不再下跌，转头向上继续运行，形成典型的上升通道交易机会。

图 4-35　乙二醇 2016 年 4 月 15 分钟周期行情走势

4.8.4　苹果上升通道交易机会实例

图 4-36 为苹果 2018 年 10 月至 11 月 30 分钟周期行情走势。苹果沿着上升通道向上缓慢运行，不断创出新高，价格触及通道上边线之后，停止上涨，向下回撤至通道下边线后，不再下跌，转头向上继续运行，形成典型的上升通道交易机会。

图 4-36　苹果 2018 年 10 月至 11 月 30 分钟周期行情走势

4.9　下降通道交易机会

下降通道是指运行方向下，向上回撤后，不断创新低，延续时间较长，外观如同管道的行情走势。图 4-37 为标准下降通道交易机会结构图。

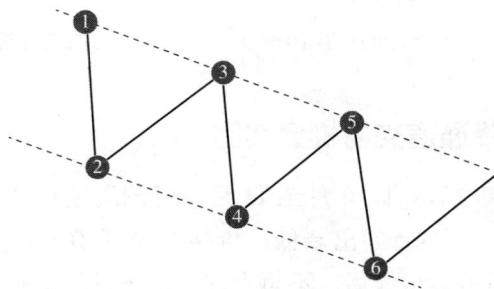

图 4-37　标准下降通道交易机会

标准下降通道交易机会判断规则如下：

- 向下运行，突破前低后回撤，回撤不过前高，再创新低，再回撤，循环运行。
- 内部结构均匀，不少于 5 个触及点，越多效果越好。
- 触及点之间间距比例接近 1：1。
- 延续时间较长，下跌幅度较大。

4.9.1 螺纹钢下降通道交易机会实例

图 4-38 为螺纹钢 2021 年 10 月至 11 月 15 分钟周期行情走势。螺纹钢沿着下降通道向下运行，不断创出新低，价格触及通道下边线之后，停止下跌，向上反弹至通道上边线后，不再上涨，向下继续运行，形成典型的下降通道交易机会。

图 4-38　螺纹钢 2021 年 10 月至 11 月 15 分钟周期行情走势

4.9.2 白糖下降通道交易机会实例

图 4-39 为白糖 2018 年 10 月至 11 月小时图周期行情走势。白糖沿着下降通道向下运行，不断创出新低，价格触及通道下边线之后，停止下跌，向上反弹至通道上边线后，不再上涨，向下继续运行，形成典型的下降通道交易机会。

图 4-39 白糖 2018 年 10 月至 11 月小时图周期行情走势

4.9.3 棕榈油下降通道交易机会实例

图 4-40 为棕榈油 2019 年 4 月 30 分钟周期行情走势。棕榈油沿着下降通道向下运行，不断创出新低，价格触及通道下边线之后，停止下跌，向上反弹至通道上边线后，不再上涨，向下继续运行，形成典型的下降通道交易机会。

图 4-40 棕榈油 2019 年 4 月 30 分钟周期行情走势

4.9.4 PTA 下降通道交易机会实例

图 4-41 为 PTA 2019 年 3 月 15 分钟周期行情走势。PTA 沿着下降通道向下运行，不断创出新低，价格触及通道下边线之后，停止下跌，向上

反弹至通道上边线后，不再上涨，向下继续运行，形成典型的下降通道交易机会。

图 4-41　PTA 2019 年 3 月 15 分钟周期行情走势

4.10　头肩顶交易机会

头肩顶交易机会是传统技术分析经典的顶部反转形态，出现在上涨趋势中。图 4-42 为标准头肩顶交易机会结构图。

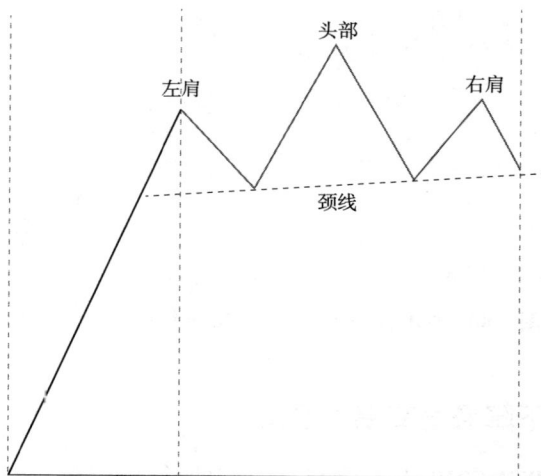

图 4-42　标准头肩顶交易机会

标准头肩顶交易机会特征：

- 出现在大幅度上涨行情中，是较为可靠的熊市信号。
- 由三个高峰组成，左右两个高峰相对较低，基本处于同一水平位置，中间高峰明显高于左右高峰。
- 当价格有效跌破颈线位置时，表示头肩顶形态构筑完成。
- 从左肩到右肩的部分为能量积累，与释放的时间跨度比超过 2 倍。

4.10.1　甲醇头肩顶交易机会实例

图 4-43 为甲醇 2015 年 4 月至 5 月 30 分钟行情走势。甲醇经历过之前大幅度上涨之后，进入能量积累阶段，没有形成典型的能量积累。同时，它由三个高点组成，左右两个高点价格接近，中间高点价格大于左右两个高点，如同一个人的头部和双肩，从而构筑成头肩顶交易机会。

图 4-43　甲醇 2015 年 4 月至 5 月 30 分钟行情走势

4.10.2　燃油头肩顶交易机会实例

图 4-44 为燃油 2021 年 4 月至 7 月 2 小时行情走势。燃油经历过之前大幅度上涨之后，进入能量积累阶段，由三个高点组成，左右两个高点价格接近，中间高点价格大于左右两个高点，构筑成头肩顶交易机会。

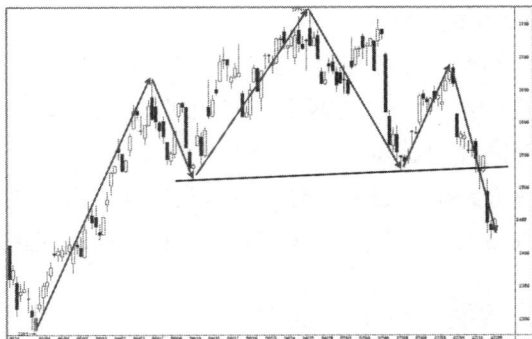

图 4-44　燃油 2021 年 4 月至 7 月 2 小时行情走势

4.10.3　乙烯头肩顶交易机会实例

图 4-45 为乙烯 2021 年 2 月至 3 月小时图周期行情走势。乙烯经历过之前大幅度上涨之后，进入能量积累阶段，由三个高点组成，左右两个高点价格接近，中间高点价格大于左右两个高点，构筑成头肩顶交易机会。

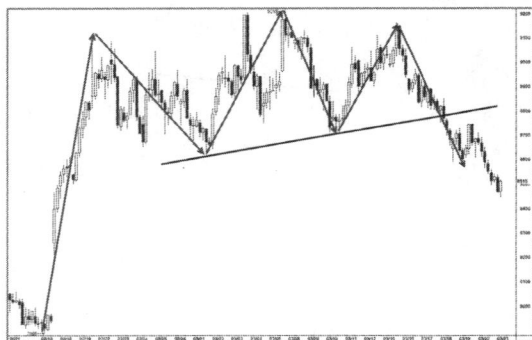

图 4-45　乙烯 2021 年 2 月至 3 月小时图周期行情走势

4.11　头肩底交易机会

头肩底交易机会是传统技术分析经典的底部反转形态，出现在下跌行情中。图 4-46 为标准头肩底交易机会结构图。

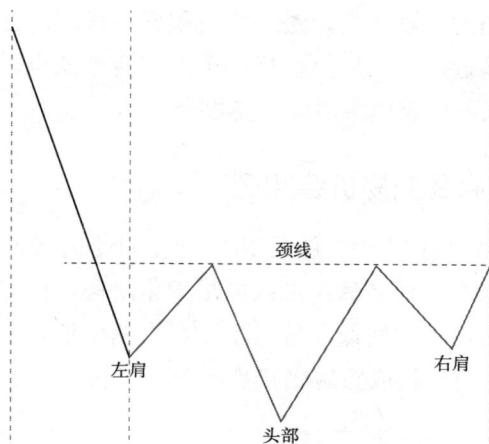

图 4-46　标准头肩底交易机会

标准头肩底交易机会特征：

- 出现在大幅度下跌行情中，是较为可靠的牛市信号。
- 由三个低谷组成，左右两个低谷相对较高，基本处于同一水平位置，中间低谷明显低于左右低谷。
- 当价格有效跌破颈线位置时，表示头肩底形态构筑完成。
- 从左肩到右肩的部分为能量积累，与释放的时间跨度比超过 2 倍。

4.11.1　焦炭头肩底交易机会实例

图 4-47 为焦炭 2015 年 11 月至 2016 年 3 月 4 小时周期行情走势。焦

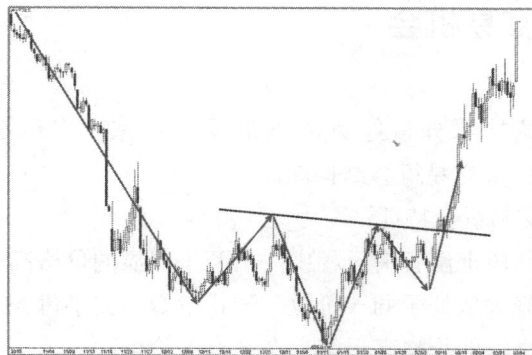

图 4-47　焦炭 2015 年 11 月至 2016 年 3 月 4 小时周期行情走势

炭经历过之前大幅度下跌之后，进入能量积累阶段，由三个低点组成，左右两个低点价格接近，中间低点价格小于左右两个低点，如同一个倒立人的头部和双肩，从而构筑成头肩底交易机会。

4.11.2 动煤头肩底交易机会实例

图 4-48 为动煤 2018 年 12 月至 2019 年 1 月小时图周期行情走势。动煤经历过之前大幅度下跌之后，进入能量积累阶段，由三个低点组成，左右两个低点价格接近，中间低点价格小于左右两个低点，如同一个倒立人的头部和双肩，从而构筑成头肩底交易机会。

图 4-48　动煤 2018 年 12 月至 2019 年 1 月小时图周期行情走势

4.12　M 头交易机会

M 头是传统技术分析经典的顶部反转形态，出现在上涨趋势中。图 4-49 为标准 M 头交易机会结构图。

标准 M 头交易机会特征：

- 出现在一段上涨行情过程中，由两个明显的价格高峰组成。
- 两个高峰大致处于同一价位，形状就像英文字母 M。
- 第二个高峰的价格高于第一个高峰的价位。
- 当价格有效跌破颈线位置时，表示 M 头形态构筑完成。

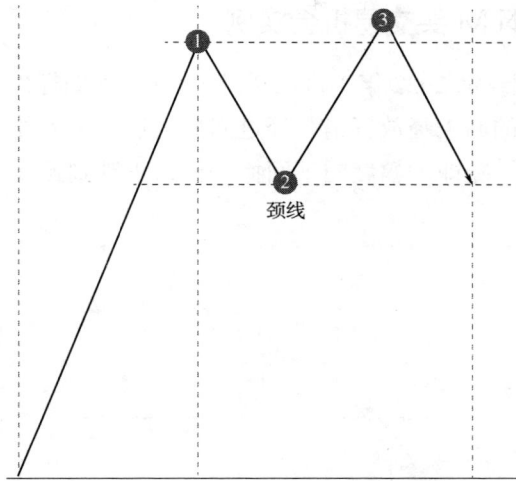

图 4-49　标准 M 头交易机会

4.12.1　甲醇 M 头交易机会实例

图 4-50 为甲醇 2019 年 12 月至 2020 年 1 月小时图周期行情走势。甲醇之前有一段大幅度的向上释放行情，经过回撤之后，进入能量积累初期，并创出新高。之后随即大幅度向下回撤，一路下跌到颈线位置，构筑成 M 头交易机会。

图 4-50　甲醇 2019 年 12 月至 2020 年 1 月小时图周期行情走势

4.12.2 螺纹钢 M 头交易机会实例

图 4-51 为螺纹钢 2022 年 1 月至 2 月 15 分钟周期行情走势。螺纹钢之前有一段大幅度的向上释放行情，经过回撤之后，进入能量积累初期，并创出新高。之后，随即大幅度向下回撤，一路下跌到颈线位置，构筑成双头交易机会。

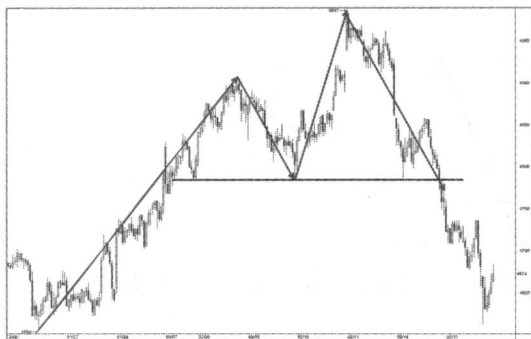

图 4-51 螺纹钢 2022 年 1 月至 2 月 15 分钟周期行情走势

4.12.3 丙烯 M 头交易机会实例

图 4-52 为丙烯 2018 年 5 月至 11 月 4 小时图周期行情走势。丙烯之前有一段大幅度的向上释放行情，经过回撤之后，进入能量积累初期，并创出新高。之后，随即大幅度向下回撤，一路下跌到颈线位置，构筑成 M 头交易机会。

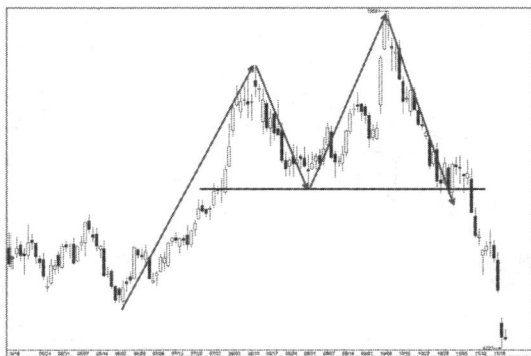

图 4-52 丙烯 2018 年 5 月至 11 月 4 小时图周期行情走势

4.13　W 底交易机会

W 底交易机会是传统技术分析经典的底部反转形态，出现在下跌行情中。图 4-53 为标准 W 底交易机会结构图。

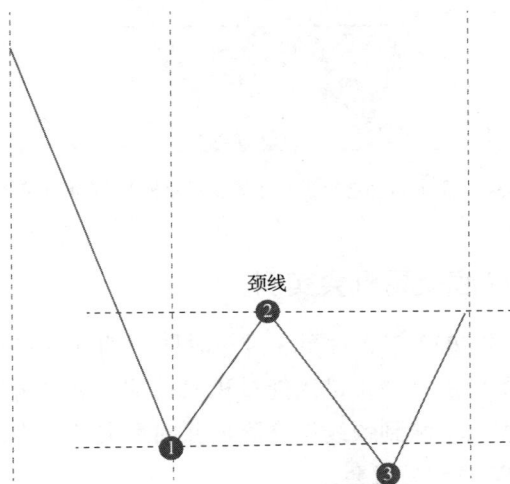

图 4-53　标准 W 底交易机会

标准 W 底交易机会特征：

- 出现在一段下跌行情过程中，由两个明显的价格低谷组成。
- 两个低谷大致处于同一价位，形状就像英文字母 M。
- 第二个低谷的价格低于第一个高峰的价格。
- 当价格有效突破颈线位置时，表示双底形态构筑完成。

4.13.1　铁矿石 W 底交易机会实例

图 4-54 为铁矿石 2022 年 2 月至 3 月小时图周期行情走势。铁矿石之前经历过大幅度的向下释放行情，进入能量积累初期，价格再次创出新低。创出新低后，价格不跌反涨，上涨到颈线位置附近并向上突破，进入第 2 轮行情释放，属于经典的 W 底交易机会。

图 4-54　铁矿石 2022 年 2 月至 3 月小时图周期行情走势

4.13.2　原油 W 底交易机会实例

图 4-55 为原油 2022 年 2 月至 3 月小时图周期行情走势。原油之前经历过大幅度的向下释放行情，进入能量积累初期，价格再次创出新低。之后，价格不跌反涨，上涨到颈线位置附近并向上突破，进入第二轮行情释放，属于经典的 W 底交易机会。

图 4-55　原油 2022 年 2 月至 3 月小时图周期行情走势

4.14　识别标准机会的流程和原则

标准交易机会是市场走势进入能量积累状态之后，在多空双方力量此消彼长、不断反复较量的情况下形成结构复杂的积累形式，在复杂的演化过程中逐步形成了 12 种标准交易机会图形。

4.14.1　识别标准机会流程图

以向上释放之后的积累过程详细讲解识别交易机会的流程，向下释放的机会识别与向上释放的机会原理相同，不再赘述。行情在向上释放的过程中到达 1 点之后多空双方力量达到平衡，之后价格开始回撤，当回撤至 2 点之后，多空双方力量再次达到平衡，价格开始反弹，随着 2 点确立之后，价格反弹至 3 点，之后价格再次回撤至 2、3 点之间的二分之一处，3 点确立，示意图如图 4-56 所示。

当 3 点略高于 1 点时，随着价格再次到达 2 点附近，会逐步演化成标准 M 头交易机会，示意图如图 4-57 所示（标准 M 头交易机会）。

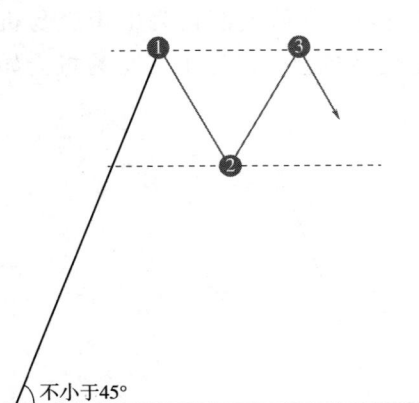

图 4-56　识别交易机会流程　　　　图 4-57　标准 M 头交易机会

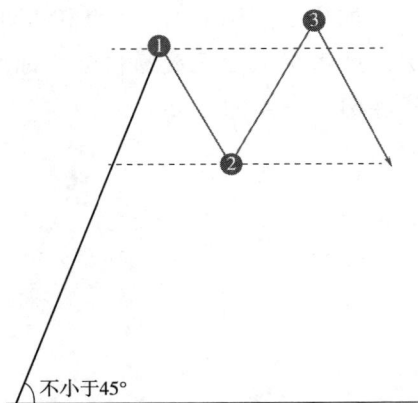

如果 3 点远高于 1 点，需要等待行情的继续演化，待 4 点确认之后判断交易机会类型，示意图如图 4-58 所示。

当在 2 点上方附近形成 4 之后，在 1 点附近确立 5 点，形成左右两肩对称的情况，就逐步演化成了标准头肩顶交易机会，示意图如图 4-59 所示（标准头肩顶交易机会）。

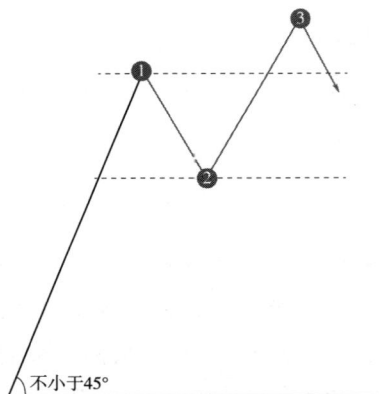

图 4-58　判断交易机会类型

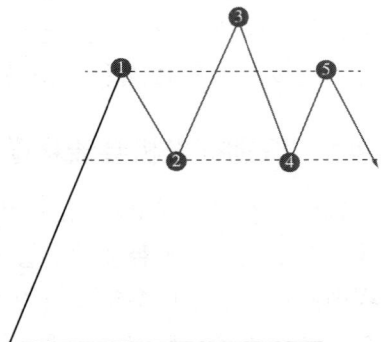

图 4-59　标准头肩顶交易机会

当在高于 2 点确立 4 点之后，又确立了高于 3 点的 5 点，则会逐步演化成上升通道交易机会。示意图如图 4-60 所示（标准上升通道交易机会）。

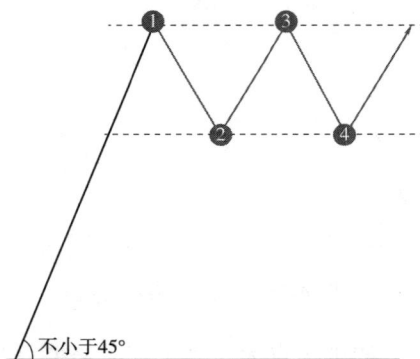

如果 3 点确立时，3 点和 1 点位置相同，则可能演化为上矩交易机会，或者形成上三交易机会，标准上矩交易机会、标准上三交易机会如图 4-61、图 4-62 所示。

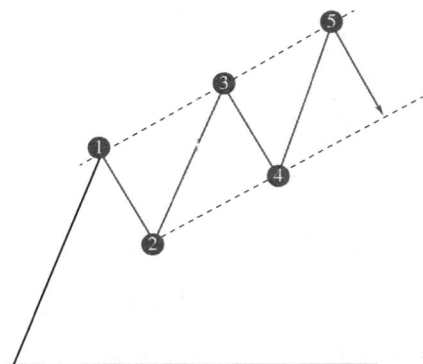

图 4-60　标准上升通道交易机会

图 4-61　标准上矩交易机会

如果确立的 3 点价格低于 1 点的价格，需要等待 4 点确立后，再判断交易机会的类型，如果 4 点高于 2 点，或者 4 点等于 2 点，则会形成标准上三交易机会，示意图如图 4-63、图 4-64 所示。

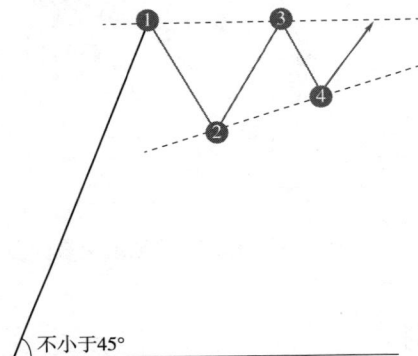

图 4-62　标准上三交易机会

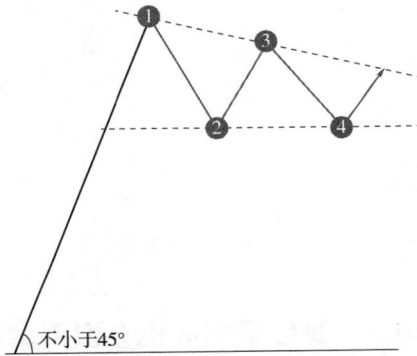

图 4-63　标准上三交易机会（4 点等于 2 点）

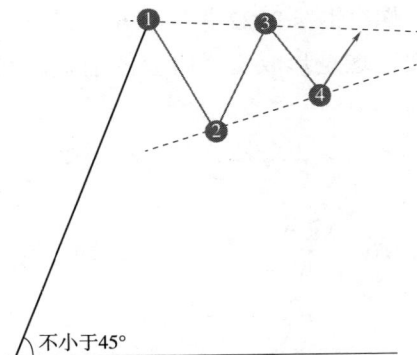

图 4-64　标准上三交易机会（4 点高于 2 点）

如果 4 点低于 2 点价格，且回撤幅度小于主要上涨释放幅度的二分之一，则形成标准上旗交易机会，示意图如图 4-65 所示。

如果 4 点低于 2 点价格，随着行情的运行，形成了更多的触及点，且回撤幅度大于红色上涨释放幅度的二分之一，则会形成标准下降通道交易机会，示意图如图 4-66 所示。

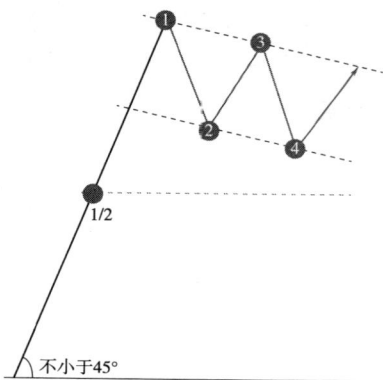

图 4-65　标准上旗交易机会

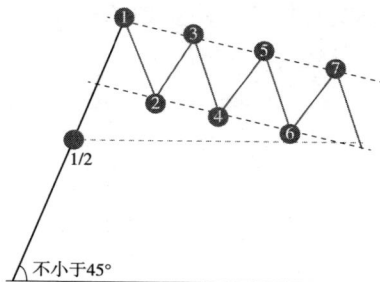

图 4-66　标准下降通道交易机会

4.14.2　螺纹钢标准机会识别案例

交易机会的形成是一个动态的过程，是从能量释放开始，到能量积累结束。下面通过螺纹钢 2022 年 5 月行情走势详细说明。

如图 4-67 所示，螺纹钢在 2022 年 5 月 6 日有一段向下的大幅度释放，释放形式为普通释放，这是形成交易机会的前提。我们要牢记：没有释放，就没有交易机会。

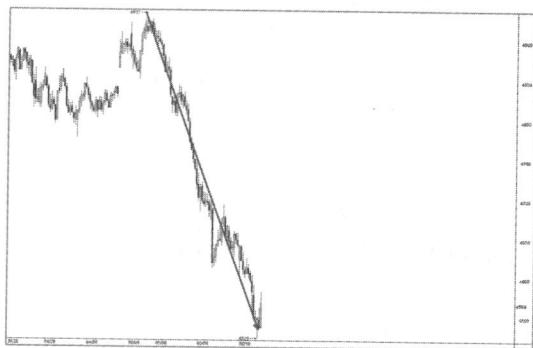

图 4-67　螺纹钢 2022 年 5 月行情走势

根据能量论定律，释放之后必然积累，也就意味着无论释放多长时间和多大幅度，总有要积累的时候，一定会进入能量积累中，然而，积累的第一步就是回撤。5 月 10 日螺纹钢向上回撤，在回撤阶段要注意的事项是观察回撤是否超过之前向下释放的二分之一，如果回撤超过之前释放的二分之一，就构不成交易机会了，如图 4-68 所示。

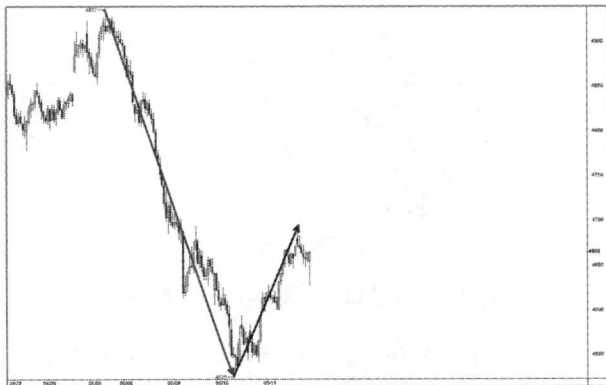

图 4-68　螺纹钢向上回撤

回撤结束后，螺纹钢在 5 月 12 日向下运行，向下运行到之前回撤幅度的二分之一时，确立行情进入能量积累状态，此时，标注能量积累的第 1 点和第 2 点，用水平的两条横线绘制能量积累区域，如图 4-69 所示。

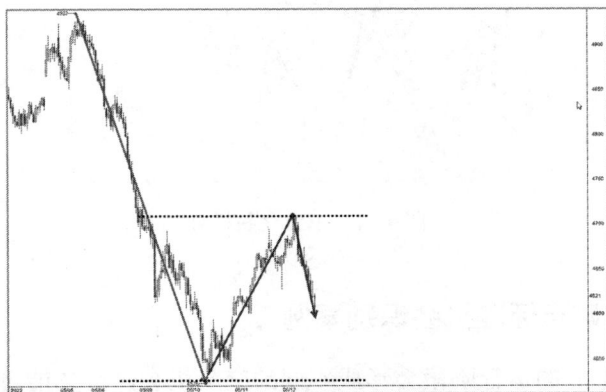

图 4-69　能量积累区域

确立能量积累状态之后，螺纹钢在 5 月 13 日运行到前低之后，并没有向下继续运行，而是向上继续运行，超过之前下跌幅度一半时，确立第 3 点，如图 4-70 所示。

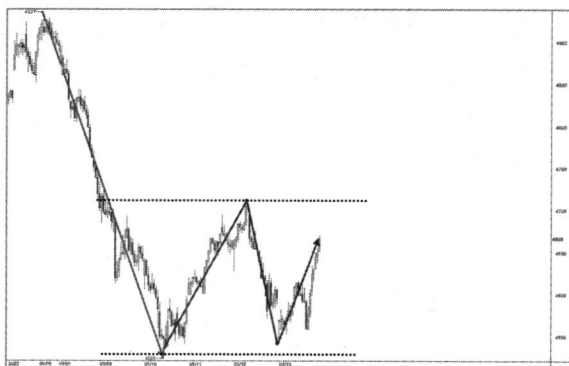

图 4-70　确立能量积累状态后向上继续运行

以此类推，螺纹钢最终在 5 月 16 日，确立第 4 点之后，连接 1 点至 3 点，2 点至 4 点，最终形成下三交易机会，如图 4-71 所示。

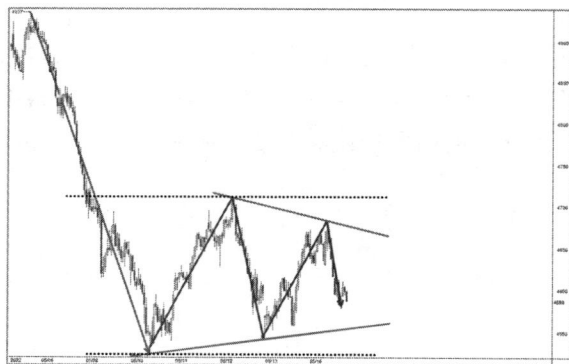

图 4-71　下三交易机会

4.14.3　铁矿石标准机会识别案例

行情在不同的运行阶段会形成不同的交易机会，比如能量积累初期就会形成双头和双底交易机会，因此，我们要时刻跟踪好行情走势，以便及时发现交易机会，防止错失交易机会的情况出现。下面以铁矿石 2022 年 1 月至 2 月小时图周期的一段行情详细说明。

铁矿石在 2022 年 1 月 17 日进入向上释放行情，此时耐心等待回撤的出现，不要追多单，如图 4-72 所示。

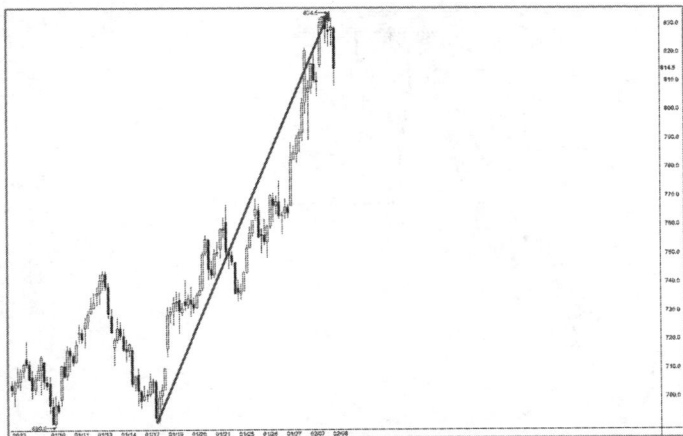

图 4-72　铁矿石在 2022 年 1 月 17 日进入向上释放行情

　　2 月 8 日，铁矿石果真开始向下回撤，在回撤阶段要关注的是，观察回撤的幅度是否超过之前向上释放幅度的二分之一，否则，就无法构成交易机会，如图 4-73 所示。

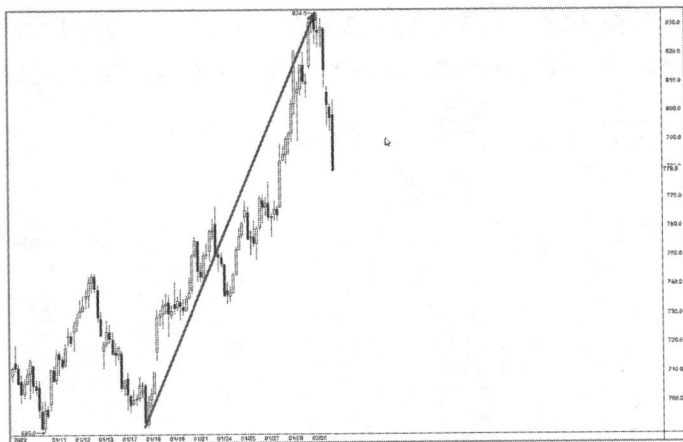

图 4-73　铁矿石向下回撤

　　2 月 9 日，铁矿石回撤结束，继续向上运行，当向上运行到之前回撤幅度一半的时候，确立能量积累状态，此时标注 1 点和 2 点，同时绘制水平线，确定能量积累区域，如图 4-74 所示。

图 4-74　铁矿石回撤结束后向上运行形成能量积累区域

2 月 10 日铁矿石创出了新高，但很快回到积累区间内，此时，根据之前学习的演变知识，可以推断铁矿石可能出现的机会情况。第一，如果向下运行到积累区间的下边线，则构成 M 头交易机会。第二，如果回到区间之后，继续向上运行，并再创新高，则容易形成上升通道交易机会。

显然，从图 4-75 可以观察到，铁矿石创新高后，一路向下运行，直接下跌到能量积累区域的下边线，并向下突破，从而构成 M 头交易机会。

图 4-75　铁矿石 M 头交易机会

第 5 章

共振交易机会

5.1　什么是共振

共振是指一个物理系统在特定频率下，比其他频率以更大的振幅做振动的情形；这些特定频率称为共振频率。在共振频率下，很小的周期振动便可产生很大的振动。

在市场运行过程中存在共振现象，因此，期货交易中产生了共振理论，它包括多周期共振理论、多指标共振理论及基本面分析与技术分析共振理论。不过，它们的逻辑基本上都是定向思维。即先要预先确定市场的运行方向（上涨或下跌），当确定市场运行方向为上涨时就入场做多，当确定市场运行方向为下跌时就入场做空。不过，由于它们都是由不完全归纳法得出，因此，分析结论均为大概率事件，为了提高预测市场方向的概率。

而我这里所介绍的共振，不仅参考了以往的共振逻辑，还借鉴了市场能量论创造了一套共振交易逻辑、交易机会。

5.2　什么是共振交易机会

共振交易机会是交易初学者少走弯路的成功捷径，是稳定获利的"法宝"。下面分别介绍关键知识点：

1. 边线

能量积累过程中逐步确立的交易机会有四个关键点：1点、2点、3点、4点。其中1点、2点的连线及3点和4点的连线叫作该交易机会的边线，其中位于上方的线叫上边线，位于下方的线叫下边线，如图5-1所示。

2. 小积累

小积累是较小周期的能量积累形态，其中，具有内部图形结构的积累形态被称为有图形结构的小积累；内部图形结构一团杂或是乱无章的积累形态，被称为无结构的小积累或变异结构的小积累。

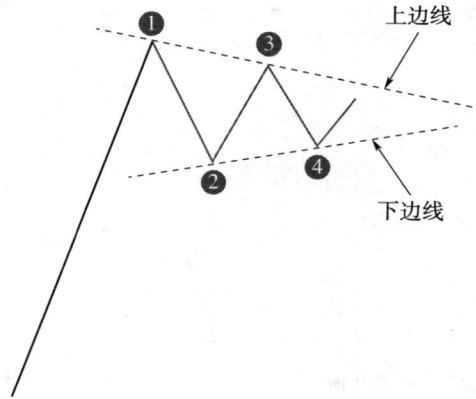

图 5-1　上边线、下边线

3. 共振交易机会

共振交易机会是在大周期的标准交易机会上、下边线附近（边线内侧或边线上或边线外侧）形成小周期的能量小积累，构成大小周期在边线上共振的交易机会，包括：上边线内侧共振、上边线共振、上边线外侧共振、下边线内侧共振、下边线共振、下边线外侧共振。示意图分别如图 5-2～图 5-7 所示。

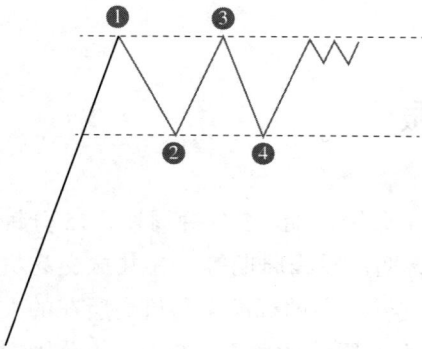

图 5-2　上边线内侧共振

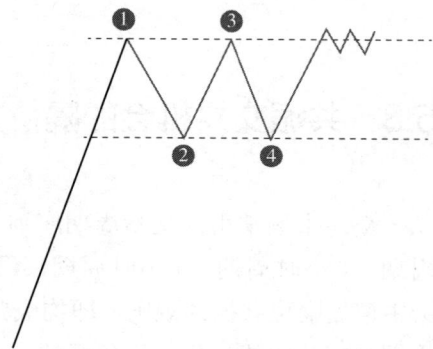

图 5-3　上边线共振

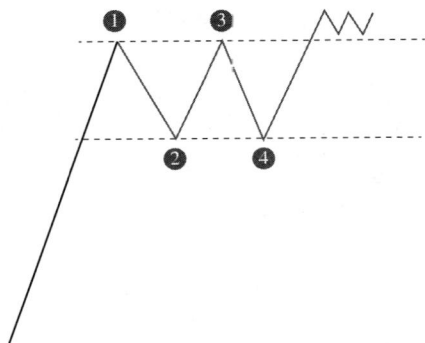

图 5-4　上边线外侧共振

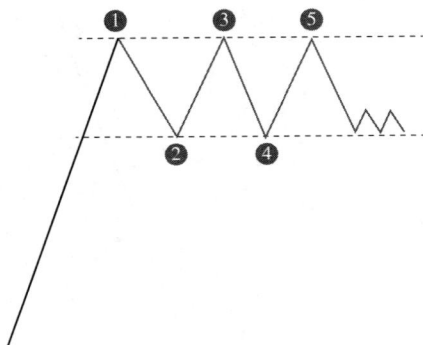

图 5-5　下边线内侧共振

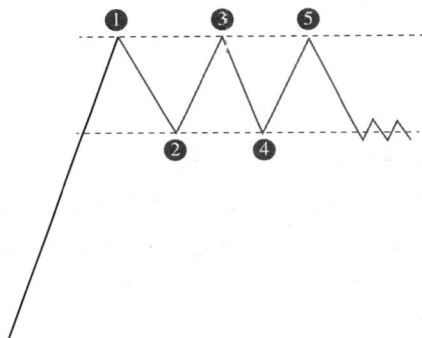

图 5-6　下边线共振

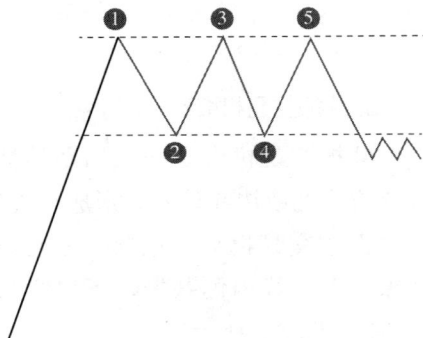

图 5-7　下边线外侧共振

5.3　共振交易机会的隔位共振

交易市场常用的交易周期序列为：1 分钟周期、5 分钟周期、15 分钟周期、1 小时周期、4 小时周期、日线周期、周线周期等。在共振交易机会中遵循隔位共振的规则，即构成共振交易机会的标准交易机会所在的大周期与在其边线形成共振积累的小周期存在隔位的关系。例如，1 分钟周期与 15 分钟周期形成隔位关系，5 分钟周期与 1 小时周期形成隔位关系，15 分钟周期与 4 小时周期形成隔位关系，1 小时周期与日线周期形成隔位关系，4 小时周期与周线周期形成隔位关系等。

5.4　双重共振和多重共振

由于讲解的交易机会适合于所有的交易周期，且在各个交易周期都可以识别交易机会。同时，在各级别的交易机会又都可以在其边线附近形成共振交易机会。因此，会出现多个共振组合形成多重共振的交易机会。

由几个周期形成的共振交易机会被称为几重共振交易机会，当然，由两个周期形成的共振交易机会被称为双重共振交易机会；由三个周期形成的共振交易机会称为三重共振交易机会；由四个周期形成的共振交易机会称为四重共振交易机会。比如，日线周期的标准上三交易机会的上边线形成了小时图周期的上矩共振积累图形，同时，在上矩的上边线又形成了5 分钟周期的三角形的小积累，它们共同构成了三重共振的交易机会。

双重共振交易机会的名称分两部分，前一部分是大周期的标准交易机会的图形名称，后一部分是共振小积累的图形名称，如果共振小积累是无图形结构则取为异。

比如，大周期的标准交易机会图形为上三，共振小积累图形为矩形，共振交易机会就被称为上三矩共振交易机会。又如大周期的标准交易机会图形为上矩，共振小积累无图形结构，共振交易机会就被称为上矩异共振交易机会。

由于在多个周期上可以同时发生共振，形成多重共振交易机会，加之三重共振以上的交易机会名称过于复杂，现仅对双重共振交易机会进行命名。

5.4.1　双重共振实战案例

双重共振交易机会是最常见的交易机会，也是在交易过程中使用最多的交易机会。这里以螺纹钢为例分析，如图 5-8 所示。

图 5-8　螺纹钢双重共振

　　螺纹钢 2210 合约自从 2021 年 11 月底（1 号位置）创出新低 3 680 元/吨以来，一路蜿蜒向上，在小时图周期上形成标准的上升通道交易机会，淋漓尽致地展现出通道交易机会的特点：一是时间长，二是触及点多而距离均匀，三是内部结构错综复杂。在行至 2022 年 4 月 21 日至 5 月 6 日，在通道标准机会的内部，再次形成小级别的下旗交易机会，它与通道交易机会组成标准共振交易机会。在 2 号位置向下突破后，一路倾斜，大跌500 点。

5.4.2　多重共振实战案例

　　多重共振交易机会是指三个以上的交易机会相互组成，而形成的交易机会，出现的概率较小，不过它一旦出现，往往会引发巨幅的行情。这里以豆粕 2209 合约为例，如图 5-9 所示。

　　豆粕 2209 合约是典型的三重共振交易机会。2021 年 11 月底向上大幅度释放，至 2022 年 5 月形成标准上三交易机会。在上三交易机会的内部，再次形成上三交易机会，从而构成上三三双重共振交易机会，突破上三交易机会上边线之后，随后展开回撤，构成双头机会。至此，形成上三 + 上三 + 双头的上三三头三重共振机会，随后一路向下急速释放，4 个交易日跌幅达 400 点，这在豆粕行情历史上是极其罕见的。

图 5-9　豆粕 2209 合约三重共振

5.5　共振交易机会案例总结

共振交易机会案例众多，通过对共振交易机会案例的分析，可以得出以下特点：

- 共振交易机会具有能量放大器的作用，可以通过小周期形成的小积累产生小释放，从而引发大周期形成大积累以带来大释放。
- 共振交易机会可以形成多重共振，数量繁多，不计其数。
- 共振交易机会成功率高，通常在 90% 以上。
- 形成共振交易机会的共振小、积累波动幅度小、止损幅度小，在不增加交易风险的同时，我们可以加大交易仓位，扩大盈利幅度。

在交易实战中，出现标准交易机会，我们很少采取直接突破入场的方式，因为直接突破入场的成功率低，容易带来多次止损，打击我们交易的信心，也影响交易策略的执行。

通常采取共振机会的方式入场，也就是直接突破后不入场，直到形成共振机会后再入场，因为这样操作有两个优势：一是降低了止损的幅度，和原止损相比，至少降低一半甚至更大的止损幅度，确保能用较大的仓位又不增加止损的金额进行交易。二是提高了进场的成功率，增强了交易者的信心。

第 6 章

三种高效安全的入场模式

6.1 判别有效突破的基本概念和四大原则

期货交易中，大部分投资者喜欢用突破的方式入场，不过，容易遇上真突破和假突破，因此，我们必须具有判别真突破，也就是有效突破的方式方法。大家怎么来判断？答案很简单：一是把有效突破的概念真正弄清楚，二是掌握有效突破的四大原则。

6.1.1 有效突破的基本概念

1. 挂单交易

挂单交易是指由客户指定交易品种、仓位及交易目标价格后，一旦报价达到或优于客户指定的价格，即执行客户的指令去完成交易，最终的成交价格为交易市场的即时报价。

在外汇市场有如下 4 种挂单方式：

- buy limit——在当前价格下方挂买单（低价买入）。
- sell limit——在当前价格上方挂卖单（高价卖出）。
- buy stop——在当前价格上方挂买单（高价买入）。
- sell stop——在当前价格下方挂卖单（低价卖出）。

期货市场把挂单统称为条件单，依据设定的不同条件分别实现外汇市场的四种不同的挂单方式。在我的交易系统中只使用了 buy stop 和 sell stop 两种挂单方式，在后面的内容中提到的挂多单即为 buy stop 挂单，挂空单即为 sell stop 挂单。

另外，双向挂单是指同时在能量积累的上方挂 buy stop 多单，在能量积累的下方挂 sell stop 空单。

2. 追单

它是以市场当下的即时价格买入或卖出的交易方式，所讲解的追单都是指在操作周期的 K 线收线之后第一时间以市场即时价格买入或卖出——

追多单即为买入，追空单即为卖出。

3. 止损

止损也叫"割肉"，是指当交易出现的亏损达到预定数额，或市场价格到达预设价位时，及时平仓出局，以避免形成更大的亏损。我常用预设价格作为设置的止损位置，并将入场预设的止损价格与入场价格之差称为最大止损幅度。

4. 多单和空单保护

多单保护是指将持仓多单的预设止损价格移动到多单入场价格或高于多单入场价格的位置，确保持仓多单不会由于价格下跌导致亏损。

空单保护是指将持仓空单的预设止损价格移动到空单入场价格或低于空单入场价格的位置，确保持仓空单不会因价格上涨导致亏损。我以浮盈幅度大于等于设置的最大止损幅度作为对持仓进行保护的条件。

5. 无效 K 线

在交易系统中将十字线 K 线、十字星 K 线及实体长度较小的 K 线统称为无效 K 线，如图 6-1 所示。

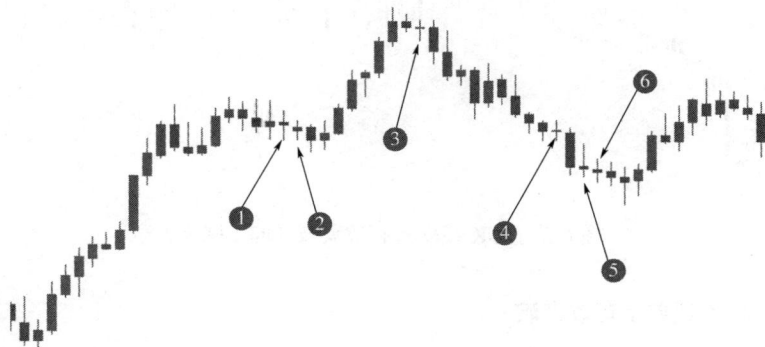

图 6-1　无效 K 线

6. 有效 K 线

除了无效 K 线之外的所有 K 线都是有效 K 线。

7. 普通 K 线

在 K 线图中实体长度最为普遍、数量最多的 K 线称为普通 K 线。

8. 大 K 线

实体长度超过普通 K 线长度三倍以上的 K 线称为大 K 线。

注：无效 K 线、有效 K 线、普通 K 线、大 K 线都必须在 K 线收线之后对其进行判定，当 K 线没有收线之前不能判定其为何种 K 线。

6.1.2 有效突破的形式

按突破 K 线样式分为大 K 线有效突破（又称为强力突破，简称强突）和双 K 线有效突破两种形式。按突破方向分为向上有效突破和向下有效突破。

1. 大 K 线向上有效突破

大阳 K 线收线后实体部分有超过一半在积累结构边线的上方称为大 K 线向上有效突破（向上强突），如图 6-2 所示。

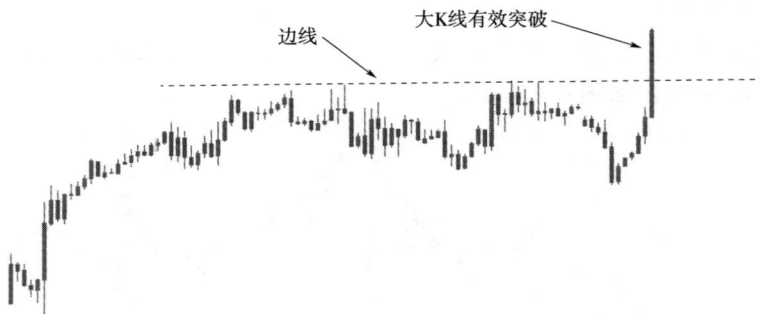

图 6-2　大 K 线向上有效突破（向上强突）

2. 双 K 线向上有效突破

两根连续的有效阳 K 线，第一个有效阳 K 线收盘价向上突破边线，且第二个有效阳线收盘价高于第一个有效阳 K 线的收盘价，则称为双 K 线向上有效突破，如图 6-3 所示。

3. 大阴线向下有效突破

大阴 K 线收线后实体部分有超过一半在积累结构边线的下方称为大 K 线向下有效突破（向下强突），如图 6-4 所示。

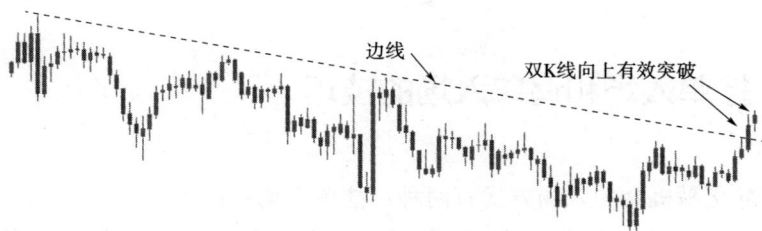

图 6-3　双 K 线向上有效突破

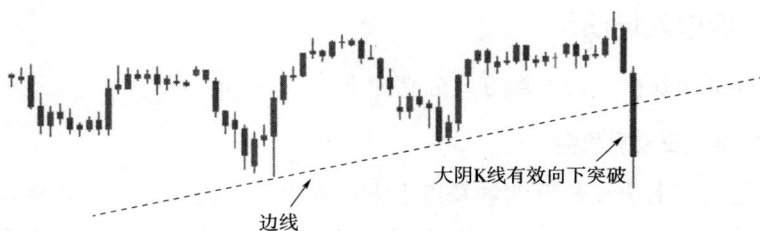

图 6-4　大 K 线向下有效突破（向下强突）

4. 双 K 线向下有效突破

两根连续的有效阴 K 线，第一根有效阴 K 线收盘价向下突破边线，且第二根有效阴线收盘价低于第一根有效阴 K 线的收盘价，则称为双 K 线向下有效突破，如图 6-5 所示。

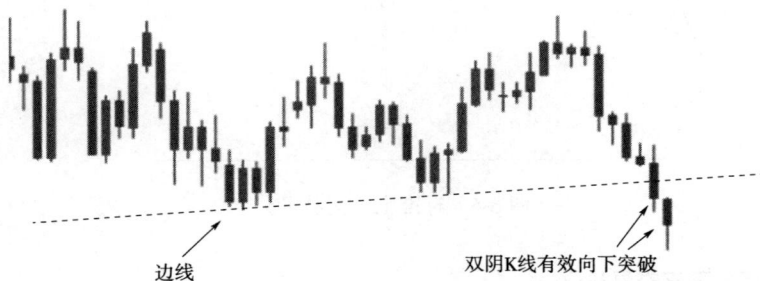

图 6-5　双 K 线向下有效突破

6.2 挂单入场和追单入场的技巧

标准交易机会的入场方式有两种：挂单入场和追单入场。

当标准交易机会确认后，在积累的上方挂多单，积累的下方挂空单，止损放置在积累区域的中间，如果你没有及时挂单可在向上有效突破后追多单入场，向下有效突破后追空单入场，止损同样放置在积累区域的中间。

6.2.1 挂单入场演示

各标准交易机会的入场方式分别如下：

1. 标准上三交易机会

它是指在上边线最近的触及点上方挂多单，止损放置在三角形积累区域的中间；下边线最近的触及点下方挂空单，止损放置在三角形积累区域的中间，如图 6-6 所示。

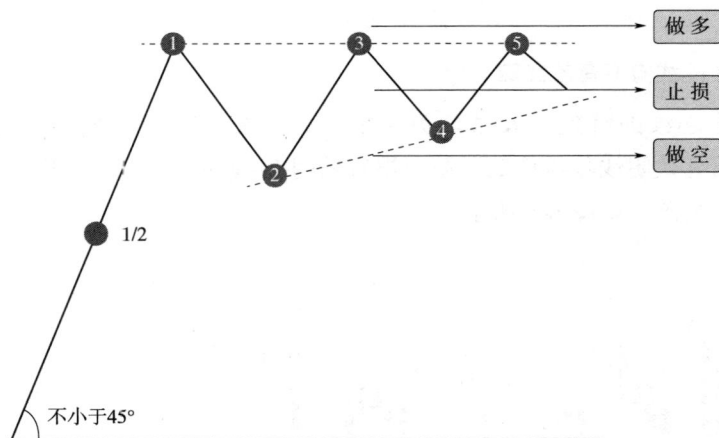

图 6-6　标准上三交易机会

2. 标准下三交易机会

它是指在上边线最近的触及点上方挂多单，止损放置在三角形积累区域的中间；下边线最近的触及点下方挂空单，止损放置在三角形积累区域的中间，如图 6-7 所示。

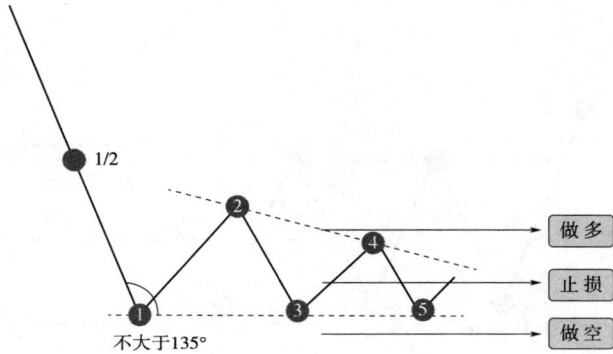

图 6-7　标准下三交易机会

3. 标准上矩交易机会

它是指在上边线上方挂多单，止损放置在矩形积累区域的中间；下边线下方挂空单，止损放置在矩形积累区域的中间，如图 6-8 所示。

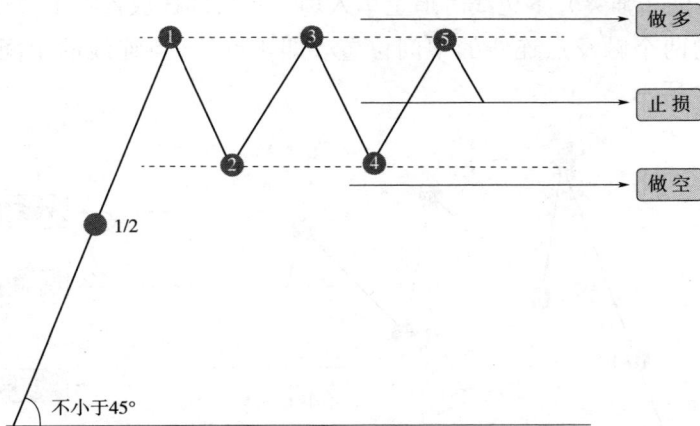

图 6-8　标准上矩交易机会

4. 标准下矩交易机会

它是指在上边线上方挂多单，止损放置在矩形积累区域的中间；下边线下方挂空单，止损放置在矩形积累区域的中间，如图 6-9 所示。

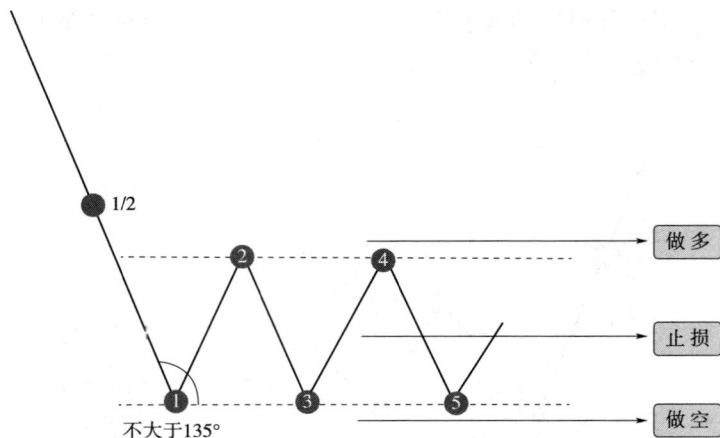

图 6-9　标准下矩交易机会

5. 标准上旗交易机会

它是指在上边线最近的触及点上方挂多单，止损放置上边线和下边线最近的两个触及点连线的中间位置（即 4 点、5 点连线的中间位置）；向下强力突破（强突）下边线时追空单入场，止损同样放在上边线和下边线最近的两个触及点连线的中间位置（即 4 点、5 点连线的中间位置），如图 6-10 所示。

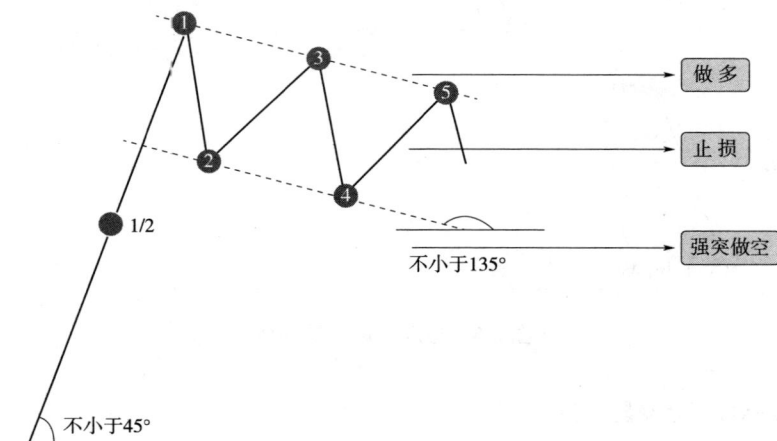

图 6-10　标准上旗交易机会

6. 标准下旗交易机会

它是指在下边线最近的触及点下方挂空单，止损放置上边线和下边线最近的两个触及点连线的中间位置（即 4 点、5 点连线的中间位置）；向上强力突破（强突）上边线时追多单入场，止损放置在上边线和下边线最近的两个触及点连线的中间位置（即 4 点、5 点连线的中间位置），如图 6-11 所示。

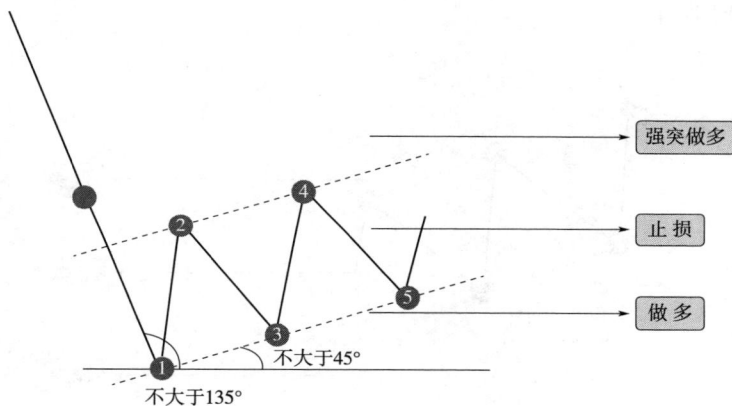

图 6-11 标准下旗交易机会

7. 标准上升通道交易机会

它是指在边线最近的触及点下方挂空单，止损放置上边线和下边线最近的两个触及点连线的中间位置（即 4 点、5 点连线的中间位置）；向上强力突破（强突）上边线时追多单入场，止损同样放置在上边线和下边线最近的两个触及点连线的中间位置（即 4 点、5 点连线的中间位置），如图 6-12 所示。

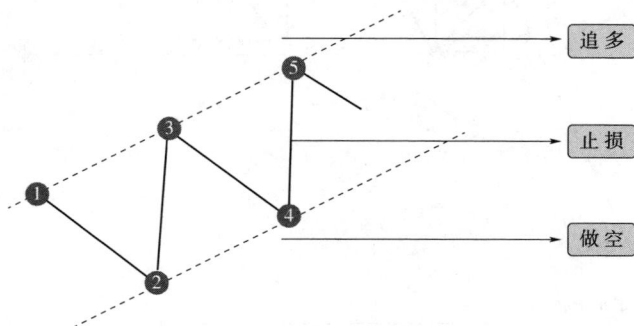

图 6-12 标准上升通道交易机会

8. 标准下降通道交易机会

它是指在上边线最近的触及点上方挂多单，止损放置上边线和下边线最近的两个触及点连线的中间位置（即 4 点、5 点连线的中间位置）；向下强力突破（强突）下边线时追空单入场，止损同样放置在上边线和下边线最近的两个触及点连线的中间位置（即 4 点、5 点连线的中间位置），如图 6-13 所示。

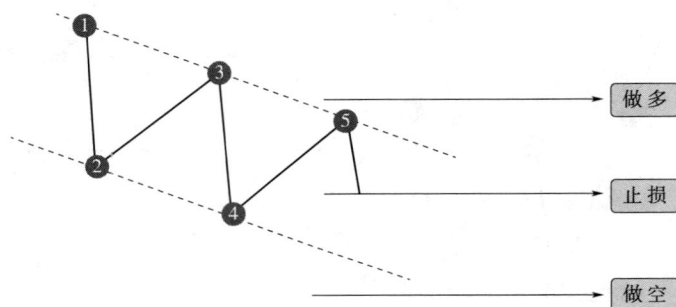

图 6-13　标准下降通道交易机会

9. 标准头肩顶交易机会

它是指颈线下方挂空单，止损放置右肩上方位置，如图 6-14 所示。

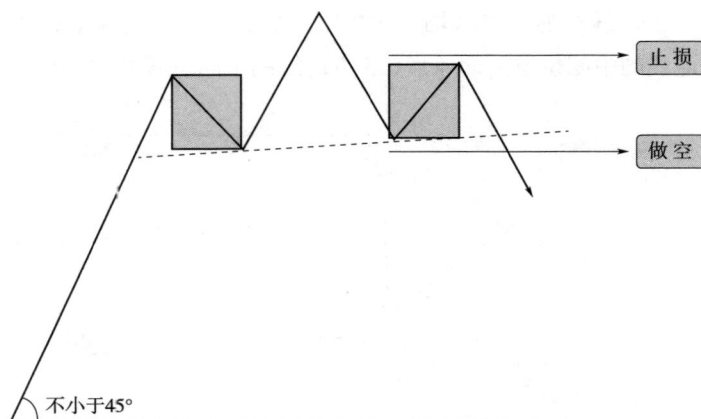

图 6-14　标准头肩顶交易机会

10. 标准头肩底交易机会

它是指颈线下方挂多单，止损放置右肩下方位置，如图 6-15 所示。

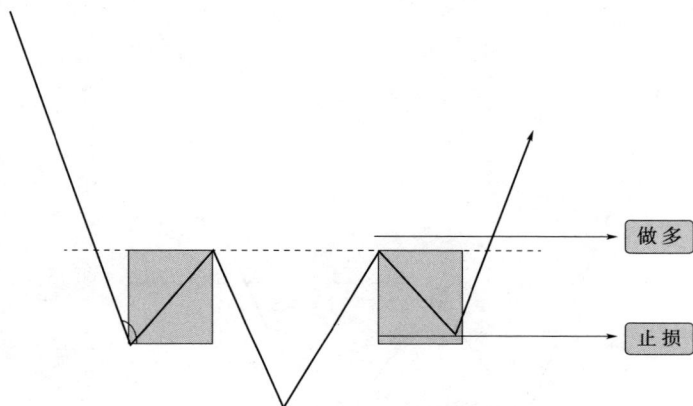

图 6-15　标准头肩底交易机会

11. 标准 M 头（双头）交易机会

它是指颈线下方挂空单，止损放置双头积累图形的中间位置，如图 6-16 所示。

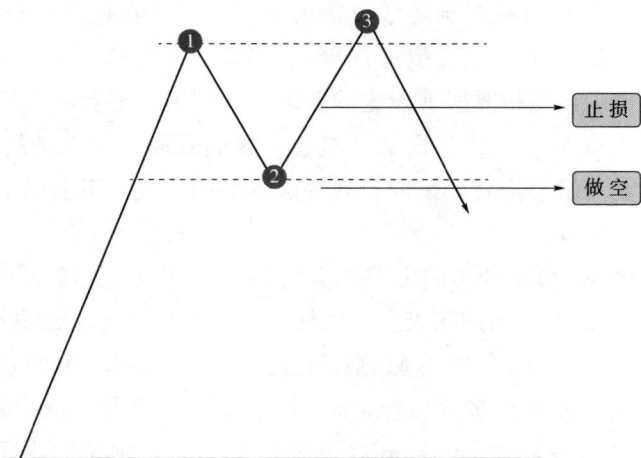

图 6-16　标准 M 头（双头）交易机会

12. 标准 W 底（双底）交易机会

它是指颈线上方挂多单，止损放置双底积累图形的中间位置，如图 6-17 所示。

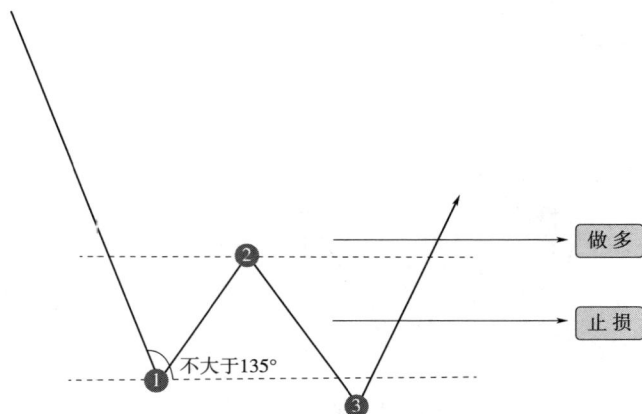

图 6-17　标准 W 底（双底）交易机会

6.2.2　挂单入场实战交易案例

挂单入场是常见的进场方式之一，是对直接突破入场的优化。在无人值守的情况下，行情走势满足了进场的条件，采用直接突破进场的方式，容易错失行情的释放。通过提前挂单，"埋伏"好订单，一旦满足进场条件，交易软件会自动按照提前设定的要求发送订单，不会错失行情。

对于标准交易机会和共振交易机会，我们采取挂单入场的方式进场，对于非标准交易机会，我们采取有效突破入场的方式。下面以 PTA 实际操作的案例进行讲解。

PTA 2209 在 2022 年 6 月 6 日高开之后，迅速向上释放，经过 5 个交易日的运行，在 M15 周期图表上形成标准上三交易机会，如图 6-18 所示。

根据上三交易机会挂单原则：上挂多，下挂空，中间放止损，如图 6-19 所示，buy 是挂多单位置，sell 是挂空单的位置，stop 是多单和空单的止损。必须说明的是：stop 位置既是多单的止损位，也是空单的止损位。

图 6-18　PTA 2209 标准上三交易机会

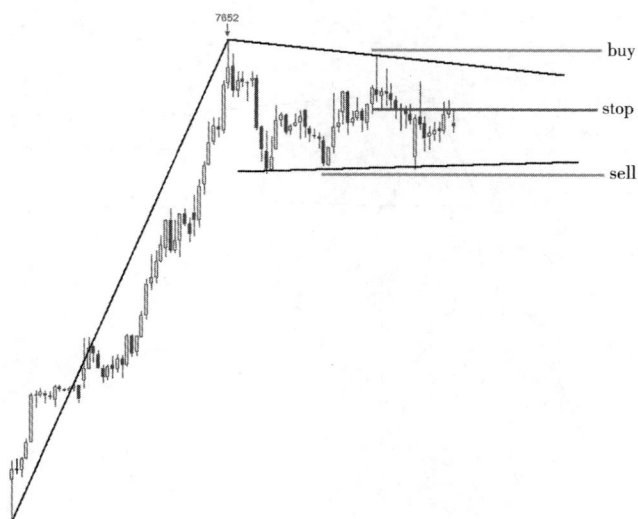

图 6-19　上三交易机会挂单原则

接下来，行情向上突破，所挂多单成交，此时不要撤掉下方挂的空单，保持不动，等待行情继续运行，如图 6-20 所示。

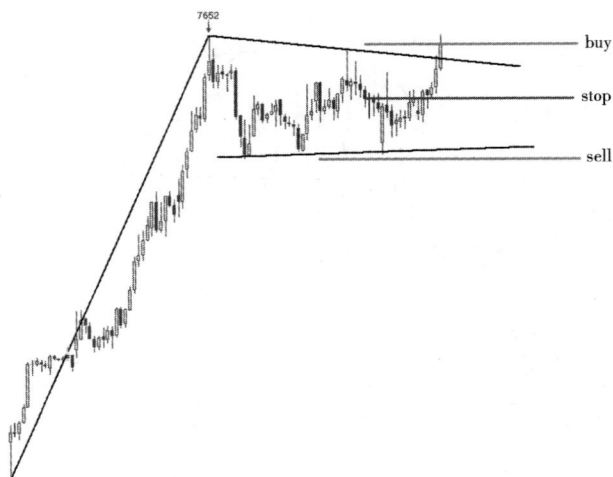

图 6-20　等待行情继续运行

　　多单成交后,行情果然上涨,但好景不长,大阴线向下猛砸,价格回到能量积累区域后,触发多单止损,多单离场,如图 6-21 所示。

图 6-21　多单离场

　　多单止损后,行情继续下跌,突破前低,引发空单成交,止损保持不变,如图 6-22 所示。

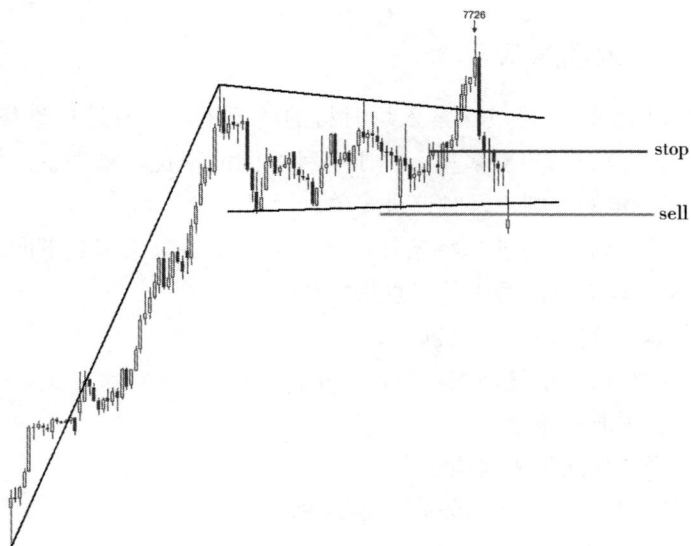

图 6-22　止损不变

空单继续向下运行，空单开始向下释放，如图 6-23 所示。

图 6-23　空单向下释放

　　该案例充分证明市场运行的无向特性，如果是定向思维，空单则无法做到，同时也会导致多单的巨大亏损。按照多空挂单的法则，既降低了多单止损的幅度，又做到了向下释放的空单行情。

6.2.3　追单入场演示

追单入场出现在错过正常入场时机的情况下，临时追单进场。比如，原本是在向上突破后建立多单，由于各种原因的干扰，错失了入场多单的时机，按照一定的规则，及时追进多单。

当然，追单有自身的独特条件，不能随意地追单，满足下面的四项条件，我们才可以追单，否则，就直接放弃。

● 行情有效突破入场位置。
● 当前行情的幅度尚未超过最大止损。
● 仓位采取三等仓。
● 止损放置能量积累边线之内。

为了更好地说明，演示图如图 6-24 所示。

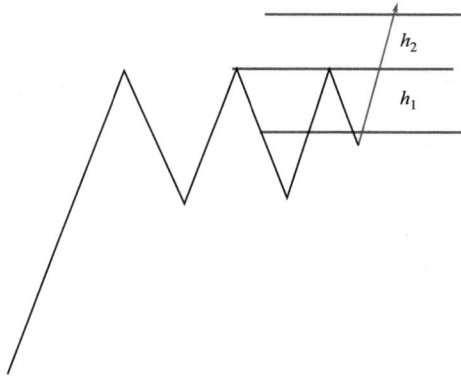

图 6-24　追单入场演示（上矩交易机会）

图 6-24 为上矩交易机会，多空的止损幅度是 h_1，行情向上突破前高，但由于错失了入场时机，价格向上运行并有了一定的幅度。从突破到当前价位的幅度为 h_2，如果 $h_2 > h_1$，则放弃追多单；如果 $h_2 < h_1$，则可以用三等仓追多单，止损放在上边线的内侧。

6.2.4　追单入场实战交易案例

在实际的交易过程中，任何操作都应该做充分的准备，在可控的情况下采取操作。追单容易导致情绪化的操作，由于行情正在释放的过程中，走势剧烈，变化幅度大，追单往往会出现不按规则、非理性的追单，导致不应该的亏损出现。图 6-25 为乙二醇 2209 追单实战案例。

图 6-25　乙二醇 2209 追单实战案例

乙二醇 2209 形成双头交易机会，在运行到颈线之后，展开边线的积累。2022 年 6 月 20 日上午盘突然向下猛砸大阴线。对于这种突发的行情，采取追单的方式入场必须严格按照追单要求进行，宁肯放弃，也不盲目追单。

第一步，等待突破的大阴线收线。

第二步，测量最大止损位置 h_1 和当前价位距离突破价位的幅度 h_2。

第三步，满足 $h_2<h_1$，直接追单，不满足则放弃（本例中是满足要求的，大家可以直接追进空单）。

第四步，止损放到颈线之内。

6.3　边线积累入场操作原则

边线积累入场方式的依据来自于共振交易思想，是一种十分高效的建仓模式，具有止损幅度小，成功率高的特点。边线积累入场操作有两大操作原则：

（1）行情走势构成了标准交易机会；

（2）当前价格运行到标准机会的边线附近形成更低一个周期的积累或机会。

6.3.1 边线积累入场演示图

按照共振小积累是否形成图形结构，共振交易机会的入场方式有如下两种：

一是，当共振小积累形成图形结构时，按照图形的相应标准交易机会入场，方式为在小积累上方、下方进行挂单交易，同时在形成共振交易机会的大周期标准交易机会图形上进行挂单交易。比如上三三共振交易机会，如图 6-26 所示。

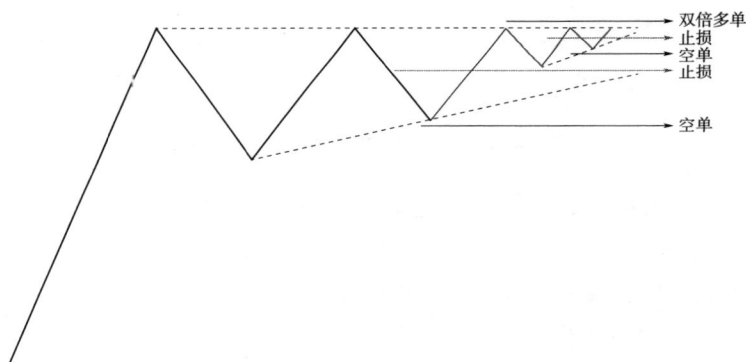

图 6-26　上三三共振交易机会

由于在共振交易机会大周期，上三交易机会在上边线上方，我们应该挂多单入场，并且共振小积累的上三图形上方也应该挂多单入场，故在上边线上方挂两倍仓位的多单，止损放置在小积累的中间位置。

当共振小积累未形成图形结构时，在小积累的下边线下方挂空单，止损放置在小积累的中间，同时，在大三角形积累下方挂空单，止损放在大积累的中间位置。

二是，当形成无图形结构的共振小积累时，采用双向挂单入场方式，在共振小积累上方挂多单，下方挂空单，止损分别放置在共振小积累的对面一侧，图 6-27 为上三异共振交易机会入场方式。

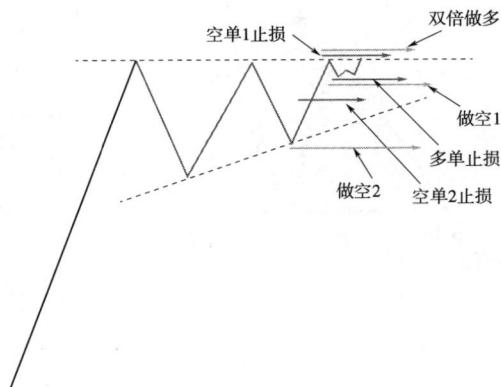

图 6-27　上三异共振交易机会

由于在共振交易机会大周期上三交易机会在上边线上方，我们应该挂多单入场，并且共振无结构小积累的上方也应该挂多单入场，故在上边线上方挂两倍仓位的多单，止损放置在小积累的下方。

在小积累的下边线下方挂空单，止损放置在小积累的上方。同时，我们在大三角形积累下方挂空单，止损放在大积累的中间位置。

当挂单成交之后或者追单入场之后，交易活动并未结束，接下来的交易动作是以下两种等待：

一是，等待行情朝着入场方向运行，当持仓浮盈超过最大止损金额时，将持仓止损移动到入场位置附近，将持仓进行保护，则入场成功，进入下一阶段——控制系统。

二是，等待行情回撤，价格到达设置止损位置，持仓被动离场，入场结束。进入下一个循环，分析行情，再次等待交易机会的出现。

6.3.2　边线积累入场实战案例

边线积累入场是非常高效的入场方式，具有止损幅度小，成功高的特点，如图 6-28 所示。铁矿 2209 合约形成标准 M 头交易机会，在颈线附近形成能量积累，从而构成头共振机会，线下突破，空单挂单于 1 号位置成交，止损放在小积累上方 2 号位置。之后行情一路向下倾泻。

边线积累是所有期货交易系统初学者务必掌握的进场方式，因为它能让大家在短时间内获得不错的交易结果。

图 6-28　边线积累入场

6.4　入场模式的本质方式

入场模式虽然复杂多样，但从本质上来看无外乎以下三种方式：

第一种，有效突破后直接入场，此种方式成功率较低，50% ~ 70%，需处理因多次止损带来的负面情绪和止损后的后续复杂操作。因其操作难度大，一般不建议交易新手采取直接突破的进场方式。

第二种，边线积累入场模式，此种入场模式符合共振论的相关原理，具备操作性强、成功率高，盈利幅度大的特点，是交易的首选。如果交易初学者能够按照边线积累模式入场，交易的成功时间至少缩短一半。当然，边线积累入场模式也有弊端，一是形成条件苛刻，不容易形成；二是在形成的过程中，交易者容易缺乏耐心而冒进，导致提前入场，出现多次小幅度止损的情况；三是等待共振交易机会的过程中，如果没有出现共振，行情直接释放，容易错失最佳的入场位置。

第三种，追单入场模式。追单入场模式是一种补救性质的进场模式，虽然我已详细讲解了追单的原则和操作细则，但依旧不鼓励新手采取追单的模式进场。因为追单模式经常导致大家情绪化入场，由于时间紧迫，入场仓促，仓位的配置、止损的放置容易出错。

第 7 章

实现无亏损持仓的
保护系统

7.1 为什么从浮盈变成了浮亏

通过严谨地识别交易机会和精心设计的入场系统，我们最终在市场中建立订单，无论持仓多单还是空单，只要订单建立成功，市场立即给你呈现盈亏的结果。由于市场正在上下波动中，账面会不断地显示变动的盈亏，我们称为浮盈或浮亏。如果是盈利的变动，则称为浮盈；如果是亏损的变动，则称为浮亏。由于还没有平仓了结，变动的浮盈和浮亏无法体现，所以它并不是真正的盈亏。

交易员希望建立订单后就能实现盈利，而不是亏损。然而，经常出现的情况是：交易员误以为浮盈和浮亏是真正的盈亏，给交易计划的执行带来不利的影响，其中最为尴尬的是从浮盈变成了浮亏，明明是盈利的订单，最终不得不亏钱出场。

我有一位交易员朋友，在 2015 年投资股指期货，50 万元本金进入市场，由于做对了多单，在不到 3 个月的时间里，浮动盈利高达 500 多万元。由于错把浮动盈利当成是真正的盈利，一直持仓到浮亏 20 万元才离场，最终 50 万元本金剩下 30 万元，心有不甘地离场。

是什么原因导致浮盈变成了浮亏？

一是，被浮动盈亏欺骗，交易员盲目认为账户里显示的盈亏是真正的盈亏，认为自己真正赚到钱了，导致交易麻痹大意，持仓途中改变交易规则，该止盈时不止盈，盲目持仓，最终导致浮盈变成浮亏。

二是，当浮盈出现时，对浮盈的订单缺乏管理，从而导致浮盈变成浮亏。我们通常使用两种手段去控制浮盈的订单，第一种是通过保护系统，实现无亏损持仓；第二种是通过控制系统逐步把浮动盈利落袋为安，转化为固定盈利。

7.2　什么是保护系统

对于绝大多数的交易员来讲，交易这件事简直是折磨，心理长期处于紧张和不安之中。特别是进场之后，面对着浮动的盈亏，内心忐忑不已，恨不得马上赚一波离场。面对浮盈，渴望着行情上涨和盈利的增加，出现一根阴线就惊恐不已，完全被市场的波动控制。

我建议投资者的交易系统宗旨应是：享受交易、热爱生活。

如何才能做到快乐地交易，感受市场波动的乐趣呢？保护系统是有效的交易法则，是享受交易的第一步关键操作。它也是持仓过程中重要的一环，对保护交易心理不变形和保护订单不受亏损有着重要的作用，具体意义如下：

一是，保护心理稳定，不受盈亏的摆布。当持仓的订单浮盈满足保护系统的启动条件后，启动保护系统，接下来无论行情如何运行——上涨或是下跌，均不会造成亏钱的结果。其实，交易员心态起伏不稳，躁动难安的一个重要原因就是担心亏钱，保护系统现在解决了亏钱的问题，也就从根本上解决了心态不稳的问题。

二是，保护本金不受损失，专注于交易系统的执行。保护系统启动后，如果行情朝不利的方向运行，最坏的结果是在进场的成本位置离场，不亏不赚离场，本金不会损失。没有损失本金的担忧，交易员可以专注于接下来的交易规则执行。

三是，保护系统是启动持仓控制的首要条件，能够帮助交易员在不亏钱的情况下，根据控制系统的法则将盈利逐步落袋为安。

保护系统是什么呢？

它是当持仓订单的浮盈满足一定条件后，将止损移动到入场位置附近的操作，保护本金不受损失。当持仓是多单时，把止损移动到多单入场位置上方；当持仓是空单时，把止损移动到空单入场的下方。示意图如图 7-1 所示。

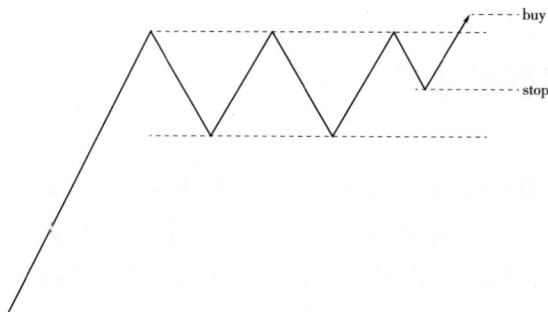

图 7-1　多单、空单入场位置

保护系统必须满足特定的条件之后才能启动，不能随意启动。若启动过早，行情稍有回撤就会造成在成本位置平仓离场（这个交易动作被称为平保）；若启动过晚，浮盈就可能变成浮亏，触发止损，造成不必要的损失。当行情形成标准交易机会，满足入场条件，建立订单之后，根据订单浮盈和浮亏的状态采取成本保护操作。

一段快速的行情释放之后，行情回撤没有超过释放幅度的一半，之后进入能量积累状态，触及点有五个，内部结构均匀，可以判定为标准的上矩交易机会。行情向上有效突破之后，开进多单（buy），多单的止损（stop）放在整个积累的中间位置。

需要提醒大家的是：多单的止损金额必须符合资金管理和风险控制的要求。

当多单建立之后，伴随之后行情的运行，会呈现出浮亏和浮盈的状态，当浮亏达到设置的止损金额时，多单自动平仓了结；当浮盈达到一定的盈利幅度时，启动保护，示意图如图 7-2 所示。

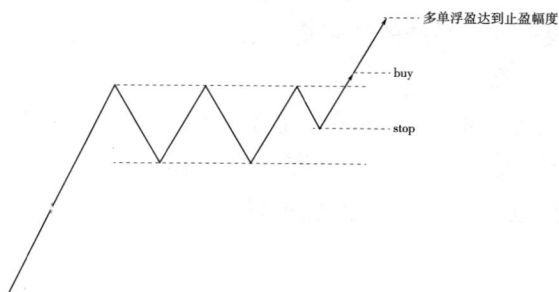

图 7-2　多单建立后出现浮盈、浮亏

建立多单之后，行情随之向上运行，该订单出现浮盈，随着行情不断地上攻，最终浮盈达到设置的盈利幅度，示意图如图 7-3 所示。

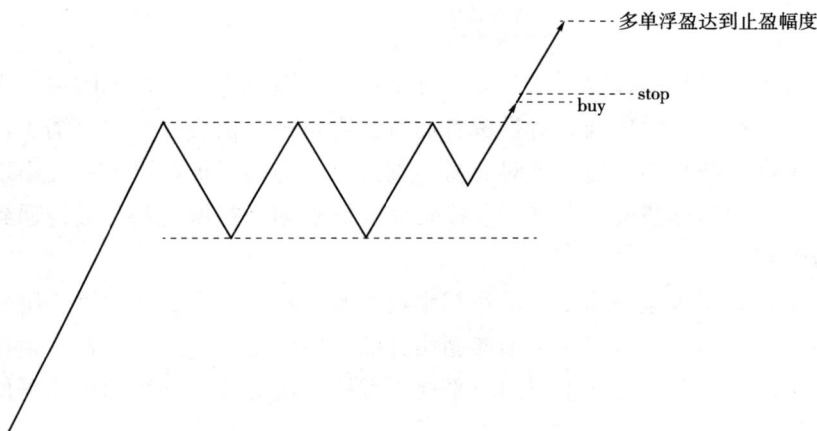

图 7-3　浮盈达到设置的盈利幅度

浮盈满足启动保护的条件，我们采取的措施是：把放在中间的多单止损调整到多单位置上方，完成保护的操作。在操作的过程中大家需要注意的事项如下：

一是，调整止损时，不能把多单止损调整到与多单同等的价位上，这是因为每一笔交易都有手续费，当行情反转触发保护时，只会造成很小的手续费损失，通常多单的保护价位放在多单入场价位上方的 2 ～ 3 点，空单的保护价位放在空单入场价位下方的 2 ～ 3 点。

二是，不能在尚未达到保护条件时提前保护，必须在满足保护条件时，才能启动保护。大部分交易员在订单出现浮盈时，提前进行保护，结果行情稍有回撤就造成平保离场，辛辛苦苦建立的订单失去绝佳的进场位置。毕竟平保之后再进场是件麻烦的事情，甚至丧失再次进场的机会，错失行情的释放，丢掉到手的利润。

以上是我以多单为例，详细讲解了保护系统的演示图和操作过程中的注意事项。如果是空单情况，则和多单操作相反，这里就不再赘述，大家可以根据多单保护系统示意图，举一反三，自行绘制出空单保护系统的示意图。

7.3 保护系统的应用原则

对于一笔订单被保护后，该笔订单将不会造成损失，最坏的情况无非是平保，不赚不亏离场。对投资者而言，再也不用担心亏损的事情了，仅需考虑赚多赚少的问题，这对交易心理提供有力的保护，再也不会出现持仓睡不着的糟糕情况了，支撑着投资者能够长期坚持做交易，最终遇到大行情的到来。

保护系统貌似很简单，操作起来也不难，不过，大家要想真正用好它也不是一件容易的事情，必须遵循相关的应用原则，才能科学合理地使用保护系统。它有三大基本原则：平保不亏钱、快慢释放慢快保护、平保之后勿放弃。

1. 平保不亏钱

启动保护后，出现平保的情况，保证不能亏钱。如果出现亏钱的情况，则说明设置的保护不正确，没有严格根据保护的条件执行保护的操作——多单的保护放在多单之上2～3点，空单保护放在空单之下2～3点，它是大约的数字，是根据不同的交易品种而言的。同时，大家一定要熟悉交易品种的相关交易规则和手续费的情况，确保保护的价位能够包含手续费，出现平保后，不造成不必要的损失。

当启动保护之后，出现行情的回撤，有些投资者为了守住入场的订单，不愿意看到平保的出现，会进行改动保护位置的操作，导致行情回撤无法在成本位置附近离场，从而造成止损亏钱的被动局面。既然启动了保护系统，就严格执行它，不要破坏它。

有人会问：难道保护就不能修改了吗？不是的！修改保护的唯一条件是：扩大固定盈利。保护系统启动之后，随着行情朝有利的方向运行，多单只能向上移动，而不能向下移动；空单只能向下移动，而不能向上移动。

无论行情如何运行，请大家牢记：保护系统启动后，绝不要亏钱出现。

2. 快慢释放慢 / 快保护

启动保护除了需要满足特定的盈利幅度的硬性条件之外，还需根据行情释放的状态，适时启动保护系统，过早和过晚的启动保护系统都是不可取的。把握启动保护系统的时机是件复杂而又困难的事情，根据我的交易经验和大量实盘验证，总结出准确启动系统保护的根本原则是：快慢释放慢快保护。

什么是快慢释放慢快保护？

依据行情释放的状态，在满足特定的盈利幅度后，选择启动保护系统的时机。行情的释放分为快速释放和慢速释放两种状态，在突破能量积累区间后，行情进入释放状态，要么是快速释放的形式，要么是慢速释放的形式。

当行情为快速释放状态时，采用慢保护的方式。当行情突破能量积累区间后，突破后快速地释放，意味着释放的力度强大，往往是真正的释放，因此，采用慢保护的方式。它有利于降低交易节奏，减轻投资者的交易压力，更冷静制定之后的交易策略，为接下来的控制系统做好充分的准备。

当行情为慢速释放状态时，采用快保护的形式。行情突破能量积累区间后，没有进入快速释放的状态，而是缓慢地释放，这是反常的现象。事出反常必有妖，慢速释放往往不能真正地引发行情出现，可能出现行情逆反，出现假突破的情况，因此，慢释放出现后，大家要密切观察，时刻留意，浮盈一旦满足保护的条件，应立即执行保护，以防行情快速回撤造成不必要的损失。

3. 平保之后勿放弃

平保是指启动保护系统之后，行情出现回撤，触及保护价位，入场的订单自动平仓的情况。平保之后，订单了结，对于该交易机会而言，还没有出现释放，但已经没有了订单。此时，大家勿放弃再次入场的机会。

对于一个交易机会并不是仅有一次入场的时机，而是有多次入场的时机。大家建立交易系统的核心目标应该是：在满足风险控制的条件之下，全力以赴，千方百计地做到行情释放。只有做到行情释放才能真正实现盈利，止损或平保都不会阻碍自己再次入场。

平保之后如何再次入场，方式方法虽然有很多，但是务必牢记：平保并不意味着交易的结束，对于一笔完整的交易而言，甚至可以算是交易的开始。

7.4 启动保护系统的流程

通过 7.1 ～ 7.3 的讲解，我们已经了解保护系统的重要作用和基本使用原则，具体该如何进行操作？下面详细说明保护系统的操作流程步骤，示意图如图 7-4 所示。

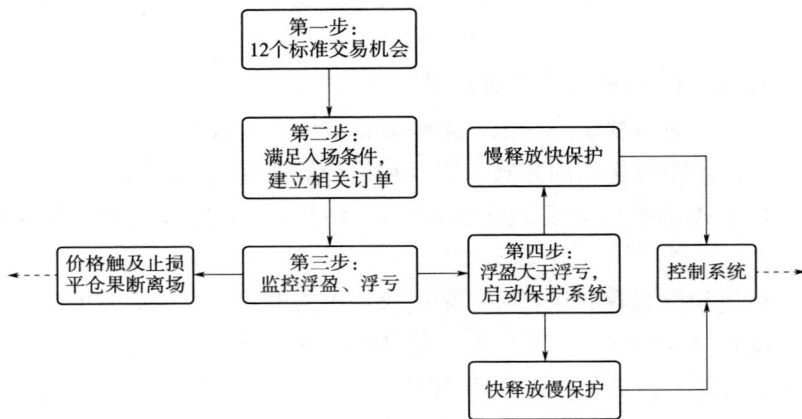

图 7-4　保护系统流程

从保护系统流程图中我们可以看出：保护系统不是孤立地存在，而是在整个交易活动中居于承上启下的位置，上连入场系统，下接控制系统。

保护系统的启动有以下四个步骤：

第一步：12 个标准交易机会

通过对观察和分析行情，识别出符合 12 个标准交易机会的行情走势，确认符合 12 个标准交易会的要求。因为它是建立在标准交易机会所带来的释放之上，并不是所有的释放都会用到保护系统，根据"能量论"的原则，凡是积累，必然释放。

第二步：满足入场条件，建立相关订单

当行情突破标准交易机会之后，我们建立相关方向的订单。根据入场系统的原则，如果行情向上突破，建立多单；如果行情向下突破，建立空单。保护是针对持仓订单的保护，没有持仓订单，何谈保护？因此，在交易市场中开进订单是启动保护的必要条件。

第三步：监控浮盈、浮亏

建立的多单或空单随着行情的起伏，会呈现出浮亏或浮盈的变化。我们要时刻紧盯订单的浮盈、浮亏情况，因为当浮盈和浮亏满足一定条件后，要进行相应的操作，这些操作会给自己的收益带来很大影响。

那么，浮盈和浮亏有哪些变化情况？具体如下：

第一种，当浮亏达到指定的亏损幅度，价格触发提前设置的止损价位，此时我们要毫不犹豫地、果断地清仓离场，禁止调整止损幅度，移动止损价位，不让止损的情况出现。止损之后，此单了结。

第二种，当浮盈达到指定的盈利幅度时，启动保护系统。保护系统的启动条件有一个重要的量化标准，即浮动盈利大于或等于最大止损，则意味着我们要想对持仓订单启用保护系统，必须对该笔订单设置止损，没有止损，就没有保护。

第三种，浮动盈亏既不满足止损的条件，也不满足启动保护的条件。对多数投资者而言，这个阶段是煎熬的阶段，也是心理起伏较大的阶段。

第四步：浮盈大于浮亏，启动保护系统

当浮盈大于浮亏，满足启动保护的条件，此时我们不要立即启动保护系统，要根据行情释放的状态情况，采取针对性的启动方式。

当行情的释放状态属于慢速释放时，只要满足浮盈大于浮亏，应根据"慢释放，快保护"的原则，立即执行保护操作，此时的操作要快，严防因慢释放引发快速回撤，造成资金的损失。

当行情的状态属于快速释放时，满足浮盈大于浮亏，应根据"快释放，慢保护"的原则，主动降低交易节奏，确定保护后的控制方式后，执行保护的操作，自然过渡到控制系统的操作。

7.5 保护系统实战交易案例

下面通过螺纹钢的实例来讲解保护系统的全流程，以帮助大家完全掌握保护系统的应用。

7.5.1 慢释放快保护实例

图 7-5 为螺纹钢 2010 年 7 月 16 日至 9 月 1 日 1 小时图周期的一段行情走势。从图 7-5 中我们可以发现：在经历过释放之后，螺纹钢形成头肩顶标准交易机会。在颈线下方，第一个低点位置设立条件空单（sell），止损（stop）放在头肩顶积累区间的中部位置。

之后螺纹钢一根大阴线向下突破，空单（sell）随之成交。此时，我们要做的是监控订单浮亏和浮盈的状态，如果行情向上运行，到达止损位置，立即止损离场；如果行情向下运行，向下到达保护位置，我们观察行情释放的状态，执行保护的操作。

图 7-5　螺纹钢 2010 年 7 月 16 日至 9 月 1 日 1 小时图周期的一段行情走势

图 7-6 为螺纹钢之后的行情走势，空单成交后行情继续向下运行，顺利到达保护位置（sell protection），已经满足启动保护的第一个条件。此时，我们需要观察之前行情释放的状态，决定采取何种方式的保护。如果之前的释放属于慢释放，则立即采取保护；如果之前的释放属于快释放，则采取慢保护。

虚线框内的释放状态出现了明显的回撤和向下运行停滞的情况，可以判定之前的这段释放属于慢释放，应立即启动保护系统。

图 7-6　螺纹钢空单成交后行情继续向下

　　启动保护系统的方式是：将止损调整到进场位置的附近，保证平保不亏钱。如果是多单，把止损调整到多单入场位置上方，如果是空单，把止损点调整到空单位置入场下方。由于建立的是头肩顶的空单，因此，把止损调整到空单入场价位的下方。图 7-7 为空单调整之后的形态，如果行情向上运行，触及到 stop 位置，空单则会平保离场，不会出现亏钱的情况。

图 7-7　空单调整之后的形态

图 7-8 为螺纹钢之后的行情走势。由于之前的释放属于慢释放，我们考虑行情容易引发快速回撤的情况，采取了快保护的策略。在启动保护系统之后，行情之后果真快速回撤，触及 stop 位置，空单顺利平保离场，没有造成任何损失。

图 7-8　螺纹钢之后的行情走势

如果不执行"慢释放，快保护"的原则，从之后的行情可以得知，行情必然触发空单止损位置，则会造成完全没有必要的损失。

7.5.2　快释放慢保护实例

图 7-9 为螺纹钢 2016 年 2 月 15 日至 2 月 22 日 15 分钟周期的一段行情走势。经过之前行情快速释放之后，螺纹钢进入能量状态，回撤幅度不超过之前释放的一半，触及点清晰且可辨认，内部积累结构均匀，形成标准上三交易机会。之后螺纹钢向上强力运行，有效突破，进入释放状态，此时建立多单（buy），止损（sell）放在能量积累的中间位置。下一步，监控多单的浮盈和浮亏的状态，如果行情向下运行，触及止损位置，应毫不犹豫立即止损出场；如果行情向上运行，等行情达到保护位置，再根据该段行情的释放状态选择保护的启动方式。

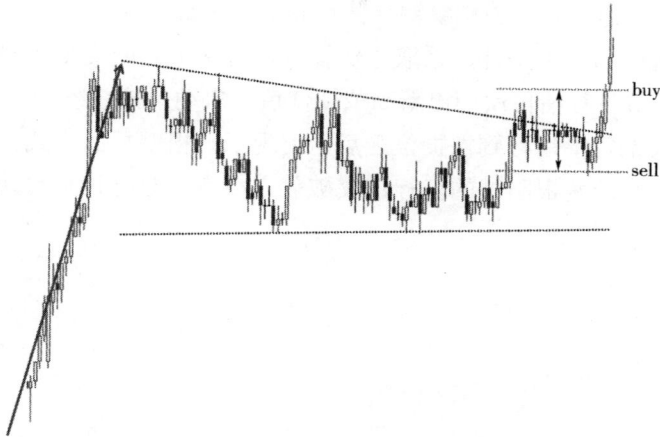

图 7-9　螺纹钢 2016 年 2 月 15 日至 2 月 22 日 15 分钟周期的一段行情走势

从图 7-10 中可以观察到螺纹钢行情是继续向上运行，达到多单保护位置（buy protection），满足启动保护系统的第一个条件。此时，不应急于启动保护系统，而是仔细观察之前这段行情释放的状态——显然属于快速释放的经典走势，因此，采取慢保护的交易策略。

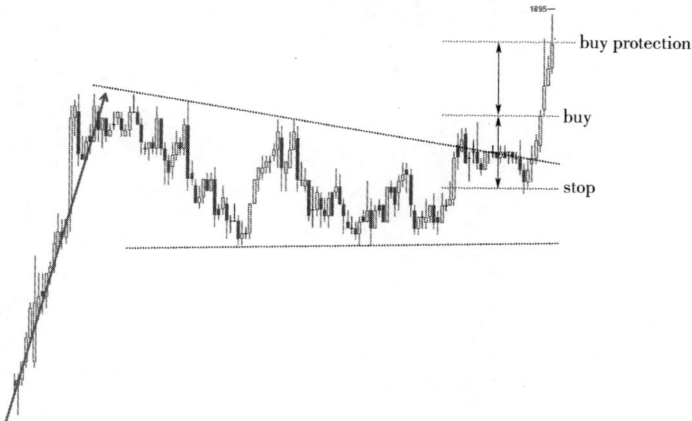

图 7-10　螺纹钢行情继续向上运行

从图 7-11 中可以看出，螺纹钢之后的行情呈现大幅度向上运行的态势（呈现出一边倒的快速释放大行情），如果能做到这种行情，收益将伴随着行情的释放快速增长。当螺纹钢行情在 buy protection 价位时，已经满足启动保护系统的第一个条件，采取"快释放，慢保护"的交易策略（慢保护的原则是：等待行情再次创出新高或新低后，启动保护系统）。

在螺纹钢行情运行到保护位之后，出现了一根明显的阴线，此时不要惊慌，随后经历两根阳线的运行，突破前方高点，此时正是启动保护系统的时机。

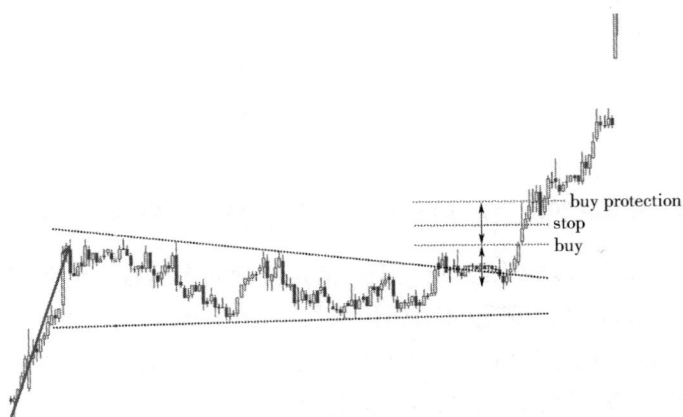

图 7-11　螺纹钢行情大幅向上运行

第 8 章

让利润最大化的
持仓控制系统

8.1 什么是持仓控制系统

交易是一段旅程，分为不同的阶段，每一个阶段有不同的风景，有其自身的特定任务。在没有入场之前，要做好充分的准备：要领悟交易思想、分析行情走势、识别交易机会、设计入场策略，入场之后又要考虑保护系统的问题。

在开仓进场之后，交易才算真正开始了，行情的一举一动都影响着盈亏、牵动着人心。入场系统决定了我们对于该笔订单，愿意付出的交易成本是多少，保护系统决定了我们不会亏钱离场，与市场平起平坐，握手言和。但对于一笔交易而言，真正重要的东西往往是决定盈利大小的，那么真正重要的东西是什么呢？

真正重要的是持仓。因为只有持仓，才能决定究竟能赚多少钱。

当对一笔订单启动保护系统之后，无须再担心亏钱的问题了。接下来便是离场的问题，这是令投资者最为头疼的问题。离场过早，容易错失赚大钱的机会；离场过晚，又会出现巨大的浮盈，但真正平仓后的实际盈利却少得可怜，不合时宜的离场实在是件令人尴尬的事情。

怎么才能既不早也不晚，恰到好处地离场呢？这里使用持仓控制系统。

持仓控制系统是指在一笔订单启动保护之后，根据行情的释放状态采取的减仓、加仓和离场的一系列交易策略总和。如同载人航天工程，通过运载火箭将载人航天器发射到太空，发射阶段好比入场系统，发射过程中的逃逸塔好比保护系统，航天器在运行中的姿态调整、变轨、返回如同控制系统。

它由五大子系统组成：351控制系统、控制线控制通道、K线控制系统、定量控制系统和平衡位控制。为了精准控制持仓订单，依据不同的行情释放形式，选择不同的控制方式或者组合，从而形成千姿百态的交易风格。

投资者的交易风格是由其选择的持仓控制方式决定的。比如，选择

K 线控制、定量控制和 351 粉线控制，必然是波段交易风格。选择 351 绿线控制和平衡位控制，必定是趋势交易风格。当谈到交易风格时，有些投资者说自己是日内交易，属于波段交易；有些投资者说自己是做长线交易的，属于趋势交易。这是明显的误区，缺乏对波段交易和趋势交易的理解。波段和趋势是市场在某一周期图表上，行情运行的结构特征，与持仓时间长短没有关系，有周线级别的波段，也有 1 分钟级别的趋势。

持仓控制系统的核心在于一个"合"字，选择的持仓控制模式要与当前行情释放的形式相吻合，不能主观判断采用哪一种持仓控制方式。根据我的交易经验，持仓控制系统的波段交易是基础，趋势是发展。这就意味着，先从一段行情控制开始，通过减仓的方式，过渡到趋势控制，如果行情释放形成趋势行情，因为有底仓的存在，就做趋势交易。如果行情没有形成趋势，无非底仓平保离场，因为之前已经减仓过，做的就是波段交易。我们不知道未来行情是否会形成趋势性行情，但只要是真正的释放一定会形成波段行情。我们不去事先决定是做趋势还是波段，这些让行情自己去选择。由此可见，"合"字是控制系统的精髓。

持仓控制系统决定了交易周期的选择。交易周期的选择是一件比较复杂的事情，周期过小和过大均不利于交易。在何种周期上进行持仓控制，直接决定了持仓时间的长短，持仓时间的选择又决定了盈利幅度的大小。为了投资者能够把控制系统学会用好，现将我在实盘交易中经常使用的周期分享如下：

- 在期货交易中，订单达到保护之后，选择 5 分钟图作为控制周期，当价格有效突破 351 控制系统的粉线，对持仓订单减仓一半，随后切换到 M15 周期，当价格有效突破 351 控制的粉线，直接平仓离场。

- 在外汇交易中，订单达到保护后，选择小时图作为控制周期，当价格有效突破 351 控制系统的粉线，对持仓订单减仓一半，当价格有效突破 351 控制系统的绿线，直接平仓离场。

- 持仓控制系统复杂多样、变化多端，大家如能灵活掌握，适时选用，交易盈利能力必定更上一层楼。如骏马驰骋于草原，潜龙戏水于深渊，逍遥自在。

8.2 持仓控制系统的基本原则

行情释放的结束不是由交易员的主观判断决定，而是市场客观的走势。一段行情的终结，需要满足多种条件，持仓控制系统能够准确、客观地反映释放行情的逆转，按照持仓控制系统的基本原则去了结订单，能够最大化地将浮动的盈利转化为实际的盈利。

持仓控制系统的基本规则能够让投资者抛弃主观平仓的弊端。当有了一定幅度的浮动盈利之后，投资者受到浮盈的冲击，内心不断冒出平仓了结、兑现盈利的想法，从而导致过早的平仓，如果行情继续朝着有利的方向运行，就会出现错失释放行情的状况，导致心态失衡和盲目追单等情绪化交易的出现。凭借本能的了结已经出现大幅浮盈的订单，不是明智的选择，依据客观的持仓控制原则了结订单才是上策。

持仓控制系统的基本原则：张弛有道、松紧有度、加减盈余、被动离场。

1. 张弛有道

行情释放的形式多样，由快释放、慢释放、普通释放、爆炸释放组成，在释放的过程中，根据行情当前释放的形式，选择对应的控制方式，而非一味地使用某一种形式。持仓控制的过程是不同持仓控制策略相互配合的过程。

当行情呈现出快释放时，采取 K 线控制策略；当行情呈现出慢释放时，采取控制通道策略；当行情呈现出普通释放时，采取 351 控制策略；当行情呈现出爆炸释放时，采取定量控制策略。

张弛有道指的是根据行情释放的形式切换对应的控制方式。比如，一段行情在释放过程中，第一段释放为快速释放，此时采取 K 线控制策略；第二段行情释放转换成了普通释放，此时，把 K 线控制策略调整为 351 持仓控制策略；第三段行情释放转成了爆炸释放，此时，应把 351 持仓控制策略调整为定量控制策略。

2. 松紧有度

行情释放是在短时间内出现的剧烈的、大幅度的行情变化，持仓订单的浮盈也会跟随行情展现出剧烈的波动。当浮盈的变动超出投资者的心理预期时，易造成心理的波动，引发情绪化交易。尤其是行情的运行尚未满足减仓或离场条件时，由于过于紧张，导致提前减仓或平仓的情况出现。

投资者应保持松紧有度的心理状态，无论内心是紧张还是松弛，都要有一个度，这个度指的是坚守持仓控制的策略去进行交易。

3. 加减盈余

在持仓控制的过程中，除了涉及通过减仓策略进行进仓外，还有一项更重要的操作，那就是加仓。加仓意味着在持有盈利订单的情况下，再次进行同方向入场的操作。加仓必须在控制系统的保护之下进行加仓，不能随意加仓。加仓失败时，大家了结全部的订单必须要有盈余，通俗来讲：加仓不亏钱。

请谨慎加仓，加仓有其独特的规则。根据我的交易经验，能够把一张订单从头到尾做彻底，你已经站在稳定盈利的队伍中了。

4. 被动离场

行情的释放不会轻易结束，请勿轻易地了结所有订单，要给之后与订单同方向的释放留有底仓。当通过持仓控制系统对持仓订单实施控制时，通常的做法是不直接全部平仓，而是通过设计适当的策略，争取保持底仓的存在。下面以 351 持仓控制系统为例，分享一个应用较广的持仓策略。

行情向上突破，多单进场，到达保护，启动保护系统，进入持仓控制。通过观察之前释放的形式为普通释放，选择 351 持仓控制系统。当价格有效向下突破粉线时，减仓持仓订单的一半，保留一半的仓位继续持仓；随着行情的继续运行，当价格有效向下突破绿线时，减仓剩余仓位的一半。此时，并不是全部的平仓，而是保留四分之一的仓位，留给被动离场。

有人会问：什么是被动离场？

它是指两种情况：第一种是再次形成交易机会，反方向释放。第二种是行情回撤时，反向有效突破前方平衡位置。只有出现以上两种情况时，大家保留的四分之一仓位才可以平仓，到此，结束全部的持仓。

8.3 351 控制系统

351 控制系统在本书交易系统中占据核心地位，是最基础的持仓控制系统。它依据移动平均线的原理，对释放行情跟踪控制，具有易学易用，简单高效的特点，尤其针对普通释放的行情具有很好的效果。

在实战交易中，波段交易模式需要用到 351 控制系统的粉线。在趋势交易模式中需要用到 351 控制系统的绿线。在加仓时，依据 351 控制系统判断加仓机会是否成立，甚至在判断行情状态是否进入能量积累时也需要用到 351 控制系统的辅助判断。

同时，351 控制系统是独立的，其他控制方式往往要与它配合使用，才能发挥出真正的神奇作用。在通过控制线和控制通道对行情进行控制时，就需要与 351 控制系统进行配合。比如，控制线和 351 控制系统的粉线相互配合使用，控制通道和 351 控制系统的绿线相互配合使用，平衡位控制和 351 控制系统的蓝线相互配合使用。

另外，351 控制系统由三根普通均线组成，参数分别为 22、66 和 135，为了方便记忆，通常我们把 22 均线设置为粉线，66 均线设置为绿线，135 均线设置蓝线。为了帮助大家掌握 351 持仓控制系统，下面讲解原汁原味的均线知识。这里需要说明的是，351 控制系统是依据均线的原理发展而来，可谓是"取均线之精华，去其糟粕"。

8.3.1 学习原汁原味的均线知识

1. 什么是均线

均线又叫移动平均线，常简称为 M 或 MA。它是以道琼斯的"平均成本概念"为理论基础，采用统计学中"移动平均"原理，将一段时期内的价格平均值连成一条曲线，以此来显示行情的历史波动情况。目的是帮助交易者确认现有趋势，判断即将出现的趋势，发现即将反转的趋势。

均线指标的计算方法是将最近 N 个交易日的收盘价格之和除以 N，这个数值会随着最近的价格不断变化，所以被称为"移动平均线"。

以 5 日均线（简称 MA5）为例，见表 8-1。

表 8-1 5 日均线

天　数	收盘价	天　数	收盘价
第 1 天	3 562	第 6 天	3 450
第 2 天	3 546	第 7 天	3 493
第 3 天	3 551	第 8 天	3 465
第 4 天	3 549	第 9 天	3 470
第 5 天	3 475	第 10 天	3 486

如果计算 5 日收盘价的移动平均线，则需要计算每一天的移动平均线数值，分别如下：

第 5 天移动平均线数值=（3 562+3 546+3 551+3 549+3 475）÷5=3 536.6。

第 6 天移动平均线数值=（3 546+3 551+3 549+3 475+3 450）÷5=3 514.2。

第 7 天移动平均线数值=（3 551+3 549+3 475+3 450+3 493）÷5=3 503.6。

第 8 天移动平均线数值=（3 549+3 475+3 450+3 493+3 465）÷5=3 486.4。

第 9 天移动平均线数值=（3 475+3 450+3 493+3 465+3 470）÷5=3 470.6。

第 10 天移动平均线数值=（3 450+3 493+3 465+3 470+3 486）÷5=3 472.8。

最后将每一个交易日的移动平均线数值用平滑曲线相连接，便形成了 MA5 收盘价的移动平均线。从计算结果中观察可知，MA5 随着价格的涨跌上下摆动，形成一条平滑的曲线。MA5 反映的是超短线的走势，当 MA5 向上运行时，表示短期行情是向上的，如图 8-1 所示。

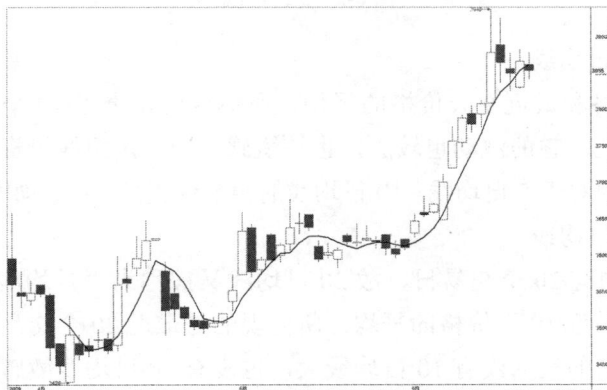

图 8-1 MA5 向上运行，表示短期行情向上

2. 均线的参数与含义

均线的参数是指参与计算的天数，比如 5 日均线参与计算的天数是 5 天，20 日均线参与计算的天数是 20 天，所以，N 日均线的参数就是 N 天。常用的参数有 5 天、10 天、20 天、60 天、120 天、250 天等，由于参与计算的范围不同，每个参数的均线含义也各有不同。

（1）5 日均线

由于一个星期有 5 个交易日，故 5 日均线又被称为"周均线"。5 日均线是指当天价格和最近 4 天价格的平均，所体现的是最近 5 个交易日的平均价位，因此，它的波动会比较大、比较敏感，适合短线投资者使用，如图 8-2 所示。

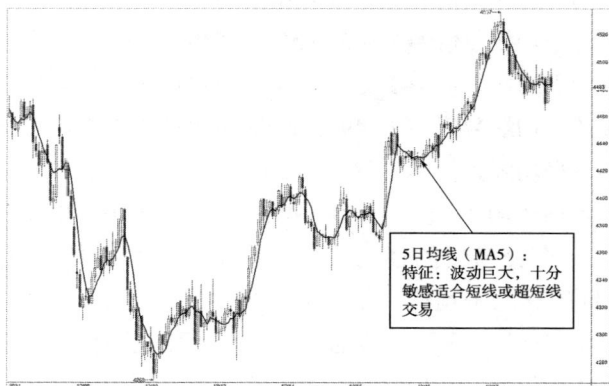

图 8-2　5 日均线

（2）10 日均线

当天价格和最近 9 天价格的平均，所体现的是最近 10 个交易日的平均价位，因此，它的波动也较大，也较敏感，通常是短线投资者必用的参考线之一。相对于 5 日均线，10 日均线的稳定性更高一些，如图 8-3 所示。

（3）20 日均线

1 个月约有 20 个交易日，故 20 日均线又被称为"月均线"。它是指当天价格和最近 19 天价格的平均，所体现的是最近 20 个交易日的平均价位，因此，它的波动没有 10 日均线大，也没有 10 日均线敏感，通常是中短线投资者使用的参考线之一，如图 8-4 所示。

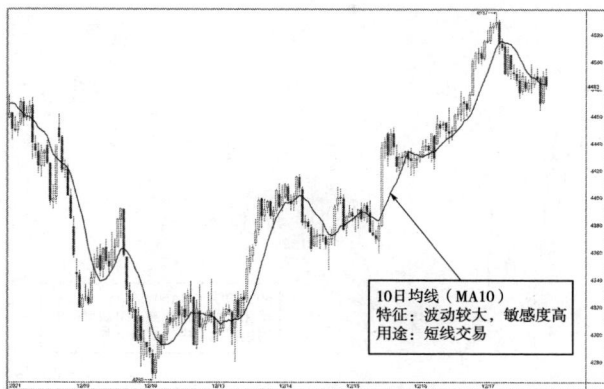

图 8-3　10 日均线

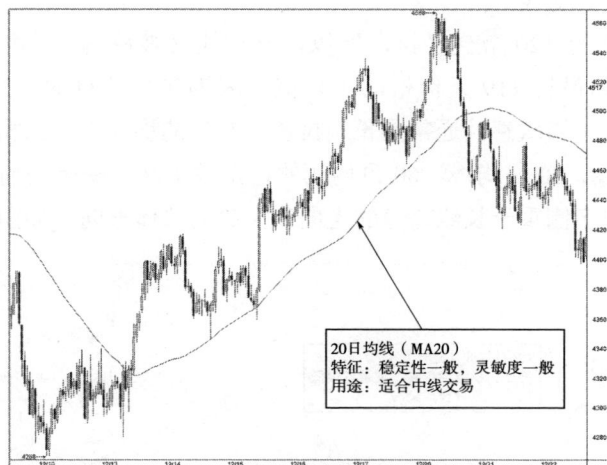

图 8-4　20 日均线

（4）60 日均线

当天价格和最近 59 天价格的平均，所体现的是最近 60 个交易日的平均价位，相对于 10 日均线，60 日均线的稳定性更高一些，一个季度有 3 个月时间，所以，60 日均线又被称为"季均线"。因为参与计算的天数较多，所以，它的波动不大、不够敏感，通常是中线或长线投资者参考的均线之一。但它也有缺点，不能捕捉到短线获利的机会，更多用于寻找中线或长线获利的机会，如图 8-5 所示。

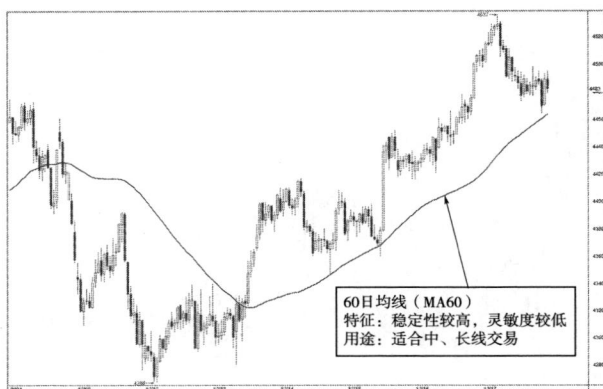

图 8-5　60 日均线

（5）120 日均线

半年里约有 120 个交易日，所以，该均线又被称为"半年均线"，是指当天价格和最近 119 天价格的平均值，因为参与计算的天数多，所以，它的波动慢、不够敏感，通常是长线投资者参考的均线之一。相对于 5 日均线、10 日均线、20 日均线、60 日均线的稳定性更高。缺点是捕捉不到短线获利机会，更多侧重于长线趋势的走向和大势的总体方向，如图 8-6 所示。

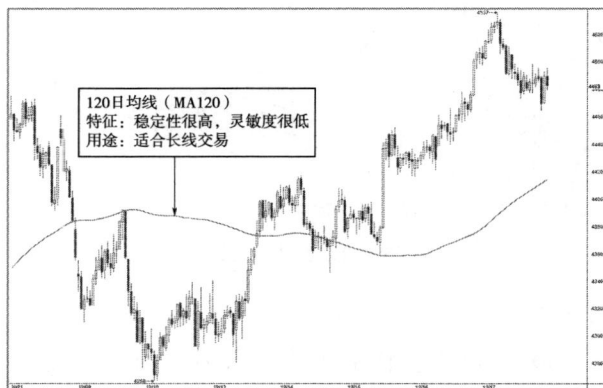

图 8-6　120 日均线

（6）250 日均线

1 年里约有 250 个交易日，所以，该线又被称为"年均线"，是指当天价格和最近 249 天价格的平均值，因为参与计算的天数非常多，所以，它的波动十分缓慢，稳定性非常高，通常是长线投资者参考的均线。是区分大势走向的主要参考线，如果价格在其上不断上涨，则是牛市行情；如果价格在其下不断下跌，则是熊市行情。因此，250 日均线又被称为"牛熊分界线"，如图 8-7 所示。

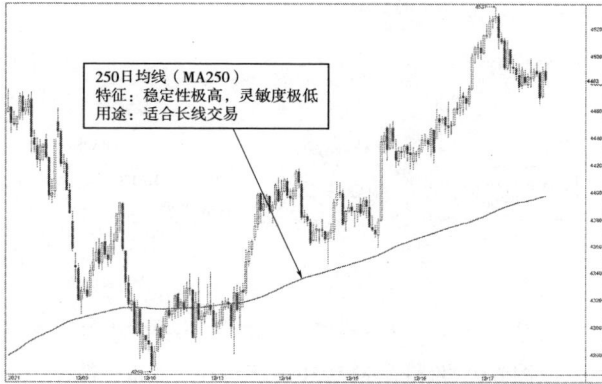

图 8-7　250 日均线

·图 8-8 为 5 日、10 日、20 日、60 日、120 日、250 日均线在走势图上的表现。价格在 250 日均线上不断上涨，这就意味着牛市的开始，这一点很重要，只要价格在 250 日均线上，其他中期、短期均线上涨的概率才会随之增高。如果价格在 250 日均线之下，并不断下跌，那么其他中期、短期均线上涨的概率就变低了。

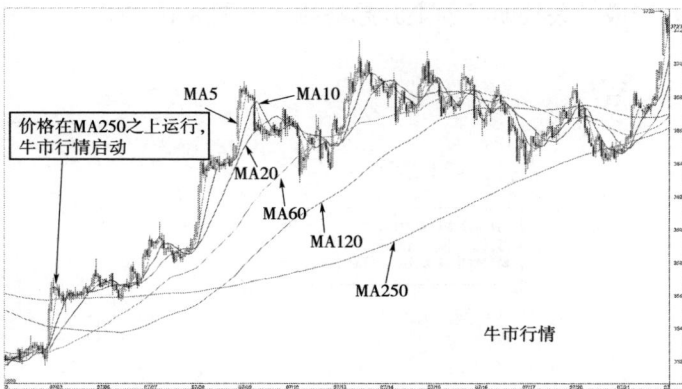

图 8-8　各均线在走势图上的表现

所以，只有价格在 250 日均线上上涨时，价格短期、中期、长期上涨的概率才会增大。如果价格在 250 日均线下下跌时，价格后期上涨的概率便降低，这时就不适合持股或买入操作，而适合持币或卖出操作，以避免未来较大的下跌风险，如图 8-9 所示。

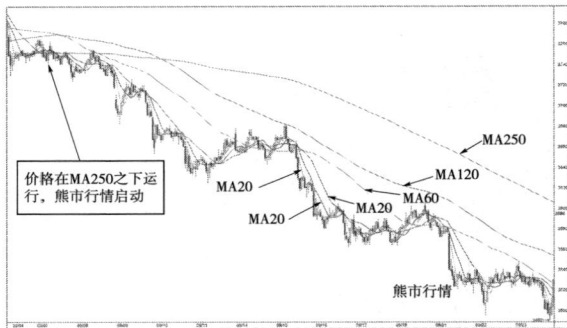

图 8-9　价格在 MA250 之下运行，熊市行情

短期均线的走势预示了这只股票近期未来的行进方向，中期均线的方向预示的是中期的趋势走向，长期均线的走向预示了这只股票长期的趋势方向。

3. 均线的特点

5 日均线的走势反映的是最近 5 天的价格平均走向，所以，它可以用来描述最近 5 天的价格趋势。如果是连续上涨的行情，短期均线也会持续向上行走，形成一条较明显的上升趋势线，如图 8-10 所示。

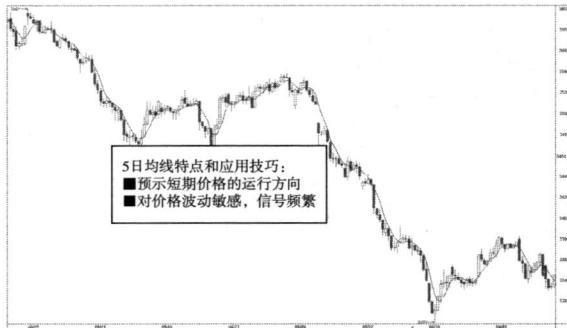

图 8-10　5 日均线特点和应用技巧

10 日均线较平缓地反映了短期的价格趋势，虽然没有 5 日均线那样敏感，但它的作用较 5 日均线更大些，能捕捉到较为持久的上涨行情，如图 8-11 所示。

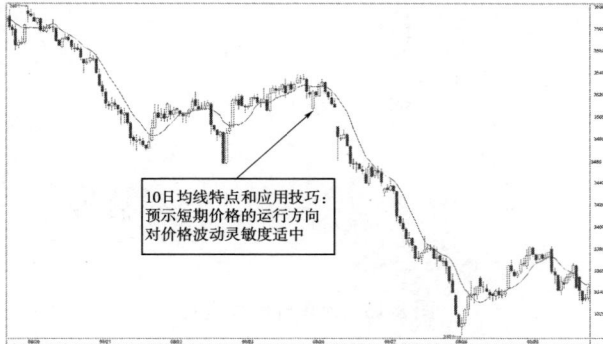

图 8-11   10 日均线特点和应用技巧

20 日均线较好地反映了这波中期上涨行情，大家虽然没能卖在最高点，但它能把握到一波持续时间长而大的行情。该均线近似一条倾斜向上的水平趋势线，如图 8-12 所示。

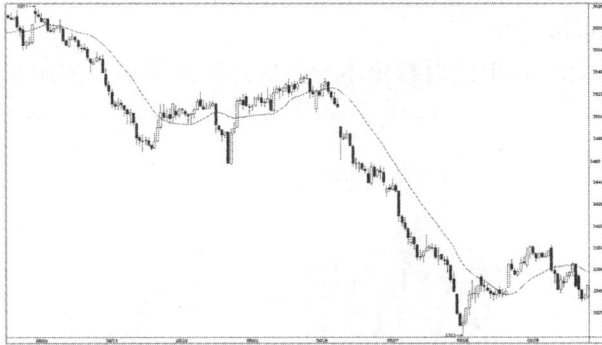

图 8-12   20 日均线特点和应用技巧

看了几条短期均线后，再来看看长期均线的走势。图 8-13 中 250 日均线虽然没有及时地反映出价格的剧烈上涨，但价格是在它之上上涨的，这本身就为其他中短期均线提供了安全保障，以此为基础，中期均线上涨的概率增加了。不久，短期均线也随之上涨，共同促成了这波暴涨行情。

图 8-13　250 日均线走势

4. 均线的稳定性

均线具有稳定性，因为它的计算公式是算术平均，所以，即使它在偶尔的高价或低价出现时，也不会出现过于明显的变化，除非这些高价或低价连续出现。均线不会因为少数几天的大幅变动而改变原有的趋势，这就说明均线有很好的容错性和稳定性。这也是为什么很多投资者都喜欢使用均线指标的原因之一。

均线比较稳定，但同时稳定本身是优点也是缺点，如图 8-14 所示。

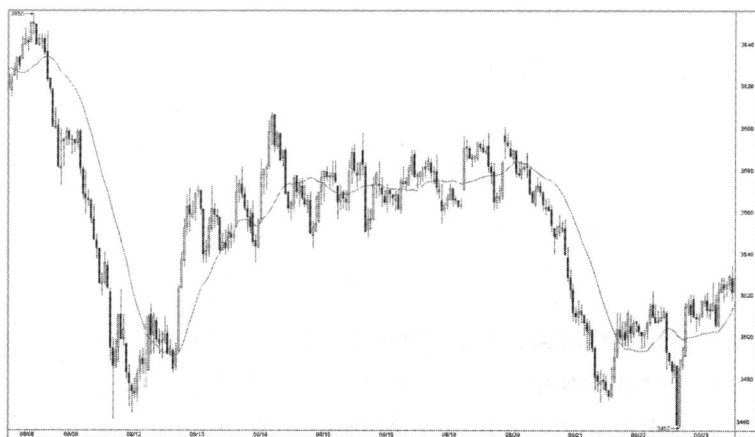

图 8-14　均线走势稳定

5. 均线的滞后性

均线具有很好的稳定性，但有时这也是它的缺点，图 8-15 ～图 8-17 分别显示了 5 日、10 日、20 日均线的滞后性，这跟均线指标的算法有关。参与计算均值的天数越少，每天价格的权重也就越高；而计算均值的天数越多，每天的权重也就越低。权重越高，第二天的价格对均线的影响就越大；权重越低，第二天的价格对均线的影响就越小。稳定性和滞后性同时存在，不可分开。

图 8-15　5 日均线的滞后性

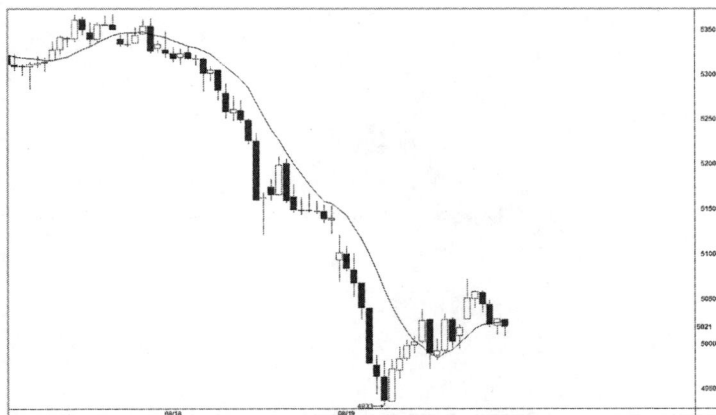

图 8-16　10 日均线的滞后性

图 8-17　20日均线的滞后性

6. 均线助涨性

价格在均线仍向上的时候回调，但接近或触及该均线时，反而转头向上，这就说明价格得到了该均线的支撑，使价格没有再继续下跌，如图 8-18、图 8-19 所示。

图 8-18　均线助涨性 1

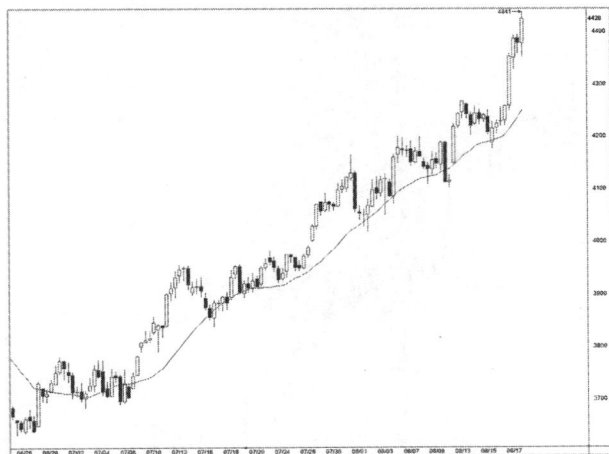

图 8-19　均线助涨性 2

7. 均线助跌性

价格在均线向下时反弹，触及到该均线时，没有站上该均线之上，反而在其后的几个交易日连续下跌，这就说明价格失去了上升动力，受到了该均线的压制，使得股票价格没有能力再往上涨，随后不断下跌，如图 8-20、图 8-21 所示。

图 8-20　均线助跌性 1

图 8-21　均线助跌性 2

8. 均线多头和空头排列

多头排列：短期、中期、长期均线从上到下依次排列的均线形态。多头排列为强势上升趋势，操作思维以做多买入为主。

空头排列：短期、中期、长期均线从下到上依次排列的均线形态。空头排列为强势下跌趋势，操作思维以做空卖出为主。

同时，均线多头排列分为两种：一是短期趋势的多头排列，二是长期趋势的多头排列。

短期趋势的多头排列是指 5 日、10 日、20 日均线不断上涨，并且 5 日均线在 10 日均线之上，且 10 日均线又在 20 日均线之上。它预示了短线投资者纷纷看好价格将要上涨，不断买入股票，促使行情不断走高，增加短线获利的机会，如图 8-22 所示。

长期趋势的多头排列是指 60 日、120 日、250 日均线不断上升，且 60 日均线在 120 日均线之上，120 日均线又在 250 日均线之上。它预示了中长线投资者已入驻或股票基本面得到好转而都看好后市，长线获利的机会也相应增加。

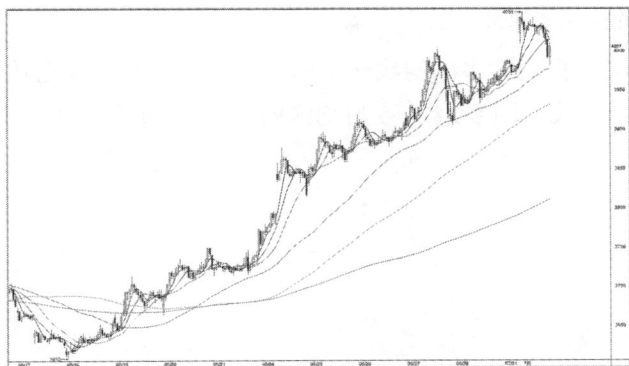

图 8-22　短期趋势的多头排列

　　均线空头排列，也分为短期和长期空头排列两种类型。短期趋势的空头排列是指 5 日、10 日、20 日均线不断下跌，并且 5 日均线在 10 日均线之下，且 10 日均线在 20 日均线之下。它预示了短线投资者纷纷不看好当前行情而相继低价平掉多单，促使行情不断走低，如图 8-23 所示。

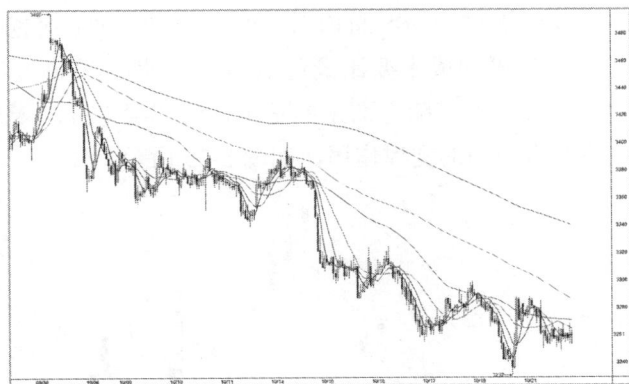

图 8-23　均线的空头排列

　　长期趋势的空头排列是指 60 日、120 日、250 日均线不断下跌，且 60 日均线在 120 日均线之下，120 日均线又在 250 日均线之下。它代表了长期下跌的巨大风险，提示中长期的投资者已经出局。在多头、空头排列之间，均线之间还会出现一种相互交叉的形态。

9. 均线的金叉和死叉

均线金叉是指天数多的均线转头向上，天数少的均线也转头向上并且穿越天数多的均线。图 8-24 为 5 日均线向上穿越 10 日均线。

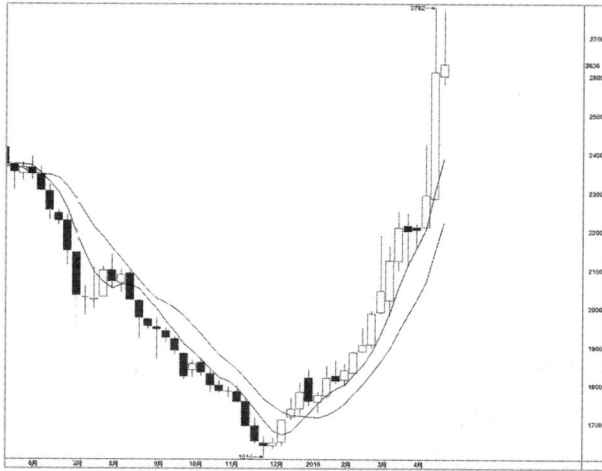

图 8-24　5 日均线向上穿越 10 日均线

均线的金叉意味着成本的不断抬高。如 5 日均线向上穿越 10 日均线，则意味着最近 5 天的平均成本要比最近 10 天的平均成本高，显示出一波短期的购买浪潮已经开始，随之而来的是价格的持续上升。未来行情若确实走好，均线将具有很好的支撑作用，如图 8-25 所示。

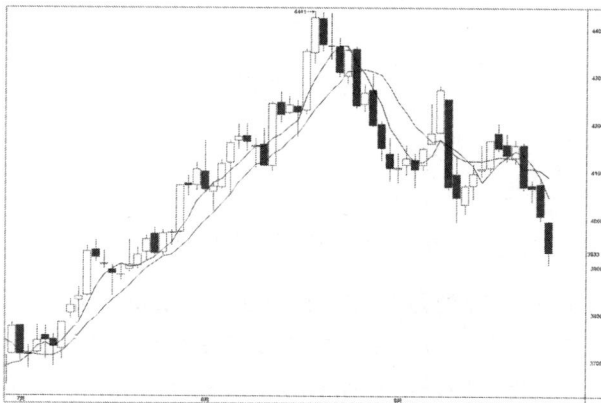

图 8-25　均线的支撑作用

均线死叉是指天数多的均线转头向下，并且天数少的均线也向下跌穿了天数多的均线。图 8-26 为 5 日均线向下跌破 10 日均线。

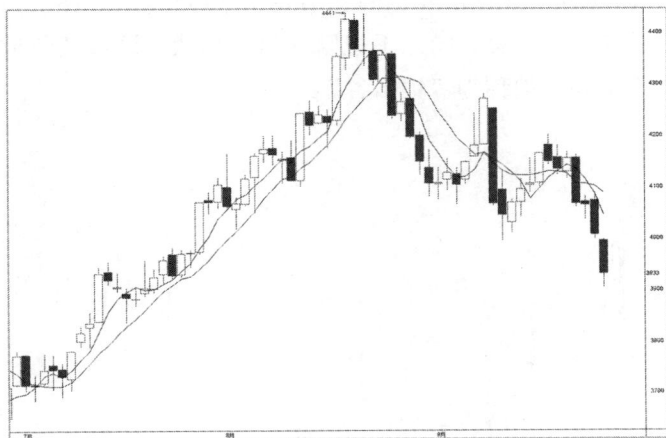

图 8-26　5 日均线向下跌破 10 日均线

均线的死叉预示着投资者卖掉持仓的多单，不惜赔本也要卖。如 5 日均线向下穿越 10 日均线，它意味着最近 5 天的平均成本要比最近 10 天的平均成本低，显示出一波短期的抛售浪潮已经开始，随之而来的是价格的持续下跌。如果未来行情确实走低，这条均线将具有很大的压制价格上升的作用。

10. 均线银山谷和金山谷

行情下跌经过一段时间的整理后，短期均线由下往上穿过中期均线和长期均线，中期均线由下向上穿过长期均线，从而形成了一个尖头朝上的不规则三角形。尖头朝上的不规则三角形的出现，表明多方已积累了相当大的上攻能量，这是一个比较典型的买进信号，所以，人们形象地称它为"银山谷"。它是价格见底的信号，是激进型投资者的买进点。出现银山谷之后，即经过前期一段时间上涨后，价格又回落下来，然后价格重新上涨，短期均线由下向上穿过中期和长期均线，中期均线由下向上穿过长期均线，再次形成一个尖头向上不规则的"三角形"，如果这个三角形所处的位置与银山谷的位置相近或高于银山谷，那么这个三角形叫"金山谷"。金山谷可作为稳健型投资者的买进点，并且金山谷和银山谷相隔时间越长，所处的位置越高，日后价格上升的潜力越大。

图 8-27 中的山谷形态是 5 日均线分别向上穿越 10 日、20 日均线，图上点 1 和点 2。随后 10 日均线也向上穿越了 20 日均线，图上点 3。点 1、点 2、点 3 所围成一个尖头向上不规则三角形形状，这个三角形形状就被称为"山谷"形态，被称为"银山谷"。

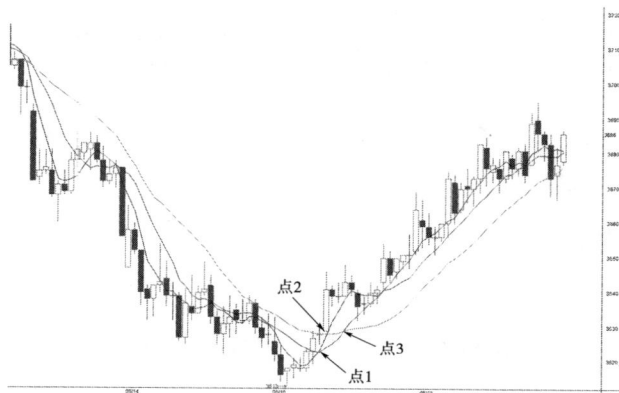

图 8-27　银山谷

图 8-28 中，点 4、点 5、点 6 也形成了山谷形态，较之前点 1、点 2、点 3 的位置更高，代表更好的买入机会已经到来，所以，凡是在银山谷之后再出现一个更高的山谷形态，就被称为"金山谷"，投资价值比银山谷更高，故以金银类比命名。

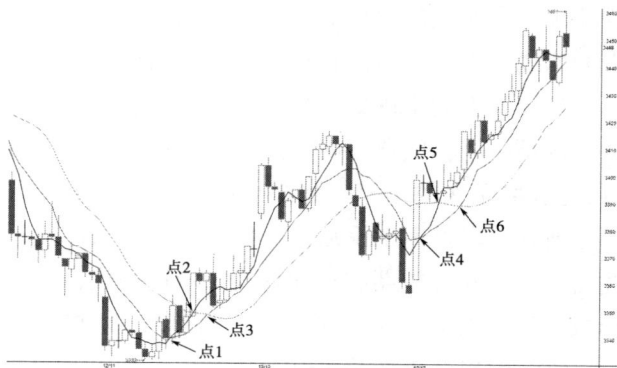

图 8-28　金山谷

　　银山谷虽然能买到低的价格点位，但趋势是否真的会反转向上还不好判断，在价格上涨了一段，代表多头力量在加大，再回调时又跌得不多，表现出多头开始强于空头的态势。所以，第二次出现较高位置的山谷形态时，才是较稳妥的买入点。

11. 均线的黏合和发散

　　均线黏合形态多出现在价格上下浮动不大、横盘震荡持续时间较长的行情中。其代表行情窄幅震荡，未来是延续原有趋势还是反转趋势要视后续走势而定，如图 8-29 所示。

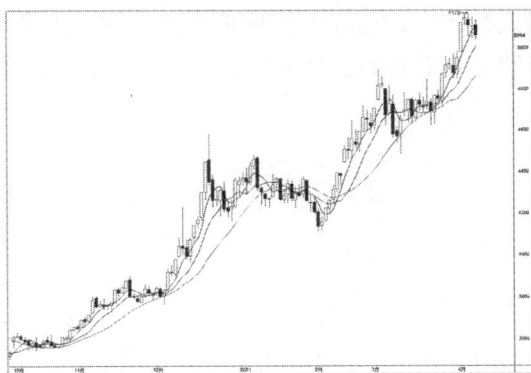

图 8-29　均线黏合

　　均线的黏合是指各条均线间的间隔距离越来越小，而均线的发散是指各条均线间的间隔距离越来越大，如图 8-30 所示。

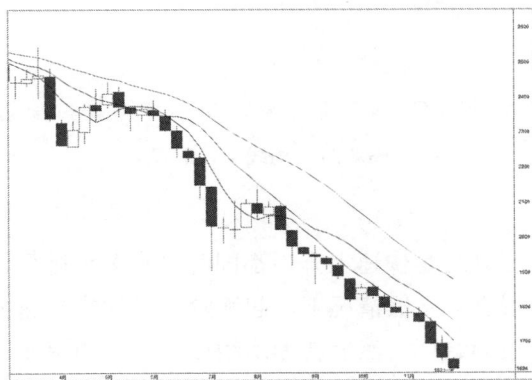

图 8-30　均线发散

均线黏合，行情越来越趋向于窄幅震荡，获利空间较小，持续时间较长。

均线发散，行情越来越趋向于单边市，如果是单边上涨行情，那么，未来获利的空间就大。但如果价格已处较高的位置，这种均线发散反而不利于投资者买入。

12. 均线的上升和下降

均线大体向上，如果幅度不大，这样的均线形态被称为慢速上升形态。慢速上升是指价格开始缓慢上升，但上升幅度不大，是较稳定的上升形态。如果均线大幅向上，这样的均线形态称为快速上升形态。快速上升是指价格较之前的上升形态的上升幅度更大、更明显，如图 8-31 所示。

图 8-31　均线上升形态

不管是慢速上升还是快速上升，都同时含有多头排列、空头排列、金叉、死叉等均线形态。一般情况下，起涨阶段以均线慢速上升开始，以均线的快速上升结束为结尾。然后转为均线慢速下降和快速下降，才能开始新一轮的上涨，如图 8-32 所示。

图 8-32　均线下降形态

始跌段是以均线慢速下降开始，以均线的快速下降结束为结尾。然后转为均线慢速上升和快速上升，如图 8-33 所示。

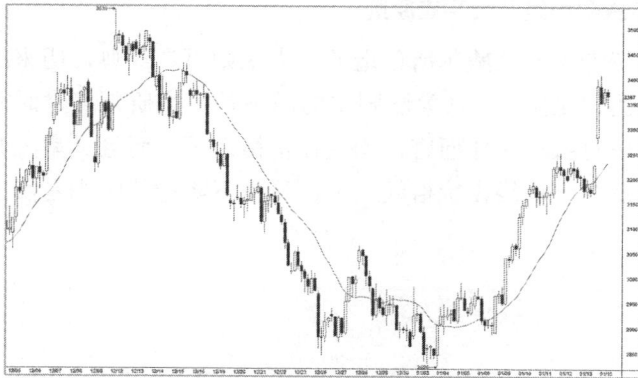

图 8-33　均线慢速上升又快速上升

当然，快慢是相对的，如果再分高位和低位就会更复杂一些，具体如下：

- 高位出现均线慢速上升：表示多头行情即将到头，不宜看多、看涨，宜卖出手中的股票，持币为好。
- 高位出现均线快速上升：表示多头行情即将到头，这波看上去很给力的大涨并不是很好的买入机会，而是带有风险的，所谓"飞得越高，跌得越惨"。

165

- 高位出现均线慢速下降：预示着上涨乏力，多头力度减小，适合卖出，避免出现大的亏损。
- 高位出现均线快速下降：显示大多数投资者纷纷亏本卖出手中的多单，意味着卖出是唯一选择。
- 低位出现均线慢速上升：表示趋势开始有反转向上的苗头，多头开始缓慢进场，但是否真的反转还要视后市走势方能确认，这只是个初步信号。低位出现均线快速上升：表示多头行情已经开始，适合买入操作。
- 低位出现均线慢速下降：预示着空头力度在逐渐减小，适合持续关注，暂时不宜买入。
- 低位出现均线快速下降：显示空头发力下砸，如果力度够大，这有可能是一次很好的进场买入的机会。但同时也蕴藏着较大的风险，所以，大家还是等到均线出现上升时再做打算比较稳妥。

13. 葛兰威尔均线八大买卖原则

美国投资专家葛兰威尔所创造的八大法则可谓经典，历来的均线使用者无不视其为"至宝"，八大法则中的四条是用来研判买进时机，另外四条是研判卖出时机。总体而言，均线在价格之下，而且又呈上升趋势时是买进时机；反之，均线在价格线之上，又呈下降趋势时则是卖出时机，如图 8-34 所示。

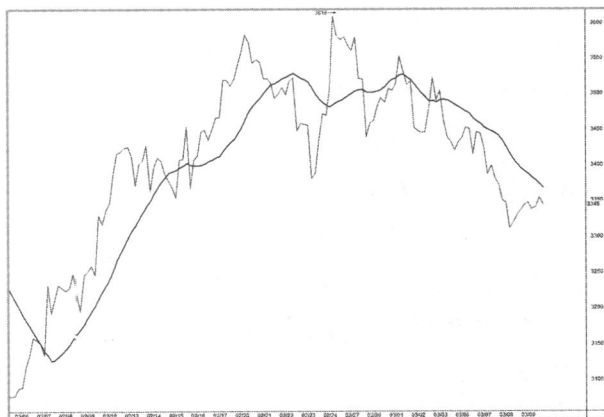

图 8-34　葛兰威尔八大法则

- 均线从下降逐渐转头向上，价格从均线下方向上突破形成金叉，为买进信号。
- 价格在均线上运行，回调时未跌破均线，说明该均线形成十分可靠的支撑，其后，价格确实不再下跌而再度上涨时，是第二次买进的时机。
- 价格之前在均线上运行，回调时发生死叉跌破均线，但均线仍呈上升趋势，说明整体还有一段涨幅，此时为买进时机。
- 价格在均线下运行，连续下跌，距离均线又较远，极可能会向均线靠拢，所谓物极必反，此时是买进时机，但不宜期望过高。
- 价格在均线上运行，连日大涨，距离均线越来越远，极有可能会回靠均线，随时会产生获利回吐的卖压，是卖出时机。
- 均线总体向下，价格又再次向下跌破均线时说明卖压再次加重，是卖出时机。
- 价格在均线下运行，反弹时接近均线但未能成功向上突破，是卖出时机。
- 价格连续大涨多日，与均线拉开越来越大的距离，是卖出信号，代表了随时可能出现获利回吐卖出浪潮。

在实际情况中，不是所有的八个买卖信号都会完整地呈现出来，它们可以是几个或单独存在，如图 8-35 所示。

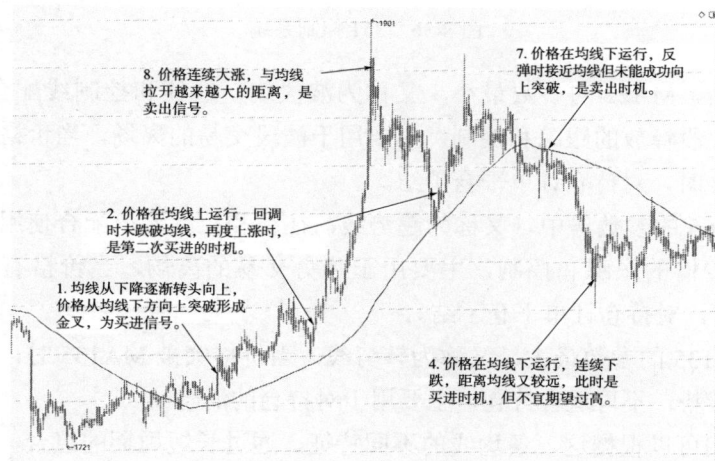

图 8-35　葛兰威尔买卖时机

8.3.2　351 控制系统演示图

传统均线的用法多种多样，根据均线原理构造的交易系统也是名目繁多，各有利弊。均线无法完整地表达所有行情的走势特征，比如在能量积累时，均线走平，横向运行，价格上下穿越均线，从而导致均线失效，这也是均线交易系统的弊端之所在。

但均线在释放的跟踪上表现出色。根据这种特征，我将均线用于行情释放的跟踪上，判断一段释放的行情是否结束，用于减仓或加仓。

从图 8-36 可以看出，351 控制系统由三条均线组成，参数分别为 22、66、135。三条均线相互配合，对行情的释放做相对精确的控制。

图 8-36　351 控制系统

其中，MA22 的参数最小，又称为波段线，往往和控制线配合使用，用于对一段释放的跟踪和控制，主要用于波段交易的离场，当价格有效突破 MA22 时，对持仓订单平仓了结。

MA66 的参数居中，又称为趋势线，往往和控制通道配合使用，用于对趋势行情的跟踪和控制，主要用于趋势交易的离场，当价格有效突破 MA66 时，对持仓订单平仓了结。

MA135 的参数最大，又称为转势线，当价格突破 MA135 时，意味着行情的转势，不再适合持仓，主要用于对持仓的清仓。

我们可以根据这三条均线的不同特征，通过长短周期的组合，构建不同的持仓控制模式，确定自己的交易风格。下面以持仓控制模式为例讲解

351 持仓控制系统的使用，经典持仓控制模式兼具波段交易和趋势交易，既能捕捉到波段行情，也能很好地捕捉到趋势行情。

条件：持仓订单已经启动保护系统。

规则：一是，当价格有效突破 22 均线时，减仓二分之一。二是，当价格有效突破 66 均线时，清仓离场。

下面分别以螺纹钢和豆粕的行情进行详细讲解。

8.3.3　螺纹钢 351 控制系统实战案例

图 8-37 为螺纹钢 M15 周期行情，形成下旗标准交易机会，向下有效突破后，在 sell 位置建立空单，止损放置下旗能量积累的中间，即 stop 位置。行情向下运行，达到保护位置，启动保护系统。接下来面临的问题是何时离场的问题，使用 351 控制系统的经典控制模式。

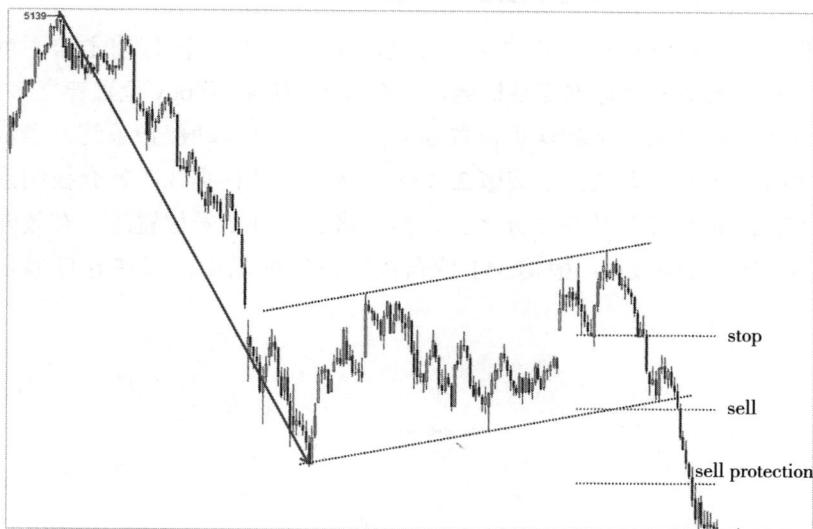

图 8-37　螺纹钢 M15 周期行情

如图 8-38 所示，价格继续向下运行，根据 351 经典控制模式，当价格运行到①位置时，向上有效突破 22 均线（粉线），减仓二分之一；当价格向上有效突破 66 均线（绿线）时，平掉所有订单，之后的行情随即进入能量积累状态，收获绝大部分的盈利。

图 8-38　价格继续向下运行

8.3.4　豆粕 351 控制系统实战案例

图 8-39 为豆粕 2020 年 12 月至 2021 年 1 月初的一段行情走势，可以发现，豆粕形成上旗标准交易机会，在有效突破后，于 buy 位置建立多单，经过向上运行之后，达到保护位置 buy protection，启动保护系统。当价格来到 1 号位置时，有效向下突破 22 均线（粉线），根据 351 持仓控制系统的原则，对持仓订单减仓二分之一。当价格运行到 2 号位置时，有效向下突破 66 均线（绿线），根据 351 持仓控制系统的原则，对持仓订单全部平仓。

图 8-39　豆粕 2020 年 12 月至 2021 年 1 月初的一段行情走势

8.4　控制线与控制通道

　　趋势线是投资者比较熟悉的技术分析工具，是交易中最有效的工具之一，其概念源自著名的道氏理论，也是道氏理论的具体应用的一种体现。趋势线的画法纷繁复杂，千变万化，缺乏统一的标准，即使很多成功的专业投资大师对趋势线也都有不同的理解和应用。

　　由于缺乏对趋势线的准确定义，很少有人能够将趋势线在图表上准确地画出。我们看到的是：多数投资者在行情图表上绘制各种各样的线条，令人眼花缭乱。再加上不同的技术指标，行情图表简直成了自由发挥的舞台，看到这样的杂乱的画面，不奢望做到心平气和，能不心烦意躁已是极为难得。绘制趋势线缺乏统一的标准，随意所欲的绘制，对交易是十分不利的。

　　无论采用什么方法绘制趋势线，都应符合以下三个基本的原则：

- 趋势线要能够准确地反映当前价格走势。
- 趋势线要具有唯一性，对于一段行情有且只有一条趋势线。
- 趋势线要有实用价值，对投资者的交易有参考作用。

　　在讲解控制线与控制通道绘制方法之前，先要掌握回撤点的概念，两点形成一条直线，没有回撤点，就无法作图。

　　什么是回撤点？在一段释放行情中，价格出现方向相反的回撤，当价格再次达到回撤幅度的二分之一时所确认的点。

8.4.1　控制线演示图

　　什么是控制线？控制线有两条：上升控制线和下降控制线。上升控制线是指市场中已经存在一段向上的释放行情，连接该段释放行情的起点与回撤点，包含所有价位所构成的一条射线，如图 8-40 所示。它应用在向上释放的行情中，在行情的下方绘制。

　　下降控制线是指市场中已经存在一段向下释放的行情，连接此段释放行情的起点与回撤点，并且包含所有价位所构成的一条射线，如图 8-41 所示。

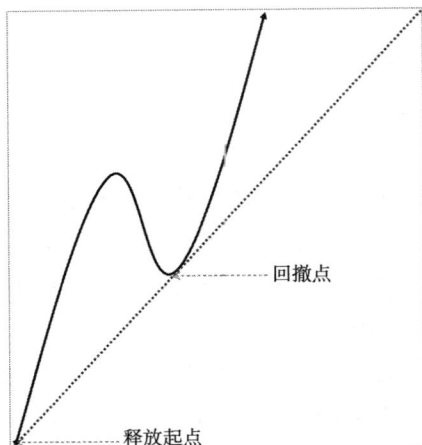

图 8-40　上升控制线

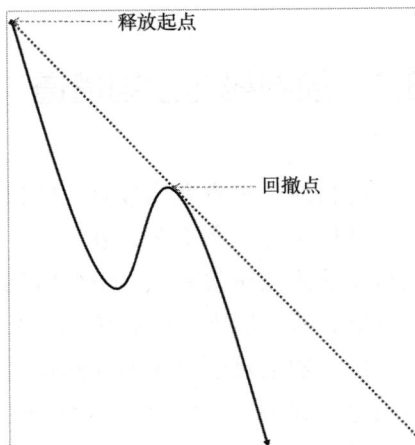

图 8-41　下降控制线

另外，从控制线的定义，可以看出，绘制控制线需要明确两个重要的点：一是行情释放的起点，二是行情释放的回撤点。

它的用途如下：

- 控制线主要和 351 控制系统的粉线配合，解决当行情快速释放的情况下，粉线跟踪滞后的问题。
- 控制线作为对持仓订单减仓的信号。当价格有效突破控制线时，对持仓订单进行减仓的操作。

下面用实战案例讲解控制线与 351 控制系统的配合使用。

8.4.2　控制线实战案例

控制线相比于 351 控制系统的粉线具有更加精确的优势，我们可以利用这个特点去优化 351 控制系统的使用。

图 8-42 为一段向下释放的行情，短粗线为控制线，长线为 351 控制系统的 22 线。当行情运行到图中 1 号位置 K 线时，22 线还没有突破，但控制线已经有效突破，发出明确的离场信号。

在这种情况下，按照控制线的信号，我们执行离场的操作。

图 8-42　一段向下释放的行情

　　其中，控制线的绘制需要两个点：一是释放的起点，二是回撤点。当一段正在释放的行情，没有回撤点时，就无法使用控制线了。在这种情况下，就要用到 351 的波段线去跟踪控制行情。

　　图 8-43 为一段快速向上释放的行情，在整个释放的过程中，由于释放的力度强大，导致没有形成回撤点，在这种情况下，无法使用控制线跟踪控制行情，只能使用 351 波段线进行跟踪。行情运行到 1 号位置后，向下突破波段线为减仓或离场的信号。

图 8-43　一段快速向上释放的行情

8.4.3 控制通道演示图

通道是交易系统中十分重要的组成部分，既是重点也是难点。这是因为通道具有能量积累的结构，同时又具有释放的特点，行情会不断地创出新高或新低。通道既是交易机会，又是跟踪慢释放的必备工具，因此，使用起来较为麻烦。

为了帮助投资者掌握住通道的使用，这里仅讲解通道在跟踪行情时的应用，并把通道命名为控制通道，用于持仓控制。

另外，控制通道与控制线有着千丝万缕的紧密关系，我们可以将其看作控制线的特殊应用。行情在某一个运行阶段，其走势保持在通道内运行，价格有规律地触及通道的上下两条边，具有清晰的触及点。

控制通道的绘制方法为：对于一段释放的行情，第一步先绘制出控制线，依据这条控制线，选择对面的触及点作平行线，形成一对相互平行的控制线，组成控制通道。其中，我们需要注意两个要点：一是触及点越多，控制通道的实用价值越大，进入能量积累的末期；二是控制通道应包含所有的价位，不得有穿越。图 8-44（左）是上升控制通道，图 8-44（右）是下降控制通道。

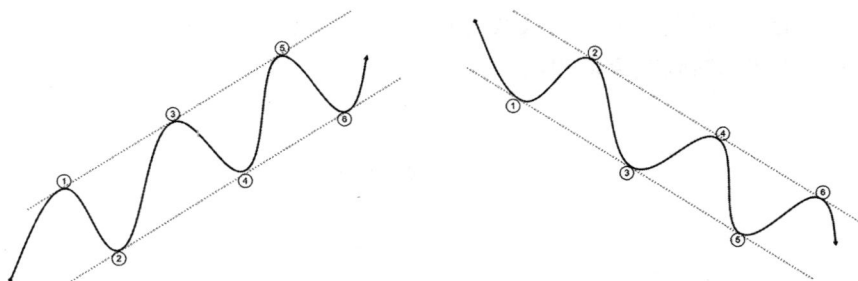

图 8-44　上升控制通道与下降控制通道

虽然控制通道的用途较多，但是按其主要用途，可分为如下三种：

第一种，配合 351 控制系统的趋势线（绿线）使用，确认离场信号。

第二种，当行情形成慢释放形式时，使用控制通道跟踪。以上升控制通道为例，当价格有效突破下边线时，作为离场信号；当价格有效突破上边线时，作为加仓信号。

第三种，作为定量控制的目标位置使用。以下降控制通道为例，当价格运行到下边线并出现停顿或反转信号时，作为减仓的信号。

8.4.4　控制通道实战案例

控制通道主要用来对缓慢释放的行情进行控制。行情在释放的状态中，分为两种情况：第一种是快释放，第二种是慢释放。当行情处于慢释放时，控制线和 351 的短波线往往会过早地发出离场信号，影响整体的收益。

在行情释放的过程中，一旦判定为慢释放，我们应立即切换为通道控制。需要注意的是，控制通道往往和 351 控制系统的 66 线配合使用。

图 8-45 为一段向下缓慢释放的行情，如果采用控制线进行控制，势必会出现提前离场的情况。如果用控制通道进行控制，则能很好地把握行情的释放。当价格向上突破下降控制通道的上边线时，我们观察到 351 控制系统的趋势线也一并被突破（箭头所指 K 线），此时就应该直接平仓离场。之后的行情随即进入能量积累之中，终结了之前的行情释放。

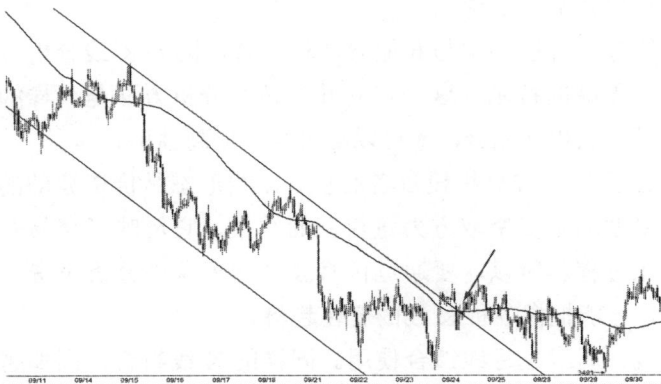

图 8-45　一段向下缓慢释放的行情

8.5　K 线控制三字诀

K 线是古老的交易技术，同时又是使用范围广泛的交易技术。投资者在打开行情表时，主要看到的就是各种 K 线组成的行情图。传统的 K 线知识极其繁杂，难以掌握，个别 K 线知识过于陈旧，使用效果大打折扣。

K 线分析需要注意的问题：

尽管用 K 线描述市场具有很强的视觉效果，但一些常见的 K 线组合形态只是根据经验总结了一些典型的形状，并没有严格的科学逻辑。投资者需要清楚地认识到，任何的技术分析方法都不是绝对的、万能的，K 线也不例外。因此，投资者在实际操作中对一些 K 线图分析中的注意事项应加以关注。

- 应用 K 线图的时机。比如，如果阳线出现在盘整或价格下跌趋势末期时，说明价格可能会开始反转向上；如果阴线出现在盘整或价格上涨趋势末期时，说明价格可能会开始反转向下。
- 因为 K 线仅表示股票价格，所以，我们在应用时，应配合成交量观察买方与卖方强弱状况，找出价格的支撑区与压力区。
- 行情的变动是复杂的，而实际的市场情况可能与投资者的判断有距离。统计数据可以证明，仅仅依靠 K 线组合来研判后市走势，成功率并不是很高。
- K 线分析方法必须与其他方法相结合，因为 K 线分析方法并不是完美无缺的技术，这一点同其他技术分析方法是一样的。与其他分析方法相互配合，才可以尽可能地提高胜率。
- 学会通过 K 线分析投资者心理。K 线形态是价格波动的反映，而价格波动是多空双方力量权衡的结果，它反映了交易双方的心理变化过程。所以，要通过价格波动的表象去分析投资者的投资心理，才能把握各种 K 线的变化趋势。
- 日线、周线、月线综合使用。同样的 K 线组合，周期越长，可信度越高。日 K 线在日常分析中运用得最多，但是骗线的概率也最大，所以，投资者在用日线进行分析的同时，还应该结合周线、月线共同研判。
- 掌握 K 线组合形态的精髓。投资者通过深入学习会发现 K 线形态具有很多的相似性，这也在使用中给投资者带来了一定的困难。为了避免误认，投资者对相近的图形要反复比较，真正搞清楚它们的区别所在。

- 要灵活应用，K 线组合形态只是经验总结的产物，投资者如果一成不变地照搬组合形态，有可能长时间遇不到合适的机会。因此，投资者应以实际情况为出发点，灵活应用 K 线组合形态分析。

8.5.1　K 线控制系统演示图

传统使用 K 线的方法往往是利于 K 线的各种形态判断未来行情的走向，属于预测未来行情一派，这种使用方式极大地减损了 K 线的威力。K 线的本质反映的是当前行情能量强弱的变化状态，而不用它判断未来的行情方向。下面讲解 K 线控制三字诀。K 线控制三字诀使用条件：一是，快速行情释放。二是，有效 K 线。K 线控制三字诀如下：

- 双阴死。
- 双阳绝。
- 阴阳断。

其中，"双阴死"是指在一段快速向上释放的行情中，出现两根有效阴线，第二根阴线的收盘价要低于第一根阴线的收盘价，如图 8-46 所示。

图 8-46　"双阴死"

"双阳绝"是在一段快速向下释放的行情中，出现两根有效阳线，第二根阳线的收盘价要高于第一根阳线收盘价，如图 8-47 所示。

图 8-47 "双阳绝"

"阴阳断"分为两种情况：一阴断一阳和一阳断一阴。一阴断一阳是指在一段向上快速释放的行情中，出现一根有效阴线的实体吞噬掉之前一根有效阳线或多根无效 K 线的情况，如图 8-48 所示。

图 8-48 阴阳断之一阴断一阳

一阳断一阴是指在一段向下快速向下释放的行情中，出现一根有效阳线的实体吞噬掉之前一根有效阴线或多单无效 K 线的情况，如图 8-49 所示。

图 8-49　阴阳断之一阳断一阴

在实际交易中，有以下几点注意事项：

- 必须是快速释放的行情才能使用 K 线控制。
- K 线控制往往用于对持仓订单的减仓。
- 快速向上释放是指 K 线形态表现为纯阳或阳多阴少。
- 快速向下释放是指 K 线形态表现为纯阴或阴多阳少。

K 线控制规则简单，对于持仓控制效果极佳，下面通过几个实战案例进行详细说明。

8.5.2　K 线控制豆油实战案例

图 8-50 为豆油 2019 年 6 月 28 日至 8 月 14 日一段 4 小时周期的行情。在 7 月 24 日向上突破之后，行情缓慢上行，运行到 8 月 1 日之后，突然

加速向上释放，在不到三周的时间内，上涨 800 点，属于典型的快速向上释放行情。

图 8-50　豆油 2019 年 6 月 28 日至 8 月 14 日一段 4 小时周期的行情

由于行情的迅速上涨，做多单的投资者会在极短的时间内积累巨大的浮动盈利，如处理不当，要么盲目死守，最终空欢喜一场。要么承受不了浮盈的压力，提前平仓离场，导致错失赚大钱的机会。行情的快速释放导致各种指标失效，处于钝化状态，即使是 351 控制系统也难以有效跟踪。

此时，最佳的处理方式是启动 K 线控制。8 月 10 日出现一阴断一阳的 K 线控制信号，应果断减仓，剩余仓位留给 351 控制系统。

8.5.3　K 线控制原油实战案例

原油期货自上市以来就得到了投资者广泛的关注，尤其是日内短线投资者。原油期货波动幅度较大，比较适合日内波段交易。图 8-51 为国内原油期货 2022 年 7 月 26 日的 5 分钟周期行情走势，从图 8-51 中可以看到，原油高开之后形成上三交易机会，突破之后形成连续的向上释放走势。

图 8-51　国内原油期货 2022 年 7 月 26 日的 5 分钟周期行情走势

从释放的 K 线形态可以判定为快速释放，启动 K 线控制。图 8-51 中矩形区间内形成标准的双阴死 K 线控制信号，执行平仓离场的操作，能斩获近 90% 的上涨幅度。

很多投资者热衷于日内波段交易，获利后想尽快平仓离场，使用 K 线控制进行离场操作是十分高效精准的操作。

8.5.4　K 线控制甲醇实战案例

对中长线投资者而言，持仓过程中令人担忧的是行情突然出现 V 形反转，尤其是急速的 V 形反转，会直接导致盈利大幅下降，通过 K 线控制能够高效地把浮动盈利转化为固定盈利。图 8-52 为甲醇 2021 年 9 月至 10 月的日线周期行情走势。进入 9 月以来，甲醇在日线周期上表现出连续的上涨行情，形成纯阳的行情释放，属于标准的快速释放行情。

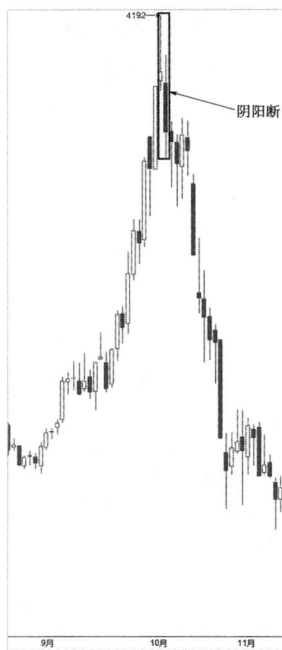

图 8-52　甲醇 2021 年 9 月至 10 月的日线周期行情走势

面临巨大的行情上涨和浮动盈利的增加，持有多单的投资者因缺乏科学的持仓跟踪方法，导致信心爆棚，盲目持仓开始了。进入 10 月初，甲醇在释放途中突然出现阴阳断中的一阴断一阳的 K 线离场信号。此时，我们应果断平仓离场或进行减仓，兑现盈利。

之后行情一路下跌，到 11 月已经回到行情启动的位置。不用 K 线控制，即使做对了行情，依旧会出现空欢喜的尴尬局面。

8.5.5　K 线控制丙烯实战案例

图 8-53 为丙烯在 2018 年下半年的一段日线周期的行情走势。从 7 月至 11 月经历 4 个月的时间，形成规模庞大的双头共振交易机会。

进 11 月初行情开始向下释放，除中间出现几根无效 K 线之外，其他皆是阴线，甚至一度出现跳空低开下跌的情况，力度之强、幅度之大，令人印象深刻。

快速释放的行情最容易出现快速回撤的情况，是否会出现快速回撤，

可以通过 K 线的能量变化情况来捕捉最初的变化。11 月中下旬之后，突然
出现一根大阳线，直接吞噬掉之前的阴线，构成阴阳断中的一阳断一阴的
强烈信号，此时，应立即减仓或直接离场。

图 8-53　丙烯在 2018 年下半年的一段日线周期的行情走势

8.6　波段交易模式

　　波段交易是指在特定的交易周期图表上，使用行情控制系统，捕捉一
段行情释放的交易模式。它是比较流行的一种模式，但也是误解最多的一
种交易模式，很多投资者分不清自己的交易属于哪种交易模式。每当提到
波段交易时，投资者往往认为是做短线的，交易的时间周期比较小。实际
上，这是误解了波段交易，波段属于行情的结构，而非交易周期。

　　我对于波段的定义是：行情的一段释放和交易周期没有关系。大周
期有大周期的波段，小周期有小周期的波段。比如，同样是波段交易，在
5 分钟周期上，一段行情的释放仅有几个小时，在日线周期上，一段行情
的释放可能长达数周。

8.6.1 波段交易模式流程图

波段交易模式流程图可以说是波段交易的导航图，图 8-54 中我们能看出它有很多的线条，有很多的步骤，貌似很复杂，其实非常简单，可分为八大步骤四大循环。

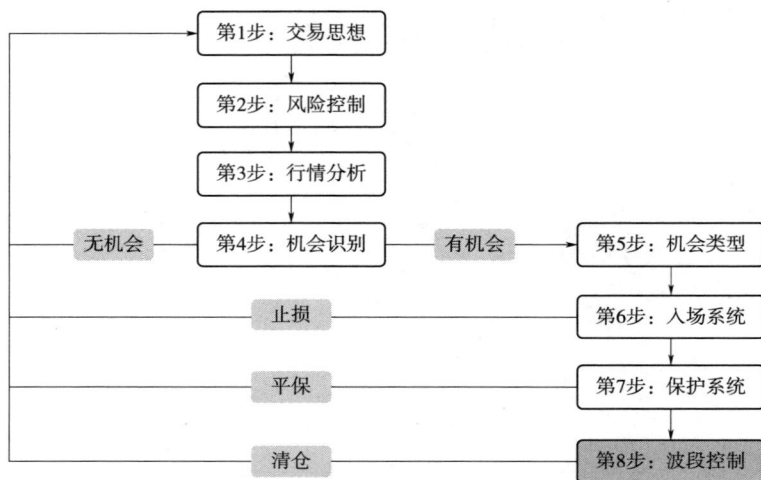

图 8-54 波段交易模式流程图

第 1 步：交易思想

交易思想也叫作交易观，是我们交易的理论根据。它由四大交易理论组成：无向论、能量论、共振论和平衡论。

- 无向论：代表我们对整个市场的看法、平常你是感受不到它甚至感觉它一点儿用处都没有，但是当你真正去做交易时，真正在背后起作用的反而是无向论。比如你在市场中持有一个多单、我让你在市场中再下一个空单，你敢下单吗？你下不进去，为什么？因为此前你持有多单的仓位、决定了你思维的定势。

- 能量论：它是研究市场运行规律的理论，很多人发现市场运行是遵循某一套秩序、某一种规则在进行运行。我们用积累和释放来观察市场运行、看似很简单、看似很朴实、看似很古朴，但它却蕴含着大智慧。

- 共振论：它侧重于交易方法，它的目的是在行情中找到一种独特的走势特征，这种走势特征有什么特点呢？第一，成功率比较高。第二，止损幅度小。第三，盈利的幅度大。简言之，盈亏比较大。多种能量的叠加形成了我们的共振论。
- 平衡论：它是一个总枢纽，它能够解释无向论、解释能量论、解释共振论。为什么它能解释？因为万事万物都有一个本源，都由它生发而出。树之所以枝繁叶茂，是因为它有一个基层的树根、泥土下面的树根决定了树能否开枝散叶、开花结果。

第 2 步：风险控制

它是极其重要的一步，金融市场重要的一个特点就是具有风险性。风险控制的核心在于控住风险，投资者所有的交易行为都必须在可接受的风险范围以内进行。包括资金管理、仓位计算、行情风险和投资者个人风险等。

第 3 步：行情分析

通过能量论来分析行情走势，搞清楚当前行情处于什么状态，是积累状态还是释放状态，有无交易机会等。

第 4 步：机会识别

把那些经过总结、验证、提炼出来的具有盈利效应的固定行情走势称之为交易机会。交易机会分为三种类型：标准交易会、共振交易机会和加仓交易会。标准交易机会分为 12 类，24 个基本图形。共振交易机会和加仓交易机会是标准交易机会的衍生品，不再赘述。

第 5 步：机会类型

经过精密的识别，当市场中有交易机会时，我们要对它进行筛选，并与我们的标准交易图形做对照。把那些最符合要求的机会识别出来、挑选出来。那些符合你内心的或是符合自己练过成千上万遍的图形。这就是属于你自己的交易机会。当机会定好之后，我们就要确定交易机会的类型。一旦确定这个机会，至于叫什么名字，后边的入场、止损就一目了然。

第 6 步：入场系统

交易类型确定好之后，我们开始入场，把单子放到市场里面去，入场系统的关键点在于有效性。什么叫有效性？在满足前面这些流程的前提之下，入场的目的只有一个：把行情的释放抓住。有时你可能入场多次、有时你可能入场一次，无论如何，都要满足入场条件，比如说资金管理符合要求、能量分析看得明白、机会定得死等，这时你才能入场。把入场系统做好，你才能做到行情的释放，你才能做到盈利大于亏损。

入场系统启动后有两种结果：一是，如果入场之后止损了，那么，重新回到流程图的第1步（交易思想）。二是，如果入场成功了，进入我们的保护系统。它有一套法则，而且是固定不变的法则，当你的浮盈等于你的最大止损时，启动保护，也意味着入场成功了。

第7步：保护系统

在保护之后，也有两步：第1步是保护了之后出现平保的情况，这时重新回到第1步。平保的单子你根本就不会亏钱，但是它的出现碰掉你的保护位置，不赚不亏离场。第2步是没有保护，行情继续按照你入场的方向运行，进入控制系统。

第8步：波段控制

波段控制的法则是只做一段行情的释放，使用的工具是K线控制和351控制系统的粉线。它分为以下两种类型：第一种，快速释放。当行情出现快速释放时，采用K线控制，满足K线控制三字诀时，执行平仓离场的操作。第二种，普通释放。当行情出现K线阴阳夹杂释放力度一般时，使用351控制系统粉线控制，价格有效突破粉线，执行平仓离场的操作。

8.6.2 螺纹钢波段交易模式实战案例

图8-55为螺纹钢的15分钟行情走势。从2021年10月11日向下释放之后，经过4天时间能量积累，到10月21日形成下三标准交易机会，经过边线共振之后，构成较为标准的下三共振机会，是不可多得的盈利图形。螺纹钢形成共振交易机会之后，随即向下释放。此时，我们可以直接突破入场空单（图中空单位置）。

共振交易机会往往会带来强劲的释放，从之后的走势，可以看出，螺纹钢一路向下大幅度释放，K线呈现出纯阴的经典快速放释放特征，启动K线控制，到10月22日，出现"双阴死"，满足K线控制条件，根据波段交易法则，直接平仓离场，此次操作斩获近 90% 行情释放的幅度，几乎平仓到行情最低点。

图 8-55 螺纹钢的 15 分钟行情走势

8.6.3 棕榈油波段交易模式实战案例

棕榈油在 7 月 14 日向上突破上三标准机会能量积累区间，早已埋伏好的多单顺利进场，多单位置，如图 8-56 所示。在释放的过程中，并没有出现快速释放的情况，而是呈现出阴阳 K 线夹杂，不断创出信号的普通释放特征。

图 8-56 棕榈油向上突破上三标准机会

在普通释放过程中，不能采用 K 线控制，在对多单启动保护之后，应选择 351 控制系统的粉线进行持仓控制。在行情进行普通释放时，粉线的跟踪最为紧密，使用 K 线控制会造成过早离场的情况。

启动 351 控制系统粉线跟踪之后，行情一路蜿蜒向上运行，中间出现幅度较小的回撤，只要尚未有效突破粉线，就只管持仓。7 月 27 日，一根大阴线直接有效向下突破 351 控制系统的粉线，根据波段交易法则，直接选择平仓离场。

8.6.4　沪铜波段交易模式实战案例

图 8-57 为沪铜日线级别的行情走势图，由于沪铜是著名的国内商品期货合约，波动幅度大，成交活跃，因此，一般投资者很难把握。2020 年，沪铜从 4 月至 11 月，经过大约 7 个月时间的能量积累，最终形成庞大的上三标准交易机会。根据能量论的原理，大积累带来大释放，沪铜接下来的释放值得期待。

图 8-57　沪铜日线级别的行情走势图

2020 年 11 月中旬，沪铜向上强力突破，经过 4 天时间的小积累之后，开始快速地向上释放。这里需要注意的是，判断行情释放的状态，应在启动保护系统之后，因为在保护之前已经有了一段行情，直接决定行情释放的状态，从而为选择控制策略提供依据。从图 8-58 中我们可以看出，在启动保护之后，之前的行情释放属于典型的快速释放行情，选择 K 线控制策略。随着行情的继续向上运行，力度明显减弱，无效 K 线开始增加，但并没有满足 K 线控制的条件，出现这种情况，应及时观察 351 控制系统短波线（粉线）的跟踪情况。由于大量无效 K 线的出现，直接把 351 控制系统的短波线（粉线）拉升到价附近，此时应选择 351 控制系统的短波线（粉线）进行跟踪控制，更符合当前的行情释放情况。进入 2021 年 1 月，沪铜向下突破粉线，直接平仓离场。

图 8-58　典型的快速释放行情

8.6.5　苹果波段交易模式实战案例

图 8-59 为苹果 2020 年 9 月至 10 月 30 分钟周期的一段行情。

图 8-59　苹果 2020 年 9 月至 10 月 30 分钟周期的一段行情

从图 8-61 中我们可以看出，苹果形成上三标准交易机会。在 10 月 21 日一根大阴线砸破上三标准机会下边线，有效向下突破，开进空单。之后行情一路向下快速释放，力度强，幅度大，中间仅出现几根无效的阳线，选择 K 线控制。10 月 27 日，一根大阳线吞噬掉之前 4 根阴线，满足阴阳断 K 线控制条件，应平仓离场，收获极大。

8.7　趋势交易模式

趋势交易是主流的交易模式，起源于道氏理论，是定向派的鼻祖。随着交易技术的发展，由道氏理论衍生出的交易方法更是纷繁复杂，绝大多数的交易系统都是对道氏理论的修补和完善。下面我们简单了解传统的趋势交易。在一个价格运动当中，如果其包含的波峰和波谷都高于前一个波峰和波谷，则被称为上涨趋势；相反，如果其包含的波峰和波谷都低于前一个波峰和波谷，则被称为下跌趋势。如果后面的波峰与波谷基本与前面的波峰和波谷持平，则被称为震荡趋势，或者横盘趋势抑或是无趋势。

在技术分析方法中，趋势的概念是核心内容之一。投资者采用的大多数分析工具，诸如支撑位和阻力位、价格形态、移动平均线和趋势线等，都是用来辅助估计市场趋势，从而顺着趋势的方向交易。在市场中"永远顺着趋势交易""趋势是你的朋友"等论断已成为大多数交易者提醒自己时刻遵守的规则。

那么，什么是趋势？趋势是指两段以上的释放组成的行情走势。

8.7.1　趋势交易模式流程图

趋势交易流程图和波段交易流程图类似，如图 8-60 所示，区别在于第 8 步上。从本质上来看，波段交易和趋势交易的不同之处在于控制的方式上。波段交易采用的是波段控制方式，使用的工具是 K 线控制和 351 控制系统的粉线。趋势交易采取的是趋势控制模式，使用的工具是 351 控制系统的绿线、控制通道和平衡位。

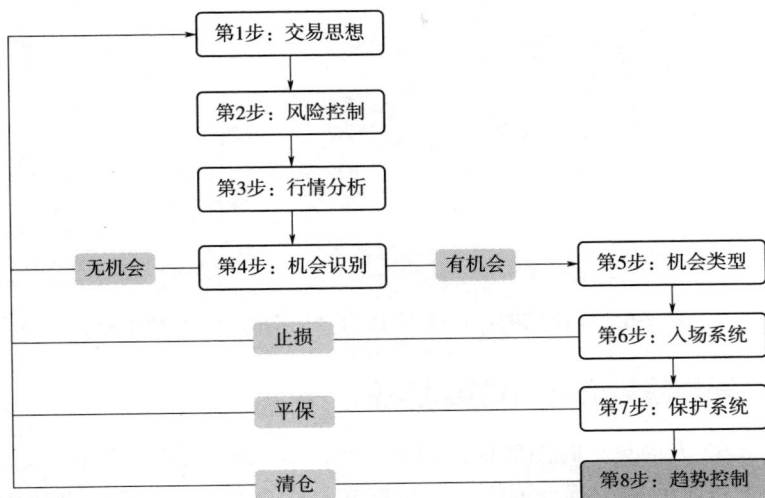

图 8-60　趋势交易模式流程图

趋势交易模式和波段交易模式前 7 步均相同，这里不再赘述，重点讲解第 8 步趋势控制。一是，当持仓订单启动保护之后，价格有效突破 351 控制系统的短波线（绿线），执行平仓离场的操作。二是，当行情释放的形态可以满足绘制通道的条件时，启动通道控制，当价格同时突破控制通道和 351 控制系统绿线时，执行平仓离场的操作。

8.7.2　白糖趋势交易模式实战案例

图 8-61 为白糖 2021 年 11 月 15 分钟周期的一段行情走势，经过一个月时间的积累之后，形成上三共振交易机会，可以选择直接挂单入场。不过，在 11 月 23 日出现大阴线向下直接突破，触发之前埋伏的空单成交，空单顺利入场，之后行情一路向下释放。启动保护系统之后，通过观察得知，该段向下释放的行情十分不顺畅，创新低后迅速回撤，之后再创新低，显然不属于快速释放，不能用 K 线控制。由于释放的途中每次新低后，都展开力度较强的回撤，不属于普通释放，不能用 351 短波线控制。唯一能选择的是趋势控制模式，采用 351 控制系统绿线跟踪行情的释放。至 12 月 7 日，短波线被有效突破，执行平仓离场。

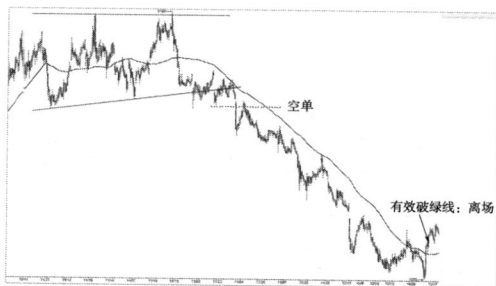

图 8-61　白糖 2021 年 11 月 15 分钟周期的一段行情走势

8.7.3　郑棉趋势交易模式实战案例

图 8-62 为棉花小时图周期的行情走势，2021 年 3 月 26 日到 6 月 24 日经过 3 个月时间的运行，形成上三标准交易机会。棉花属于波动较为剧烈的行情，在交易时至少选择 60 分钟周期。

图 8-62　棉花小时图周期的行情走势

进入 2021 年 7 月之后，棉花向上有效突破，多单顺利入场，如图 8-63 所示，之后展开行情释放。多单在执行保护系统之后，整个释放的过程可谓是一波三折，每次创新高后，均出现较大的回撤，趋势线（MA66）也曾一度被突破。对于趋势行情不能急于离场，要使用有效的控制工具尽量不平仓。根据趋势控制的规则，可以通过控制通道来辅助 MA66 的控制。2021 年 8 月 20 日，价格既突破了 351 控制系统的绿线，又突破了控制通道，此时选择平仓离场。需要注意的是，在做趋势控制时，如果我们能够绘制控制通道，就要启动控制通道。当价格同时突破351 控制系统的绿线和控制通道时，再执行平仓的操作。

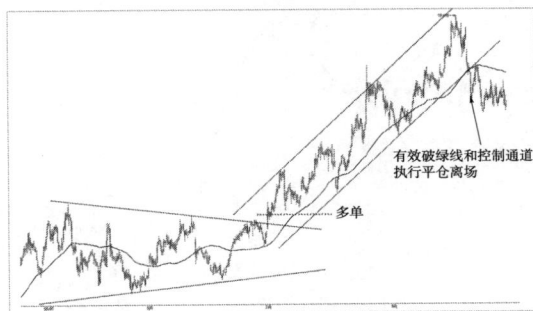

图 8-63　棉花展开行情释放

8.7.4　菜油趋势交易模式实战案例

图 8-64 为菜油 2022 年 3 月至 6 月的 1 小时行情图，属于标准交易机会中的上 V 机会，上 V 交易机会是特殊的一种交易机会，不直接用于交易，需要和小积累配合形成 V 形共振交易机会。经过在前高的能量积累之后，在 6 月 13 日形成经典的上 V 共振交易会，也称为博弈性双头。

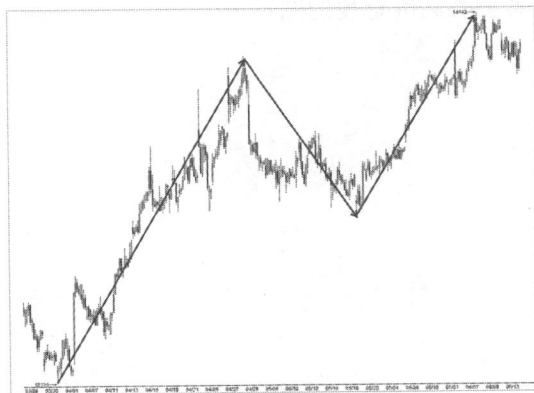

图 8-64　菜油 2022 年 3 月至 6 月的 1 小时行情图

菜油在 6 月 15 日向下释放，根据 V 形共振机会的入场法则，建立空单。随后行情一路向下急速释放，7 月 18 日向上有效突破 MA66，平仓离场。菜油的该轮向下释放，由两大段快速释放的行情组成，通过趋势控制模式能够准确地捕捉，如果单纯的使用波段交易模式，容易导致错失第 2 波行情释放的结果，如图 8-65 所示。

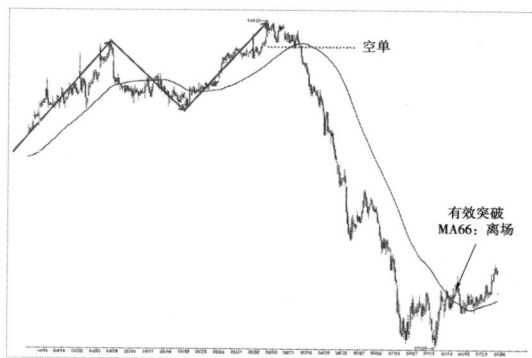

图 8-65　菜油行情向下释放

8.7.5　铁矿石趋势交易模式实战案例

图 8-66 为铁矿 15 分钟周期的行情走势。从 2022 年 1 月 18 日到 2 月 14 日，行情走势跌宕起伏，最终形成十分标准的双头共振交易机会。共振交易机会是机会之"王"，具有盈亏比大，成功率高，潜在的盈利幅度大的特点，是投资者务必高度重视的图形。

图 8-66　铁矿 15 分钟周期的行情走势

铁矿在 2022 年 2 月 14 日向下有效突破，空单顺利进场，如图 8-67 所示。之后行情展开两波快速释放，2 月 21 日向上有效突破 351 控制系统绿线，平仓离场。

图 8-67 铁矿向下有效突破，空单入场

8.8 持仓控制系统实战交易综合案例

通过学习波段控制和趋势控制，已经基本了解如何对持仓订单进行离场操作。但是行情的释放是复杂的，通过能量论可知，积累之后必然进行释放，具体未来的行情是哪种释放形式，是没有人能够知道的。那么，面对这种情况该如何进行处理？

无论未来的释放行情是波段释放还是趋势释放，都是从波段行情开始，多个波段行情形成趋势行情。这就需要在跟踪行情的过程中，选择合适的控制策略，并能够灵活调整，这是整个交易的核心：入场系统决定了亏损的多少，控制系统才是盈利的核心。

下面讲解综合使用控制策略，既能做到波段行情，又能做到趋势行情的高级综合操作模式［简称为破短波线（粉线）减仓，破趋势线离场。粉线用来做波段，绿线用来做趋势］，操作流程如下：

第 1 步：持仓订单保护后，满足波段控制条件，执行减仓一半的操作，不全部离场。

第 2 步：当价格满足趋势控制条件后，对剩余持仓再进行平仓离场。

下面以螺纹钢小时图为例进行介绍

图 8-68 为螺纹钢小时图行情走势，从 2021 年 2 月 8 日至 4 月 1 日形成上三共振交易机会，多单通过挂单入场，止损放在上三共振机会能量积累的中间。

图 8-68　螺纹钢小时图行情走势

　　经过两周的横向运行之后，螺纹钢继续上攻，来到保护位置，启动保护系统。随后，行情展开快速向上释放行情，一度出现涨停。由于是快速释放行情，首选波段控制方式中的 K 线控制策略，5 月 10 日涨停之后出现"双阴死"的 K 线信号，执行第 1 次减仓，平掉一半的仓位。5 月 13 日行情突然向下运行，大阴线向下有效突破 351 控制系统的短波线（粉线），执行第 2 次减仓，平掉剩余仓位的一半。随后，螺纹钢向下快速运行，有效突破 351 控制系统的趋势线（绿线），平掉剩余所有仓位，交易结束。

　　通过波段交易和趋势交易的相互配合，既做到了波段行情，同时也做到了趋势行情，将大部分浮盈转化成了固定收益，不浪费行情，如图 8-69 所示。

　　图 8-70 为螺纹钢之后的行情走势，形成大 V 反转的走势。如果不能合理使用持仓控制系统，即使入场了多单，也可能导致赚不到钱，甚至亏钱的情况。

图 8-69　波段交易与趋势交易相互配合

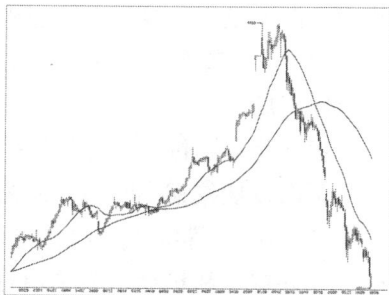

图 8-70　螺纹钢行情反转

第 9 章

快速提升盈利能力的
反馈系统

9.1 学习交易的方法

稳定交易的能力不是与生俱来的，大家需要通过学习才能获得。有很多交易员买了很多交易的书籍，参加了无数个培训班，交易结果依旧不甚理想。其中一个重要的原因就是没有按照科学的学习方法，导致浪费了时间和金钱。

怎样学习交易才是高效的呢？我们把大脑能记住的内容，在所学的知识中所占的百分比称为知识留存率。戴尔先生认为，知识留存率在30%以下的几种传统学习方式，都属于被动学习；而知识留存率在50%以上的，才是主动学习。

下面介绍美国著名视听学习专家埃德加·戴尔在20世纪50年代提出的"学习金字塔"理论，如图9-1所示。

学习内容平均留存率

被动学习	听讲（lecture）	5%
	阅读（reading）	10%
	视听（audiovisual）	20%
	演示（demonstration）	30%
主动学习	讨论（discussion）	50%
	实践（practice doing）	75%
	教授他人（teach others）	90%

图 9-1 "学习金字塔"理论

从塔尖开始，第一种学习方式——"听讲"，就是我们最熟悉、最常用的方式，也就是老师在上面讲，学生在下面听，不过这种学习效率却是最低的，两周以后学习内容的平均留存率只有5%。

第二种，通过"阅读"方式学到的内容，学习内容的平均留存率为10%。

第三种，通过"视听"方式，即用"声音、图片"的方式学习，学习内容的平均留存率可达 20%。

第四种，通过"示范"学习，学习内容的平均留存率可达 30%。

第五种，通过"讨论"学习，学习内容的平均留存率可达 50%。

第六种，通过"实践"学习，学习内容的平均留存率可达 75%。

第七种，在金字塔基座位置的学习方式，是"教授他人"，学习内容的平均留存率可达 90%。

当我知道了"学习金字塔"理论时，突然意识到了为什么仅仅好好听课的同学不一定能取得好成绩，因为听讲属于一种被动学习的方式。传统的听讲型学习方式的"知识留存率"如此之低，让我感到意外和震惊。如果你想要提升知识留存率，你就必须主动采取主动的学习方式。

9.2　用刻意练习提高交易盈利能力

我强烈推荐大家看《国王的演讲》这部电影。故事主人公约克郡公爵（乔治六世）因患口吃，无法在公众面前发表演讲，这使得他在公众面前接连出丑。但是他通过日复一日的训练，居然可以克服口吃这样的生理和心理障碍，最后在第二次世界大战前发表了激动人心的演讲，鼓舞了战士们的士气。

又如刘翔。我们只看见他在赛场上的风驰电掣，一骑绝尘，可是为了赛场上这 10 多秒的辉煌，他从 7 岁开始苦练，不知跑了多少个一万小时，流了多少汗水，经历了多少挫折和失败，才换来了"阳光总在风雨后"。

《国王的演讲》中的主人公和刘翔一样，都拥有同样的品质。你想想，那是什么呢？答案是：勤奋。不管是交易、体育、艺术，还是演讲，你想在任何一个领域获得成功，都离不开勤奋刻苦，反复练习。众所周知天道酬勤的道理，但如何高效地勤奋刻苦就很少有人知道了。

作家格拉德威尔在《异类：不一样的成功启示录》一书中说道："人们眼中的天才之所以卓越非凡，并非天资超人一等，而是付出了持续不断的努力。一万小时的锤炼是任何人从平凡人变成世界级大师的必要条件。"

　　他的研究显示，在任何领域取得成功的关键与天分和基因的关系不大，却与练习时长密切相关，至少需要练习一万小时才有可能取得成功，这被称为一万小时定律。我们常说的"十年磨一剑"，其实也是这个道理。

　　一万小时定律是有认知神经科学作为理论支撑的。我们每完成一个动作需要激发很多个神经元，如果这个动作被反复做，那么这些神经元就会被反复地一起激发。而神经元如果经常被一起激发，它们最终就会连在一起。所以，不断重复的过程就是让神经元建立连接的过程，长期的重复训练其实是驯服大脑的一个过程，它让大脑获得了特殊的神经结构，让我们的知识和技能不断巩固。

　　一万小时定律并不完全是指时间长度，更多的是要采用正确的学习方法和策略，避免低水平的重复。那怎么做才不是低水平的重复呢？答案是：刻意练习。它是 1993 年瑞典心理学家 K. 安德斯·埃里克森及其同事提出的，是指以提高某领域的水平为目的，有计划、有针对性地进行训练。刻意练习不是普通的练习，不是低水平的重复，是有目的的练习。比如，在体育训练的过程中，普通运动员更喜欢练习自己早已掌握了的动作，而顶尖运动员则更多地练习各种高难度的进阶动作。埃里克森的这个观点在学术界产生了深刻的影响，被学术界一直沿用至今。

　　既然刻意练习强调的是有效的练习，那么，怎样才是有效的练习呢？最重要的一点是要找到你的"学习区"。在认知科学领域，有一个被广泛讨论的"三区理论"，该理论的提出者是美国密歇根商学院的教授诺尔·迪奇，他是世界知名的领导力变革专家。迪奇教授把知识和技能的学习分成了一环套一环的三个圆形区域，它们分别象征着舒适区、学习区和恐慌区，如图 9-2 所示。

　　最内一层是"舒适区"，这个区域中是我们已经熟练掌握的各种技能。如果一直在这个区域里展开练习，其实是低水平的重复。比如，很多交易员看似一直在不断地做自己已经会了的有效突破入场模式，其实不过是待在"舒适区"而已。

　　最外一层是"恐慌区"，这个区域中是我们暂时无法学会的交易知识和技能，也就是超出我们能力或理解力范围的知识和技能。

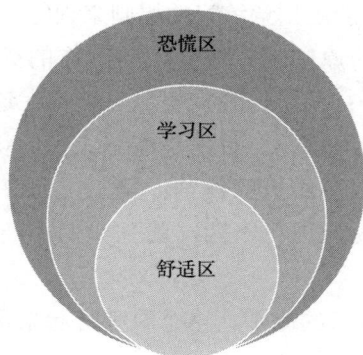

图 9-2 "三区理论"

在"舒适区"和"恐慌区"中间则是"学习区",这个区域中是最适合我们现在学习的知识和技能。比如,我们读一本书,但这本书的内容与我们原有的认知不符,而我们思考之后仍然能够理解、接受,那么这本书的内容就在"学习区"之内。只有我们身处"学习区",并且开展有"针对性"的练习,这样的学习才是真正高效的学习。持续进步的关键就是在"学习区"进行学习。

不过,刻意练习并不是一个轻松的过程。一是,因为刻意练习要求重复训练,而大家并不喜欢机械地重复。二是,因为刻意练习时你需要不断挑战自己,你经常会犯错误和遭遇挫折,但还是要不停地重复这个痛苦的过程,直到真正学会为止。

一万小时定律并不完全是指时间长度,还需要刻意练习。练习的精髓就是持续做自己做不好的事情,成功都是奋斗出来的。大家记住一个公式:

$$成功 = 刻意练习 × 一万小时定律$$

9.3 交易反馈系统使用原则

可是我们大多数的行业其实是不符合这个标准的,很多情况下并没有最高效的方法体系和专门从事教练的一流导师。那这怎么办呢?我们可以退而求其次，尽最大可能用刻意练习的原则来训练。

什么是刻意练习的原则呢？第一，明确你的高绩效的目标，我想要实现哪方面能力的提升；第二，我们要尽可能找在这个领域中最优秀的专家，或者高手，或者经典书籍，目的是能够让我们和这个领域高水平的心理表征进行对比，获得高质量的反馈；第三，研究这些杰出人士或者成功案例背后可能的成功原因；第四，就是我们不断地投入时间和精力去训练。

这四点就是刻意练习的原则。这个原则听起来很简单，但是如果能够切实应用，效果惊人。

这就是一个在没有有效反馈的工作中，运用刻意训练原则提升效能的方法。我们工作中也常常会有这样的情况，你的工作是整个项目流程中的一个环节。比如，你是做平面设计的，或者编程开发的技术人员，我们不知道成果怎么样影响结果，我们的工作能力就很难提高，工作几年后会觉得自己在吃老本。刻意训练的原则就告诉我们：我们要想办法把自己的工作和最终结果之间建立起联系。比如，这次做的平面设计，哪些地方客户评价很好，哪些地方客户不满意，是什么原因，可以和自己的同事、相关的部门人员一起讨论改进方案，然后自己再刻意练习，下次继续改进。从而不断提升自己的能力。

9.4 交易反馈系统使用流程

市场如同一面镜子，你的每一个交易动作，市场本身就会给你提供即时的反馈。比如，建立多单之后，市场之后的走势会明确告诉你是盈利还是亏损，这是交易员能够切身感受得到的。盈亏的结果刺激交易员的心理活动，时而开心时而忧虑，激发本能的反应，容易造成频繁交易的情况。为了避免此类情况的发生，必须为反馈系统的使用建立严格的流程，从而摆脱情绪的控制。

交易反馈系统使用流程步骤：

第 1 步：建立交易的操作标准。

无论是你采取波段交易还是趋势交易的模式，最终都会有一个交易的流程，在交易系统中，每一个交易流程的节点上都是具体的交易动作，有十分严格的标准，比如入场系统，其中有一种类型是有效突破直接入场，规定了有效突破的具体标准：一是有效 K，二是阴阳半，三是双 K 确认。当出现三者其中之一时，就满足了有效突破的入场条件，这就是标准。没有这个标准，无法形成有效的反馈。

第 2 步：撰写交易日志，记录每一个交易动作和市场动态。

在交易过程中，撰写交易日志记录交易动作能够有效地避免情绪化交易的出现，确保交易不偏离交易计划。交易动作的记录格式是：现在的市场状况＋下一步要执行的交易动作，属于即时的反馈。

第 3 步：交易了解后，依据交易流程图，对照交易标准依据交易流程图，逐一反馈。交易的整个过程分为：交易准备阶段→入场阶段→持仓控制阶段。在交易准备阶段具体的反馈是：交易心态、风险控制、交易机会；在入场阶段具体的反馈是：入场的条件、入场的时机、止损的处理等；持仓控制阶段具体反馈的是：减仓是否符合条件，加仓是满足机会等。

第 10 章

管理和控制交易风险

10.1　交易为什么会有风险

如果要管理和控制好交易风险并为我们所用，就一定要明白了解风险的来源和起因。那么，交易过程中，风险是怎么产生的呢？

很多新手交易员会认为，风险来源于交易行为，即自己要交易、要入场，就需要承担一定的风险，才有可能获得一定的收益。听起来貌似是对的，但又不是全对。我们一起做次实验，假如存在一个物价恒定的交易市场，在这个市场里仅仅进行各取所需的交易，那么，你的交易行为会不会存在风险？显然不会，这是因为物价保持不变。所以，交易的风险并非来自于交易行为，而是来自于价格的波动。通俗来讲，你选择入场，是你选择承受市场价格变动风险的开始，即便你不选择承受，也会有其他人选择承受，毕竟市场价格一直在波动中，风险一直都存在。

投资者愿意承担交易风险，并且获得合理的预期收益，是建立在市场价格波动的基础上。承担风险和获得收益的源头，在于市场上价格的波动。比如，我们买卖期货，产生盈亏，是因为期货价格的波动；买卖外汇，产生盈亏，是因为外汇价格的波动。

那么，再进一步探究，为什么有人会觉得股票交易风险小，而期货交易风险大呢？很多投资者都会说：因为期货有杠杆。那么什么叫杠杆？通俗的解释是不需要支付全部的资金，只需要支付少量的保证金，通常为总资金的10% ～ 15%，就能够买到相应的商品，而这批商品本身是具有价值的，显然这批的价值要高于所付出的保证金。那么，期货交易之所以风险大，就是由于买卖的货物价值高于所缴纳的保证金。同时，商品价格的波动，是根据商品本身的价值产生的，而非所缴纳的保证金，用少量的保证金承担了商品价值产生的价格波动，因此，期货交易的风险要远大于股票交易的风险。

论证到此处，可能有人还会认为风险的来源并不是价格的波动，而是交易保证金的多少，保证金多风险就小，保证金少，风险就大。我们继续说明，在现行的期货交易规则当中，并没有任何一条规则强制规定你必须要满仓操作。回想一下，在你签开户合同时，合同的每一页都印有期货有风险投资需谨慎的警告语。所以，交易杠杆是客观存在的，但是承受多大的风险是你在交易之前就可以人为确定的，仓位和止损幅度的大小决定你所能够承受交易风险的大小，显然保证金的多少并非交易风险的来源。

综上所述，交易风险的来源，并不是杠杆大小，而是市场价格的波动。

那么，杠杆有什么意义呢？很多人会本能地脱口而出，以小博大。其实，期货市场产生目的是转移商品价格波动的风险，是让一部分有实物需求或者实物供给的交易商能够提前锁定商品的价格，从而锁定一段时期内的风险程度，而将风险转移给期货投机者。

杠杆对于那些有实物需求或者供给的交易商而言，减少了他们锁定价格所付出的资金成本；对于投机者而言，则减少了承担该部分风险所需要的资金。对于有套保需求的投资者而言，杠杆能够帮助他们更方便地锁定风险。因此，对于不同目的的交易者而言，市场里已有商品按照标价定价的价值并没有减少，减少的是承担价格波动风险的资金。

让杠杆真正发挥威力的是仓位大小，比如，用 5% 的仓位做多，如果商品的价格跌到 0，去掉手续费，本金正好为 0。但是，当仓位为 10% 时，价格只要跌到买入价格的一半，本金已经损失完了。反过来讲，如果商品价格上涨，不用涨一倍就能翻倍，只需上涨 50%，收益就已经翻倍了——这就是杠杆，同时放大了收益和风险。

10.2 交易风险的种类

期货市场自出现以来，经过不断地发展和完善，其风险特征也是自成一派。众多学者与金融学家认为，期货投资交易中的风险普遍来源于委托、交易、市场、流动性四个方面，同时还存在一些意想不到的风险种类。

1. 经纪委托风险

它主要是指投资者与期货经纪公司之间，可能存在的风险，具体来自以下三个方面：

一是，操作风险，是指期货交易所、期货公司、投资者等市场参与者由于缺乏内部控制、程序不健全或者执行过程中违规操作对价格变动反应不及时或错误预测行情，以及操作系统发生故障等原因造成的风险。这是一种投资者无法主动控制的风险，只能在投资中多加注意。换而言之，操作风险是指由于操作不当而引发的风险。具体来讲，操作风险是由于错误或不完善的操作过程、系统、操作人员或外部事件造成的直接或间接的损失。

二是，信用风险，又称违约风险，是指期货市场中买方或卖方不履行合约而带来的风险。根据历史情况来看，许多重大的金融灾难表现为市场的失控和投资主体的信用风险。但这只是一个简单的表现形式，其本质是涉及操作的问题并由此引发了风险。

三是，法律风险，由于投资者法律知识不足，在投资过程中容易遇到法律风险，比如，因合同不健全、法律解释的差异、交易对象是否具备正当的法律行为能力等因素，都可能对投资者造成一定的损失。比如，因为国家法律、法规、政策的变化、期货交易所交易规则的修改、紧急措施的出台等原因，致使投资者持有的未平仓合约可能无法继续持有，投资者必须承担由此导致的损失。

2. 投资交易风险

是指投资者在交易过程中，由于交易操作原因造成的风险，包括强平风险和交割风险。强平风险是指期货经纪公司在每个交易日进行结算，当投资者保证金不足时，期货经纪公司会强行平仓。在期货实际交易中，由于当日无负债结算制度的存在，很有可能出现投资者携带十万元资金入场其亏损会达到二十万元的情况。因此，投资者应当随时关注自己的交易保证金是否充裕。

交割风险是指投资者在期货合约到期前不能及时完成对冲平仓操作，就要承担交割责任，需要准备足够的资金或者实物进行交割。实物交割对于一般的投资者是不现实的，所以，应极力避免此种情况发生。对投资者而言，如果不选择实物交割，那么在临近交割期时最好不要再持有相应的合约。

3. 市场本身风险

市场本身的风险包括价格的波动、市场的不确定性、交易保证金制度

的特点等都会使投机者面临更大的风险区间。它是一种来源于投资者自身
操作的风险，如果投资者具备科学的风险控制策略，此类风险会得到较好
的控制。

同时，风险与收益并存是市场的主要特征，投资者应根据自己承受
风险的能力，选择风险高或低的投资方式。期货与现货的交易规则是有差
异的，这种差异性会形成一定的风险，对此不注意的投资者往往会造成损
失。投资就会有价格的波动，市场价格波动风险属于市场风险中的一种。
在期货交易中，市场价格波动频繁且由于实行的是保证金交易，投资者的
盈利或损失都被放大了，所以，市场风险是投资者面临的最大风险。

4. 流动性风险

流动性风险是指投资者难以及时成交的风险，其中移仓成本是流动性
风险中最重要的。难以及时成交，避免不了出现移仓成本（它主要由两个
合约间的基差及交易成本构成），当合约间基差变化超过正常区间时会产
生移仓风险。

流动风险除了期货品种本身的流动性以外，还有来自交易过程的延
迟性。导致交易延迟的原因包括交易软件、人为失误等方面。对于这种风
险，投资者只能根据实际情况，选择相对更好的处理办法。由于较远期合
约的流动性太差，为了成交必须在价格上做出更大的让步，这导致其交易
成本更加昂贵。如果事先持有期限较短的合约头寸，在它到期时转到下一
个合约，其操作又过于复杂。投资者在应对此类风险时，可以通过选定合
适的基差区间进行少量、分批移仓处理。

10.3　亏损透视——资金是如何变少的

无论是成熟的交易员，还是刚刚入门的新手，总会出现资金账户亏损
的情况，甚至会有爆仓的情况出现。那么，账户资金到底是如何减少的？
这个问题我们必须要搞清楚，如果不搞清楚，资金还会不断地减少。只有
及时找到亏损的原因，把交易的漏洞补上，才能够把亏损控制住，把交易
风险控制住。

10.3.1　资金变少的原因

导致账户亏损，资金变少的原因大致有四个类型：积少成多型、得意忘形型、情绪炸裂型、天灾人祸型。

1. 积少成多型

它是指小幅度的频繁亏损，积少成多，造成大亏。对于新手交易者来讲这种类型很常见，新手交易者认为自己是一个新手，资金投入小，账户只有很少的钱，不怕亏。于是不管亏损的问题了，结果因为麻痹大意，认为自己频繁交易不会造成多大的损失，但最终积少成多造成大亏。资金曲线如图 10-1 所示。

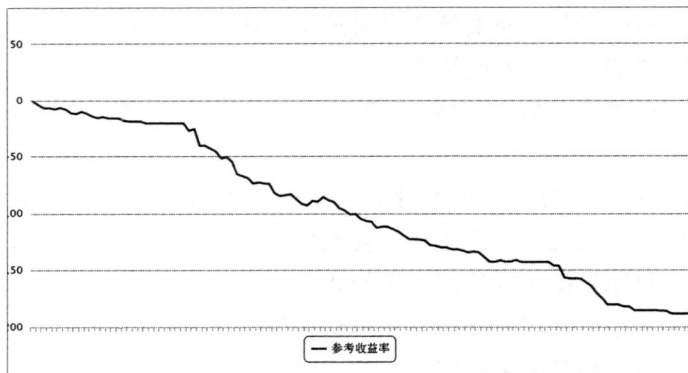

图 10-1　积少成多型资金曲线

积少成多型的表现特征如下：

- 风险控制很好，每一单亏得都不多，仓位也不大，没有出现大幅度亏损。
- 连续的小亏次数比较多，行情不断地往下运行，资金曲线不断地往下走。虽然资金管理、风险控制还是不错，但是几乎每一笔都是亏钱的，成功率很低。
- 资金曲线没有出现任何反弹，没有捕捉到大幅度释放的行情。

我们可以发现这种类型的交易是没有做到行情释放，一直是在能量积累当中去做单。因为能量积累时上、下边线之间幅度区间并不是很大，非常容易导致连续亏损，入场多单会亏损，入场空单也会亏。虽然每次亏得都不多，但是由于是连续亏损，形成累积的效应，造成大亏。如果你能够做一波行情释放，资金曲线应该会往上运行。因为做不到行情的释放，无法抵消亏损，你的资金曲线显然会往下运行。

2. 得意忘形型

它是出现在盈利之后的随机交易，投资者造成突然的大亏。

得意忘形的第一个特征就是赚钱得意了。很多交易员通过学习各种交易方法，赚到了一波、两波行情，结果感觉自己不得了。然后就会因为过分的自信导致随机交易的产生。

由于曾经的盈利，认为自己有了交易经验，不再害怕亏损了，对于交易动作的执行也就没有那么彻底了，对交易计划地制订也没有最初的周密了，导致断崖式的亏损。资金曲线图如图 10-2 所示。

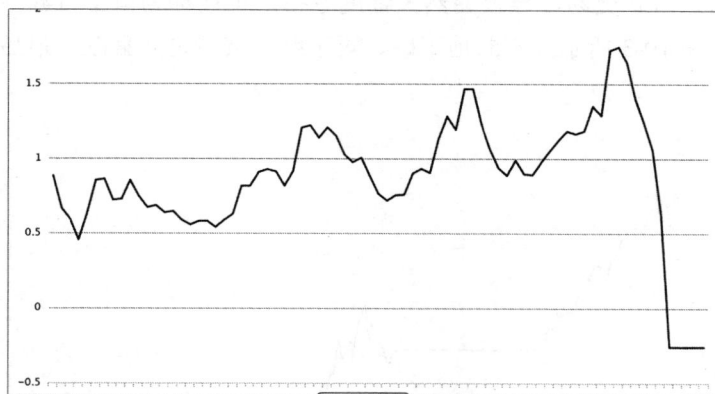

图 10-2 得意忘形型资金曲线

得意忘形型的表现特征如下：

- 具备稳定盈利的能力，能够保持一段时间的稳定盈利。
- 出现急速的、大幅度的资金回撤。
- 改变交易规则，过分自信，随意增加仓位。

在交易市场经常会提到：一个成功的交易员应该能够做到长期稳定盈利。这里的长期是多久呢？是一周、一个月、一年还是十年？

其实，交易能力和生活中的其他技能并不相同，比如学习游泳，经过几天或者十多天的学习就能初步掌握游泳的方法，一旦学会了游泳，一辈子都不会忘记，无论间隔多长时间，只要到了水中很快就能游起来。而交易却不是这样的，它是阶段性的，并且阶段性的时间非常短，只要你不按照规则做交易，马上就会导致亏损。无论之前的交易有多么的成功，如果说你开始大意了，认为自己是成功的交易员，无论怎么操作都能盈利，那么，结果必然会导致大幅亏损。

真正的稳定盈利并不是一种结果，稳定盈利是一种状态。也就意味着每当你坐到电脑前开始做交易时，你的交易计划是完备的，交易的思路是清晰的，交易流程没有出现纰漏，交易动作是准确的，就是一个稳定盈利的交易状态，就能始终与交易系统保持一致。

3.情绪炸裂型

是指你始终处于一种亏损的状态，情绪完全受不了了，从而出现重仓、满仓赌博式交易，导致突然大幅度亏损，也被称为自暴自弃型。资金曲线图如图 10-3 所示（不断地下跌、再下跌，突然之间猛跌，最后以爆仓结束）。

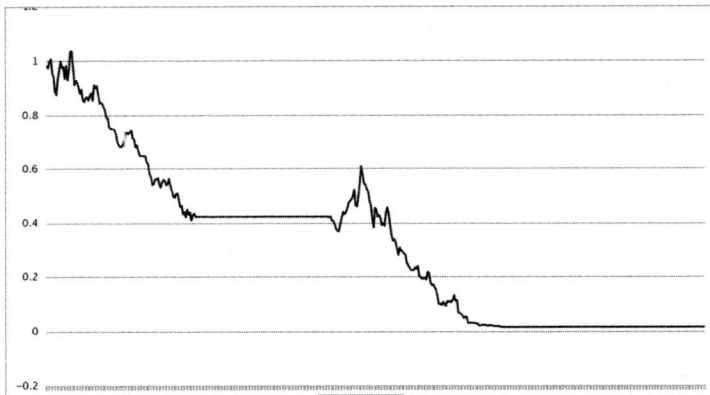

图 10-3　情绪炸裂型资金曲线

情绪炸裂型的表现特征如下：

- 缺乏最基本的交易知识和交易能力，长期保持亏损状态，几乎没有赚过钱。
- 改进交易方法后，继续亏损。
- 精神处于崩溃、绝望状态。

情绪炸裂型的投资者长期保持亏损状态，没有赚过钱，赚钱几乎成了一种梦想。这种长期的亏损状态，说明他们缺乏最基本的交易知识和交易能力。首先是没有接触或学会一套可以在市场当中实现稳定盈利的方法，其次是学习了一些能盈利的交易方法，但是缺乏操作交易系统的能力。仅凭自己的本能去做交易，导致长期的亏损。

在交易市场里有很多交易者都曾经有过情绪炸裂的情况。有很多交易员都曾经使用一些错误的交易方法，错误的交易知识，加之对自身的能力认知不足，在市场中盲目亏损了很多的资金，背负了很大的债务，承受巨大的精神压力，处于绝望的状态，而情绪一旦炸裂亏损就会随之而来，而且亏损会越来越猛烈。

4. 天灾人祸型

是指对风险事件处理不当或交易软件等客观问题，导致大幅度亏损。是非人为造成的交易事故，比如网络中断、交易平台出现交易故障等无法抗拒的交易事故。对于天灾造成的事故只能够靠个人的运气，没有很好的解决方法。

不过，人祸却是交易者自己造成的错误，比如不熟悉交易软件造成下错单、平错仓等，还有的交易员在市场行情不利于自己的交易系统的情况下进行交易等，这些人为因素导致的交易事故，造成了大幅度的亏损出现，资金曲线图如图 10-4 所示。

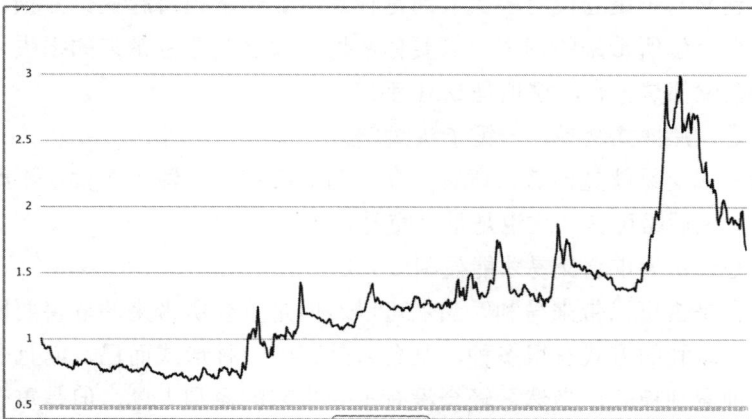

图 10-4 天灾人祸型资金曲线

天灾人祸型的表现特征如下：

- 能实现长时间的稳定盈利。
- 出现不利于交易系统的行情。
- 误操作导致出现大幅度的亏损。

几乎大多数新手交易员都出现过交易软件使用不熟练导致下错单的情况，要养成每次入场后都要进行检查核对的习惯。一定要养成交易前进行心理状态的评估，心态不平静时不做交易的习惯。不要在市场出现不利于自己的交易系统的行情做交易。

总之，做交易一定要事先制订交易计划，并且严格执行交易计划，减少人祸的发生。否则就是自己自找麻烦。

10.3.2　导致亏损的交易动作

1. 重仓交易

一是，使用超出无法承受风险的仓位来做交易。

在外汇市场，一万美金的账户正常情况下，入场的一标准手每次亏三四百美金属于正常止损范围。有的交易员却无法承受每次三四百美金的亏损，既然超出你的承受范围了，那么，这一手的仓位对你而言就是重仓，就不能用一标准手做单。或是一万美金下 0.1 手时一次亏三四十美金，如果也会感觉十分难受，无法接受这个事实，说明 0.1 手对你来讲就是重仓。

重仓交易不是仓位有多大，而是你是否能够承担得起这个亏损，承担得起这个仓位所带来的损失，只要你承担不起这个仓位带来的损失，任何大小的仓位都是重仓，哪怕是 0.01 手。

二是，赌博式交易，一锤子买卖。

赌博式交易就是抱着试试看，赌一赌的心理，一锤子买卖，不给自己留后路，无后路可言，这也是重仓交易。

三是，认为重仓交易才能盈利

重仓是否可以带来盈利？当然可以。但是重仓所带来的危害要比盈利大得多。盈利的方式有很多种，重仓只是其中一种形式而已，而且是最危险的一种盈利模式。当然，轻仓没有重仓带来的盈利丰厚，但是重仓所带来的危害，却是我们一般人无法承受的。只有在风险可控的情况下才能加大仓位，盲目的重仓交易无异于赌徒。

2. 亏损扛单

一是，对亏损的单子不进行有效处置。

如果交易正处在持仓当中，一旦出现了亏损，说明交易出了问题，至少没有做到真正的行情释放，行情已经告诉你不对了，必须有效地处置或是有对应的处置方法。比如，你的止损不能动，要么采取手动止损或是检查止损的设置是否合理，一定不要去改变你的止损，如果没有止损，你也要给它设一个底线，到止损位置时必须要止损。这样的对亏损单子有效处置，会始终让我们的浮动亏损控制在一个很小的、可控的范围之内，千万不能对已经亏损的单子不管不问，更不能随意移动放大止损幅度。

二是，定向思维导致亏损侥幸心理。

定向思维是顺势思维模式，认为市场一旦形成趋势，未来的走势会和之前的走势一致，也就是之前是上涨走势，未来的行情也是上涨走势；之前如果是下跌走势，未来的行情也是下跌走势。这种思维方式是片面的思维方式，它只表达了市场的一个维度——上涨或者是下跌，实际上市场有三个方向（上涨、下跌或是横向运行），定向思维虽然有一定的道理，但是太狭隘、太局限了。

既然市场同时具有三个方向，交易者随时要做好三种应对措施，不能是只有一种方案的定向思维，否则这样的侥幸心理会造成无谓的亏损。

三是，未知亏损额度导致心理变化。

有的交易员认为只要入场必须挣钱，不能出现亏钱，甚至不能出现浮亏，甚至在亏钱时，因为没有设置止损，到底亏多少钱也不知道，对未来始终存在恐惧。总是幻想价格终能回归，就是不肯承认亏损的事实，这是一种盲目的或是无知的不切实际的想法。

3. 频繁交易

一是，超出处理范围内的交易次数。

处理范围次数是指我们一天或者是对一个机会要进行多少次交易，通常有固定限制。在处理交易时也是有次数限制的，人类大脑运行的线性方式决定了我们不能够同时关注或是处理两件事，如果超出两件事，大脑就会紧张，会出现选择恐惧，不知道该怎么做了。另外，人类的大脑在注意力高度集中，专心思考时需要耗费大量能量，无法密集地长时间保持这种状态。交易活动的每一个错误动作都会带来亏损的后果，因此，你做交易时需要专注，不能有丝毫的懈怠，同时，交易的次数也要有限制。

据统计在做外汇时，投资者如果一周做五次交易，平均一天做一次，亏钱概率是80%。如果一天做两次，亏钱的概率会达到90%，如果一天做两次以上，亏钱的概率几乎是100%。表明交易的次数越多反而亏钱越多，因此，你的交易次数在一个合适的范围，让大脑有充分思考的时间，反而可以在市场里面盈利。

二是，认为交易次数多，赚得也多。

交易这件事情和人类生活当中处理其他事情是不一样的，日常生活中的大多事情都是做得越多，收获越大，存在一个量变的现象，因此，多数人就有了多劳多得的观念，认为做交易也是如此。交易活动要求必须专注，每次交易之后都应该给留给大脑充分地休息，进行能量积累的时间。

交易盈利和交易次数是没有任何关系的，盈利来自于好的交易机会、准确的交易动作、合理的交易策略、科学的交易流程和符合交易系统的交易计划等一系列交易活动的综合作用。精心的计划和彻底的执行才是盈利的根本，严格按照交易系统把一个交易机会从头到尾做彻底；没有章法、随性操作，即使做无数个交易机会，结果也只是亏。

三是，能力超载，劳心劳力。

每个人的体质不同，脑力也不同，都有可承载的能力范围，从事交易活动也是如此，要量力而行，一旦超负荷作业，必定会劳心劳力，造成严重的亏损，带来巨大的交易风险。

4. 随机交易

一是，漫无目的，毫无章法的交易。

交易市场有非常多的交易员是不制订交易计划的，有的人自己不思考，只是跟随别人做交易，有的人仅凭感觉随意入场、离场。市场中大多数投资者的交易都是没有章法的，完完全全都是随意交易。

二是，赌运气，拼手气的侥幸心理。

交易市场的价格变动时刻都具有三个方向（上涨、下跌、横向运行），入场之后，每一种走势都有可能发生，未来是不确定的，对于还没有掌握一套能够盈利的交易方法的交易者，他们更愿意在这个市场赌一把，凭借自己的运气获得盈利，纯粹的侥幸心理，即使偶尔能够盈利，但终归还会把盈利还给市场。运气只是一时的，掌握、执行正确的交易盈利方法才是永恒的。

三是，不符合市场节奏的交易恶习。

市场的运行是有其自身节奏的，1 分钟周期 K 线每分钟生成一个，5 分钟周期 K 线每 5 分钟生成一个，15 分钟周期 K 线每 15 分钟生成一个，小时图周期 K 线每 1 小时生成一个。无论你的交易周期是 5 分钟周期还是 1 小时周期，在 K 线没有收线之前都不需要做任何交易动作，因为在收线之前这根 K 线的形态是不确定的，因此，在 K 线收线之前的跳动过程中你不需要一直关注。

然而，有不少的交易员总是不放心，一直盯着屏幕看。当然并不是暗示盯盘是个恶习，而是你一直盯着电脑看，眼睛一刻都不能离开 K 线，看着正在波动的 K 线上上下下、涨涨跌跌，然后，再瞅着自己的账户一会儿浮亏、一会儿浮盈，随 K 线的跳动心潮澎湃，内心波澜不已，这种习惯本身就是一个交易恶习。

如果你的交易计划制订得很完善、很充分，自己的交易流程又非常合理，资金管理非常科学，就没有必要一直盯着看。以防市场把你吸引进去，容易让你改变自己的交易计划。

科学的交易方法，一定是在一个固定的周期内进行操作的，最多是在这个周期的 K 线收线时观察一次行情就行了，比如，在小时图周期操作只需要每小时看一下行情即可，而且有风险控制的交易方法一定有设置止损，所以，没有必要一直盯盘。

5. 过度交易

一是，超出能力负载，强迫交易。

只学了基础课程的知识，学了一些基本的操作方法，如果操作基本的交易机会图形，是没有问题的。但是，如果你要去做反手、要去做加仓等这些超出你的能力的交易方法，就是能力负载过重了，属于强迫自己做交易，超出能力之外的交易，就是过度交易。

二是，交易无底线，亏损无限大。

当日的亏损幅度应该预先设置好的，是固定的，比如一天最多亏 1%
或者亏 0.5%。如果亏了这么多就要停止交易，连续两天都亏了 1% 就要停
一周。连续亏两周就要停一个月或两个月，要歇一歇。这是一个亏损的底
线，如果底线没有，你的账户就像一个断了线的风筝，可能会在空中飘一
会儿，最终会掉下来，亏损无限大。

三是，过劳必亏。

交易员这个职业本不应该是一个体力劳动，然而，有些交易员搞得比
体力劳动的人还要累，甚至经常没有时间锻炼身体。说明什么？说明过度
了，每天交易的次数，交易的品种数量要进行控制，不能超过自己的能力
范围。不要把所有的时间都投到交易当中去，要合理安排时间去学习、去
锻炼、去读书等。享受交易、热爱生活。

10.3.3　亏损根源剖析

交易造成亏损的原因主要有以下三个方面：

- 失控的资金管理。
- 情绪失控的交易动作。
- 无法执行的交易系统。

亏损最基本的原因是不会交易、不懂交易。从而引发了资金管理的失
控、情绪失控的交易动作。如果你有一套交易系统把所有方面统筹起来，
科学地进行规划，建立一套好的交易系统，把交易思想、交易动作、资金
管理等方面有机地结合起来，就能解决好交易亏损的情况。

10.4　永不爆仓的资金管理策略

资金管理是以合理的资金投入，严格把控交易风险，把资金的风险最
小化，以避免带来难以承担的资金损失。

优秀的资金管理模式是追求长期稳定的收益，追求的是快乐交易，而
不是短期的暴利。对短期暴利的追逐，所对应的风险就是爆仓。低风险的
交易模式，对应的是长久而稳定的安全获利。

10.4.1　资金管理的重要性

很多人在寻找市场中获利的秘诀，以为只要掌握了交易方法，就能长期在市场中稳定获胜，殊不知，在市场中稳定获利，最重要的是资金管理。

很多投资大师、交易高手成功率并不高，却能不断盈利、持续赚钱，原因是他们更擅长于把握趋势及资金管理。有效的资金管理策略，可以让投资者在大趋势、大行情中赚足利润，而风险却不会因此而增加，即所有投资做得好的人都是在资金管理方面做得比较好的人。

大家永远要记住一个道理：生存的重要性，永远比盈利的重要性大。

10.4.2　科学的风险管控理念

1. 每一单都是新单

经过一系列的交易失败后，交易者会变得更加厌恶风险，相反，经过一系列成功的交易后，交易者又会放松对风险的警惕。但每一笔交易是否盈利，与其他的交易之间并没有任何逻辑上的影响，不存在相关性，不能因为自己之前的盈利或者损失，就改变任何一笔交易风险的态度。因此，我们必须把每一单交易都当作一个全新的交易，不能让之前的交易结果引发情绪带来的影响。

2. 亏损是交易应有的成本

交易是一项事业，如果你想要持续盈利，你应该把每一笔交易都作为生意来对待。就像任何一笔生意都会有风险和回报的可能性一样，执行的每一笔交易也是如此。交易的亏损是做生意应该付出的成本。

3. 无风险重仓才能改变交易命运

金融交易市场风险巨大，没有合理风险控制的重仓交易结局必然是爆仓。但是，如果能在控制风险的前提下，在行情释放途中随着行情延续。或是在确保符合风险控制的前提下逐步累积仓位，达到重仓甚至满仓，却能实现风险最小化、盈利最大化。

10.4.3　风险控制对交易的影响

1. 糟糕的资金管理后果

交易新手往往不懂资金管理，无视外汇、期货等高杠杆交易可能带来的风险后果，最终亲手制造交易悲剧。

没有好的资金管理会导致自己无法执行交易计划。交易过程中也是忧心忡忡、患得患失，即使做到了释放行情，却只赚点数、不赚钱，容易引发情绪波动，进行赌博式交易。

2. 科学的资金管理结果

那些在外汇交易中有科学资金管理的老手，总能无忧无虑地进行交易，毫无障碍地执行交易动作，赚取每一次波动带来的利润。

采用科学的资金管理就能够完美执行交易计划，做到心无挂碍、得失从容，每一笔交易都能做到仓位稳定、轻重适时，真正实现长期稳定盈利。

10.4.4　爱思潘风险控制法则

符合自身心理抗压水平，科学的资金管理，是金融交易成功的不二法门。

一是，量力而行。根据自己的交易能力和财务状况，选择符合自身条件的风险管理策略，不能超出自己的能力范围。

二是，心中有数。下单之前自己须知道该笔交易的最大损失，牢记在心，出现损失，必须严格控制在最大损失之内，禁止让损失蔓延。

三是，仓位稳定。保持每笔交易仓位稳定，不能因为盈利而随意扩大仓位或是因为损失而降低仓位。

四是，心如止水。达到最大亏损后，自己保持内心平静，尽快离开市场，不报复市场——服输。

10.5　期货与外汇市场仓位计算方法

1. 基本概念

● 总资金：投入市场用于交易的总资金。

- 风险金比例：总资金允许亏损的最大比例。
- 风险金：允许亏损的最大资金金额。
- 风险金的计算：风险金 = 总资金 × 风险金比例
- 总亏损次数：风险金亏损的总次数。
- 单次亏损金额：单次允许亏损的金额。
- 单次亏损金额的计算：单次亏损金额 = 风险金 ÷ 总亏损次数
- 点值：每 1 标准手，1 个点的金额。
- 止损幅度：单个交易机会，最大止损的金额。
- 下单手数 = 单次亏损 ÷（点值 × 止损幅度）

2. 风险控制要求

一是，风险金比例不超过 30%。常见的是 20%，根据个人的风险承担能力设置。

二是，总亏损次数，对于初级交易者设置为 20 ～ 30 次，已经熟练掌握交易系统的交易者，设置为 10 次或更低，但不能低于 5 次。

三是，熟悉交易品种 1 手波动 1 个点的金额，比如螺纹钢是 10 元，欧元是 10 美金。

3. 仓位计算实例

【实例 1】

品种：螺纹钢。

总资金：100 000 元。

风险金比例：20%。

亏损次数：10 次。

单笔亏损：1 000 元。

点值：10 元 / 点 / 手。

止损幅度：10 点。

计算过程：

风险金 =100 000×20%=20 000（元）

单次亏损 =20 000÷10=2 000（元）。

下单手数 = 单笔亏损 ÷（点值 × 止损幅度）=2 000÷（10×10）=20（手）。

【实例 2】

品种：欧元。

总资金：10 000 元。

风险金比例：20%。

亏损次数：10 次。

单笔亏损：1000 元。

点值：10 元 / 点 / 手。

止损幅度：20 点。

计算过程：

风险金 =10 000×20%=2 000（元）。

单次亏损 =2 000÷10=200（元）。

下单手数 = 单笔亏损 ÷（点值 × 止损幅度）=200÷（10×20）=1（手）。

第 11 章

交易指南针：
爱思潘交易流程图

11.1　稳定盈利的密码：从情绪化交易到系统交易

无法控制情绪是所有交易员面临的最大问题之一。几乎每位从模拟账户开始的新手交易者都经历过一次非常成功的交易，但是无法将这种成功延续到真实账户交易之中。

那么，问题出在哪里呢？答案是情绪化。

在实际交易中，由于是自己的真金白银，遭遇亏损时通常会感到沮丧，有时甚至是绝望。盈利的交易可能导致我们行为失控，将交易演变为一场赌博，或者导致一些严重的过度交易。情绪化交易是大忌，当我们讨论交易缺陷和情绪化交易时，往往都是因为交易缺乏纪律性。

对于自由随意的普通交易者而言，遵守既定的、严格的交易纪律有很大难度。但这并不代表他们不能去创建自己的纪律和原则。

最重要的原则是，你要记住就算是最完美的交易系统也会有经历亏损的时候，每笔交易，无论是盈利还是亏损，都需要我们去认真评估，吸取经验和教训。

冲动是常见的交易陷阱，其实你自己也明白你需要更多的交易提示，如更清楚的转折点出现，更明朗的趋势显现。但不知为何你却不肯等待。比如，你尝试在底部买，但过于冲动会导致你丧失主动权，最终结果可能不会理想。你必须学会耐心，铭记机会始终还会再来。

耐心有助于保存实力，这样在决策过程中，你只要等待进一步信号的出现，不会耗费你更多精力，而且会让你在等待的过程中保持专注。如果你错过了一个入场点，你应该去总结错过的原因，而非追涨杀跌。执行力差是许多交易者不能够很好遵从自己交易系统的另一个重要原因。

信任自己或自己的交易规则，需要你去认真研究你的交易规则中的进场原理，不是简简单单对点位的判断。如果你目前做得不错，不要轻易激进或者变懒。

就像在体育竞技的比赛中，你需要给自己留好后路，不要轻易进入背水一战的境地。如果你的持仓上限是 X 份合约，那么，你需要将自己的头寸限制在 X-Y 份合约，你的抗风险能力会大大提高。如果你已经无可避免地要犯情绪化交易的错误，那么尽量轻仓，直到你的意志力重新崛起。

管理"情绪化"。

说起"情绪"，很多人联想到的是"克制"。但是刻意去压抑自己的情绪，本来就是反自然的。也正因如此，我们才会讲如何管理或者说利用"情绪"，而不是"避免、克服"。交易心理学大师斯蒂恩博格在他的著作《重塑证券交易心理》中提到，对于"情绪"的不同看法，正是成功交易者和失败交易者的最大区别：交易者不是因为自己的情绪而失败，而是情绪让他们偏离了目标。在制定规则和系统时，成功交易者找到办法，使自己免受市场波动引起的情绪波动的影响。在很多方面，成功的交易者和失败的交易者一样担心。只是成功的交易者不是担心下跌和错过市场行情，而是担心自己偏离自己的计划。专注于目标，是他们成功的基石。明确的交易计划能减少"脱轨"的可能，但要真正做到十足的把控，交易者需要学会支配情绪。

斯蒂恩博格提出支配情绪的三个训练方法："系统脱敏法"、"接种紧张"和"转换跳出旧模式"。

1. 系统脱敏法

它本是行为心理学派的一种心理治疗手段。简言之，是指当你察觉到做单时自己进入了焦虑、沮丧等模式时，可以尝试"不断在膝盖上弹手指"等非情绪化的做法，训练自己面对行情波动时的冷静心态："这种常规模式的枯燥与情绪状况（比如止损被触发）非常匹配，能消除情绪化的反应，并能更中立地处理市场行为。"

这里涉及两步，一是"察觉情绪"——找到起因，就成功了一半；二是"控制"，通过潜心于诸如沉思、自我催眠或者重复弹手指等非情绪化的处理，会帮助我们建立起控制感，并强化内省。

2."接种紧张"

它的原理和医疗上的"接种"类似。在开始交易之前，通过在头脑中预演交易情景（譬如行情到什么价位我应该如何处理等），在开市前可以做到从容面对，这就做好了接种紧张。在预演中，要有在市场中最可能遇到的情景和你对这些情景的情绪反应及打算如何处理这些情绪反应。当你在心里接受了亏损，并提前预演，熟悉了亏损后的状态，你就不会因为异常的恐惧和兴奋而罔顾止损法则。

3. "转换跳出旧模式"

最后一个方法是：完全不要去控制自己的情绪，让自己完全去体验那些"恐惧、挫败、贪婪、过于自信"等情绪。

这种方法奏效是因为很多不好的交易模式其实是有规律可循的。当情绪出现，如果你一直逃避面对，它们往往一个接一个出现；但只要你从中打破了一个模式，那么这种循环就可能被改变。在期货市场的巨大诱惑面前，交易者的心态永远是第一位的，甚至于其他的要素与之相较都显得不再重要。下面罗列了几种交易者的心态。

- 如果不追求"财富保值增值"，而是追求"少许有些盈利"，那么，你已经"误入愁城"。
- 如果不追求"少许有些盈利"，而是追求"至少保本不亏"，那么，你已经"误入歧途"。
- 如果不追求"财务安全自由"，而是追求"财富保值增值"，那么，你已经"误入危局"。
- 如果你刻意追求"一夜暴富"，那么，有限次的"运气"挡不住"一夜爆仓"的归宿。
- 如果你不再寻觅"一夜暴富"，而是追求"财务安全自由"，那么，你已经"误入险境"。
- 如果不追求"至少保本不亏"，而是追求"不要巨额亏损"，那么，你已经"误入误区"。

如果表面上看，什么要求、预期都没有，但内心深处仍然想着获利，那么，你身体中必定隐藏着一个"魔鬼"，它必定驱策交易者在错误的时机、位置、方向作出错误的判断；穷尽数年光阴找到的交易模式只有寥寥数笔，很不好受，心中有一个"魔鬼"；当你看到交易新手更能盈利，怒气难平，心中有一个"魔鬼"；大量的交易机会被白白放弃的时候，很不消停，心中有一个"魔鬼"。

你要真正在内心深处告诉自己：可以有安全指标、获利指标、长期指标、利润率指标等，但对此从不奢望。一年只交易、仅把握住了一次大级别的交易机会又何妨？真正做到内心的平和，就是对于没有把握的机会，权当市场根本就没有出现过。到达此种境界，谁也伤害不了你。

如果你可以做到"基于安全模式＋长期＋稳定"地获利，那就是投资交易者中的极品。相信代价，因为少了今后爆仓的概率；相信过去的付出，因为有了直觉，会让你看到机会与风险（君子不立危墙之下）；相信千锤百炼的后天获得性，它必使你拥有常人所不具备的禀赋。

除了心态，你想要在期货中长期持续稳定地获利，必须长期持续稳定地输出一套具有正向收益预期的一个交易逻辑，也就是你要建立一个交易系统。

为什么要系统化？

我们人永远只会采用对自己最有利的一个行为，所以，想要进行系统化的交易，必须要从洞察那些核心的根本因素，才有机会真正走上这条路。期货交易不是要你去精准地预测出应该怎样做，而是当你亏损的时候怎么办？当你盈利的时候要怎么处理？这才是真正的期货交易技术。想要去进行系统化的交易，至少需要两个因素去帮助突破这一点。

一是，你需要知道未来的走势是不确定的。对于未来我们唯一可以确定的就是不确定。比如，这里有一棵果树，这棵果树的价格是由什么决定？是由人们觉得它能长出多少果实决定。请注意：是人们觉得它能够长出多少果实决定。人们的预期决定了价格。这个价格怎么才会发生改变呢？出现了某些新的消息，改变了人们的预期，价格自然而然就改变了。

二是，你要明白盈利来源来自哪里。在一个正常的状态下，每一个品种可能都处于一个区间的横盘震荡的一个走势，这时它是平衡状态的，但是如果此时出现一个外力把这种平衡状态给打破，那会发生什么？市场会出现连续大幅的上涨或是下跌，类似的趋势性行情。这时市场运动是有方向的，所有人都能看出来是在跌或者涨，这个是有迹可循的，可以给我们的交易带来优势。你想赚钱，核心逻辑是要在期货市场有序地朝某一个方向大幅度运动时，你一定要持有正确的仓位。

如何系统化？

一套交易系统由两部分构成：第一部分是交易逻辑，它负责进攻。交易逻辑需要具有正向收益预期。你有了交易逻辑之后需要一个资金管理，资金管理的关键在于保护你的交易逻辑，可以长期持续稳定地被输出。所以，整套系统大体的意思是因为我们不知道未来的行情会怎么走，所以，我们要不停地试错，直到我们在趋势行情中持有到正确的仓位，因为这样做可以让我们具有优势，然后，我们大批量地持续输出这种优势，最后获利，这就是系统化交易的一个核心。

系统化交易的优势

系统化的优势之一，可以定义混沌的市场走势，让看似无序的走势在你眼里变得有序。当然，期货交易也可以让我们定义混沌的 K 线走势。

在系统化交易者的眼中，市场的走势只有两种形态：第一种是满足了规则，于是进场交易。第二种是不满足市场规则。

系统化会让你的整个交易过程变成了一个红绿灯，绿灯前进，红灯停下观望。真正好的交易都是无聊的，因为你对未来的一切都有了自己的处理规则，所以它才无聊的，这说明你面对不确定有了自己的把握。

系统化交易的另一个优势是可以很好地解决心态问题。

单纯讲心态，没法从根本的认知上去改变人们的思考方式，是基本解决不了问题的。实际上一切心态的问题都来源我们面对未知的恐惧。因为不知道下一根 K 线会发生什么，也不知道会亏损还是盈利，还是会利润回吐，我们不知道这些问题，由此产生出各种各样的心态问题。

假如你建立了一套标准化的交易系统，这套交易系统告诉你在什么情况下止损，又在什么情况下止盈，开多少仓位，什么时候去加仓，清楚知道一笔单子最多亏多少钱。这样你会知道自己长期坚持下去一定可以。那时的交易在你的眼里会慢慢地变成一个很无聊的、大量的、重复的过程，这时才可以称自己是一个较为成熟的期货交易者。

系统化交易的第三个优势是它的反脆弱性更强。

投机交易所面对的是未来的不确定，理论上有无数种方式会让交易者产生巨额的亏损。在我看来，系统化交易轻仓分散多个品种，这种趋势跟踪玩概率的交易模式是反脆弱性最强的。

期货市场本就是因为波动而产生的，因为在很久以前有一群现货商，他们突然发现价格每天在大起大落的，而且这群现货商也明白自己把控不了价格的走势，所以，他们建立了期货市场用来进行套期保值。这就意味着：一是，现货商认为价格的走势是不确定的，需要期货市场。二是，现货商认为期货市场的走势经常大幅度波动。所以，建立了期货市场。那么，我们系统化交易，基于市场波动而建立起的交易体系，就是最强的交易系统。

11.2 什么是交易流程图

做任何事情都要遵守一定的流程。即便是穿衣、做饭这些日常生活中的小事都有一定的流程，做交易也同样必须遵循一定的程序，只有把交易动作流程化才能把交易思想真正落实到交易动作上，完成既定的交易计划，而不会导致出现交易错误。

交易流程是指导交易动作的一套规程，也是交易活动的操作手册，指导交易员准确做出每一个交易动作：当前要做什么事情，接下来一步要做什么事情，从进场到离场，从打开电脑之前到关闭电脑之后都应该做哪些事情，全部按照既定的流程一步一步进行，有条不紊、按部就班。只要按照交易流程进行交易活动，就不会出现在交易中手忙脚乱的情况，更不会出现由于亏损导致情绪波动，从而引发冲动交易、不计后果的重仓交易等错误的交易动作。

11.3 交易流程图的四重循环

爱思潘交易系统有其特有的交易流程，流程如图 11-1 所示。

1. 交易思维

交易思维分为交易心态和交易思维方式。交易心态是指交易员的心理状态。包括心情是否平静、是否处在失控的情绪中、有没有意愿进行交易活动、交易的心理能量是否充足、是被迫交易还是主动交易等。交易心态的不同会直接影响交易动作的准确性，只有在心情平静、舒畅，没有心理压力的情况下进行交易活动，才能确保交易成功。

交易思维方式是指用什么方式看待、分析市场行情。所有的动作、反

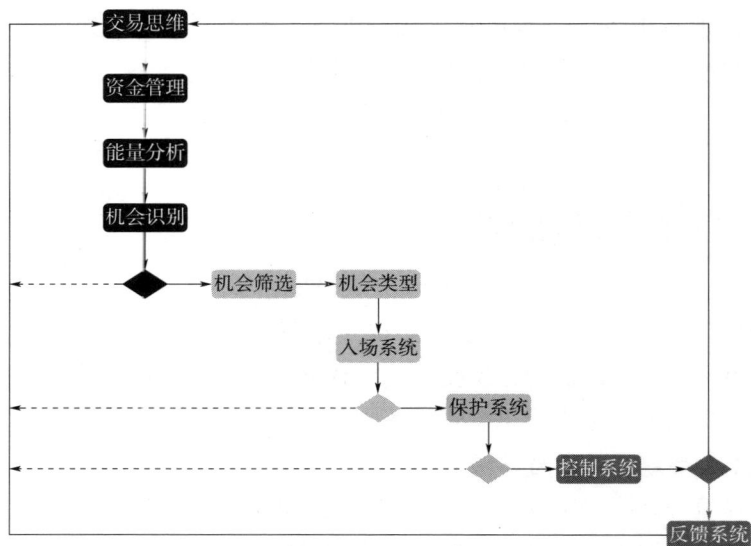

图 11-1 交易流程图

应都是在一定的思维方式下产生的。一个交易员拥有什么样的交易思维，他就会采用什么样的方式看待市场，市场就会在他面前呈现相应的状态。你看到的只是你以为的市场，你的认知高度决定了你看待市场的深度。

普通的交易员是从赚和亏两方面来看待交易的，如果按照一个方法做了一笔交易赚钱了，他就会认为这是一个好方法。如果按照这个方法做了一笔交易亏钱了，他就会认为这是一个坏方法。这样往往导致自己错失一些真正好的交易方法。其实，能够让你赚钱的不一定是好方法，而让你亏了钱的也不一定是坏方法。只有可以让你长期稳定盈利的方法才是好方法。

爱思潘交易系统的思维方式是以"为利而动"这一不辩自明的事实作为第一公理，从而演绎推理出"无向论""能量论""共振论""平衡论"等交易理论。以这些交易理论为依据，以多元的视角从市场的本质出发来看待、分析市场。

2. 资金管理

做任何事情都是有风险的，交易活动也不例外，交易市场的风险最重要的特征是资金的损失，通过科学的资金管理就能把交易风险控制在一定的范围，使交易活动得到健康、良性发展。

交易市场的风险管理时时刻刻都在伴随着每位交易员，如果风险不能确定就不能做交易，因为如果一笔交易没有确定最大亏损金额，这笔交易的风险可以是无限大的。而一旦把风险金额能够确定在一定的范围，同时交易者又能够接受，就使得风险得到了有效的控制。所以，交易风险可以通过科学的资金管理方法进行控制。

3. 能量分析

能量分析是从爱思潘交易理论的角度分析、看待市场。

所有交易者分析行情一定是有所依据的，有的是依据道氏理论，有的是依据形态理论，有的是依据蜡烛图，有的是依据波浪理论等。依据什么样的交易理论就决定了你交易活动的结果。

当一个交易员对传统交易理论学习研究越深入，就会发现这些交易理论在实际的交易检验过程当中会出现很多问题：要么是不能被检验、不能够被统计、不能回测；要么就是互相矛盾，让人无所适从；或者干脆让你觉得是自己笨，是自己根本没有理解透彻。其实这些都是因为传统交易理论不能全面解释市场行情的真实规律所导致的。比如，传统的交易理论都是定向派的理论，用它们分析行情、做交易，首先要给市场定一个方向。比如，分析螺纹钢期货行情，分析结果是今天螺纹钢是上涨的行情，于是先定好向上的方向，然后想尽办法去做多。但实际的行情却可能大幅下跌，做多之后的几个大阴线把自己打得晕头转向，最后也不再敢坚持自己做多的方向了，于是又想下空单，下空单和自己原来定的上涨方向又是相反的，在这种纠结的矛盾心态当中看着行情流逝过去，本来坚持做多的多单没有坚持住，反手做空又不敢去做，结果错失行情，导致亏钱。有时还会在逆势行情中扛单或者逆势加仓，最终导致亏损、爆仓。利用传统交易理论的交易员每天都是在这种纠结、痛苦的状态里边被折磨着。

爱思潘交易理论是以"无向论""能量论"为理论依据来分析市场行情，"无向论"揭示了市场在运行过程的本质——当下每一刻都是无方向的（同时具备上涨、下跌、横向运行三种方向）。交易者随时都做好了三种应对措施，具有随机应变的能力，也就不会再出现不敢反手、逆势扛单、逆势加仓的错误了。

"能量论"揭示了市场运行的真实规律，可以使交易者真正看懂行情，对行情的分析可以得出行情积累之后必定会释放、释放之后必定会积累的确定无疑的结论，大大提升交易信心，不再无所适从。做交易不再凭运气，而是有了确切的依据。

4. 机会识别

交易机会是依据"能量论"，在分析行情的基础上统计总结出具有成功率高、止损幅度小、未来释放行情幅度大的走势模型，是市场当中容易赚钱的一种走势模型。这些交易机会具有稳定性较强、延续度较高的特点。

机会识别是在市场当中识别、发现符合交易机会特征的行情走势结构，为后续交易动作做好准备。当交易流程走到机会识别这一步时，会出现两种结果：一是识别出了交易机会。二是没有识别出符合要求的交易机会。

当出现第一种结果时，你顺着交易流程进入下一个步骤——机会筛选。当出现第二种结果时，并不意味着交易动作的结束，而是重新回到第一步——交易思维上去，重新审视交易心态、交易思维方式。进入下一轮交易流程。

千万要注意的是，在没有交易机会出现时，你是要进入交易思维的步骤，做一些锻炼心性的活动，比如锻炼身体的活动。也可以检查一下自己的资金管理，检查风险有没有出现失控的情况等。切不可盲目地做交易，不能看到别人赚钱了，赶紧跟着入场，这样势必会造成亏损。

一定要明白没有交易机会时要等待交易机会的出现，等待是一个非常重要的交易动作。没有交易机会时的等待就是最好的操作，也是最难的操作。机会是等出来的，不是找出来的，等待是一个交易员最难得的优秀品格。

5. 机会筛选

并不是所有识别出来的交易机会，都可以进行交易，不同的交易机会的标准程度不同，同一个交易员对于不同类型的交易机会的熟悉度不同，因此，你需要对识别出来的交易机会进行筛选，只有符合要求的交易机会才能进行交易。

　　交易机会主要从交易机会周期、交易品种的稳定度及交易机会模型熟悉度等方面进行筛选。

交易机会周期

　　对于外汇市场，选择交易机会的基本操作周期为小时图周期，对于 4 小时周期、日线图周期的交易机会，由于止损幅度过大，不能直接入场。你应该在 4 小时周期、日线图周期的交易机会的基础上，在小时图周期择机入场交易。对于国内期货市场，选择交易机会的基本操作周期为 15 分钟周期，对于 1 小时周期、4 小时周期、日线图周期的交易机会，由于止损幅度过大，不能直接入场，应该在小时图周期、4 小时周期、日线图周期的交易机会的基础上，在 15 分钟周期择机入场交易。

交易品种的稳定度

　　应该选择成交量大、走势稳定的品种进行交易。外汇市场主要选择欧元兑美元、英镑兑美元、日元兑美元、美元兑加元、澳元兑美元、美元兑瑞朗等走势相对稳定的交易品种所形成的交易机会。国内期货市场主要选择成交量排名前 20 的品种所形成的交易机会。

交易机会的熟悉度

　　只做熟悉的交易机会模型，要求至少要模拟过 10 个同类型的交易机会，才能作为实盘交易的交易机会。若同时出现多个交易机会时，对于初学者只能选择其中一个交易机会进行交易，否则会顾此失彼，连续造成多次亏损的后果。

6. 机会类型

　　筛选出交易机会之后，依据交易机会的结构特征确定交易机会的类型，比如标准上三交易机会、标准下三交易机会、标准上旗交易机会、标准下旗交易机会等，一共 12 个标准交易机会。

7. 入场系统

　　确定了交易机会类型后，进入入场系统环节，既然已经确定要做这个交易机会了，就要把这个交易机会做彻底。

　　当一个交易机会选定后，你就不要再回到之前的步骤了，不要再去进行能量分析，也不要再去识别其他的交易机会了，要专心致志，把这个交易机会做完。不要在这个交易机会入场后，急于寻找其他的交易机会，误认为机会越多赚钱越多，机会越多赚钱的概率就会越高，其实并不是这样的，因为市场里面的每一个交易单子都是独立的，更关键的是可能造成多笔同时亏钱的情况，从而引发情绪交易。

入场之后随着行情的运行会出现两种结果：到达保护和止损离场。当你入场后持仓浮盈超过最大止损幅度时，到达预设的保护条件，可对持仓进行保护，将止损移动到入场位置。当入场后行情回撤，到达设置的止损位置，持仓单子止损离场。止损后不应该是报复市场，更不是盲目重仓去做交易，而是应该检查自己的交易思维，检查自己的交易心态，检查自己资金管理，重新分析行情。切不可盲目地突然之间去追单，或者自暴自弃，进行情绪的宣泄。因为此时并不意味着交易动作的结束，而是要重新回到第一步——交易思维上去，重新审视交易心态、交易思维方式。进入下一轮交易流程。

8. 保护系统

入场成功的标志是浮盈达到了预设的最大止损幅度，这时你可以把持仓单子的止损移动到其入场的价位，以确保该持仓不会亏损，即进入保护系统。

保护系统为了让交易者的心里不会造成大的冲击，能够在心里面有个安慰，让内心的脆弱得到一个保护——这个单子不会亏钱了，心里非常舒服，然后就可以自由自在地持仓了。对持仓进行保护之后随着行情的发展，会出现两种结果：进入控制系统和平保离场。前者，进入控制系统，针对不同的行情走势采用不同的控制系统控制持仓、减仓或离场。后者，行情回撤，价格再次回到入场位置平保离场。平保离场之后要重新回到第一步——交易思维上去，重新审视交易心态、交易思维方式，再进入下一轮交易流程。

9. 控制系统

持仓保护成功后，持仓的浮盈随着行情的涨跌不断地上下浮动，如果你一直持仓不动，可能会带来更大的浮盈，也可能会随着行情的回撤，使浮盈减小，甚至平保离场；而过早的离场又可能会错失更大的盈利。因此，控制系统就显得十分的重要，选择合适的控制系统能够在适当的位置将浮盈变成盈利，而且不会错失大的行情。

爱思潘交易系统的控制系统有 351 均线控制系统、K 线控制系统、定量控制系统、趋势线控制系统、平衡位控制系统等。针对不同的释放行情采用相应的控制系统，能够实现精准的减仓、离场控制。

10. 反馈系统

当一笔交易从交易思维一直到控制系统全部完成之后，需要进行总结分析进行反馈。反馈内容主要包括以下几个方面：

- 交易时的心态是否平静，是否存在情绪化的交易动作；入场前和入场后有无出现情绪变化等。
- 是否符合资金管理，有无超过风险管理要求。
- 所有交易动作是否符合交易流程。
- 盈利分析，盈亏比分析。
- 交易过程存在的问题，取得哪些进步等。

通过反馈系统，总结弥补交易过程的不足，可以不断提高识别交易机会的能力，有利于固化交易动作，提高交易稳定度。反馈系统的结束标志着整个的交易流程的完成，交易流程不是一条线，它是很多环形组成的循环，交易员就是在这些循环里面做交易。当你没有持仓时、没有交易机会时，在第一个环里面转，一直在等待交易机会。如果有交易机会，你开始入场做单，入场之后如果止损了，就重新再识别交易机会。如果入场成功、保护了，通过利用控制系统将浮盈变成盈利。如此循环往复，逐步固化交易动作，形成稳定盈利的交易模式。

11.4　使用流程图为交易定位

当按照交易流程图进行交易时，实际上是在执行交易规则，这是因为在交易流程图的每一个节点上布满了特定的交易动作。当交易出现问题时，就可以根据这一点迅速查找出发生问题的地方，从而改正错误的交易动作，快速提升交易技能。

下面我用几种情形加以说明。

一是，当账户出现浮亏时，不愿意止损，甚至调整止损的位置，结果导致止损幅度越来越大，最终导致巨大的亏损。为什么会出现这个问题？有的交易员总结的原因是：怕亏，简单归结到心理因素上，导致自己不容易找到解决的方案。实际上，如果按照流程图定位排查亏损原因，我们很容易找到答案。首先要搞清楚较大止损发生的节点在哪里。我们从下面的流程图上可以定位到：发生在入场阶段，如图 11-2 所示。

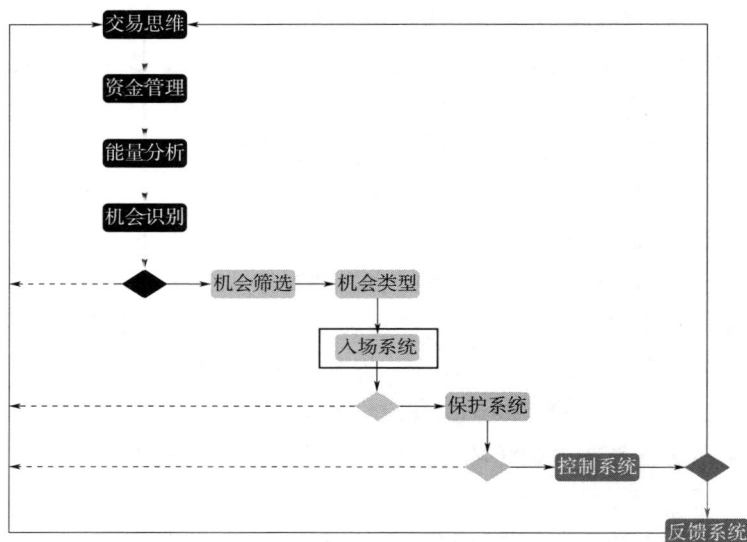

图 11-2　止损发电的节点——入场阶段

继续追查，在入场阶段不愿意止损的原因（不愿意止损是"果"，它的"因"在哪里？），我们通常采用倒查的法则，从图 11-2 可以看到在入场之前已经经历过好几个节点，逐一进行审查，最后找到不愿意止损的原因。由于每个人不愿意止损的原因不同，大致有以下几个原因：

- 交易机会识别不准确，入场之后自己发现不该入场，出现浮亏后，你希望通过不止损的方式，等价格走到入场位置时离场。
- 资金管理问题。入场的仓位小于计划的仓位，认为亏损很小，不愿意止损。
- 交易心理的问题。害怕亏损，索性该止损时不止损。

从以上按照流程图倒查的方法，我们可以找到不止一个原因，至少三个原因，这为我们找到真正的亏损原因提供了依据。

二是，当账户出现浮盈时，总是提前平仓，错过大行情。吃到了最难啃的鱼头，错过了最美味的鱼身。我们通过流程图来寻找问题的症结所在。提前平仓离场发生在控制系统节点，如图 11-3 所示。

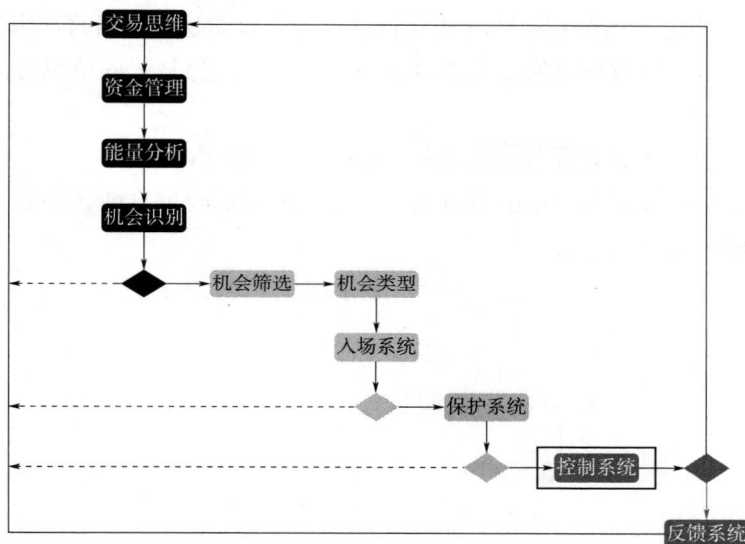

图 11-3　提前平仓离场发生在控制系统节点

我们继续按照倒查的原则，控制系统之前的每个节点进行逐一排查。可能的原因如下：

- 保护系统：提前执行了保护系统，现价距离保护价位较近，担心平保离场，于是提前平仓。
- 入场系统：入场错过最佳位置，入场价位距离现价较近，担心止损，于是提前平仓。
- 资金管理：仓位过重，大幅度盈利，担心盈利回撤，于是提前平仓。
- 交易心理：落袋为安的狭隘心理作祟。认为赚钱总比亏钱好，没有想到赚更多比赚少更好的道理。

可以看出，通过使用流程图定位，能够准确地发现问题发生的位置，通过倒查的方法迅速找到交易失利的根本原因。

11.5 交易流程图使用示例

下面通过一个螺纹钢 M15 周期行情走势讲解交易流程图的具体使用。

第 1 步：检查自己的交易思维和交易心理，确保是无向论思维，心理平静。

第 2 步：计算交易螺纹钢的最大亏损和仓位大小。

第 3 步：分析螺纹钢的能量状态，通过观察螺纹钢目前处于能量积累状态，如图 11-4 所示。

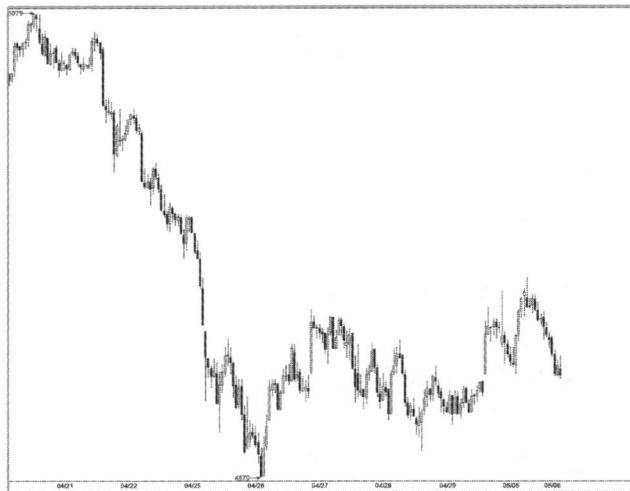

图 11-4　螺纹钢处于能量积累状态

第 4 步：判断当前的行情是否有交易机会。通过观察螺纹钢的走势，可以发现：之前的释放符合标准释放的要求，回撤幅度不超过释放的二分之一，内部结构具备四个触及点，可以判定为交易机会，确定交易机会类型为标准下旗交易机会，如图 11-5 所示。

第 5 步：设计进场的方式。由于螺纹钢当前交易的周期属于 M15 周期，应当采取直接突破入场。当价格有效突破下旗机会下边线时入场空单，止损放在下旗能量积累的中间位置，如图 11-6 所示。

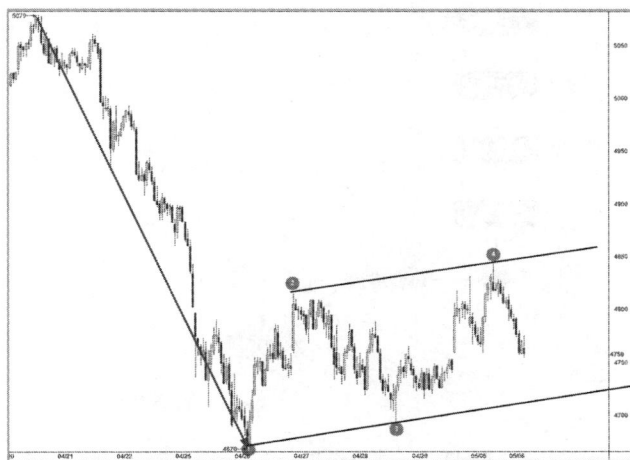

图 11-5　标准下旗交易机会

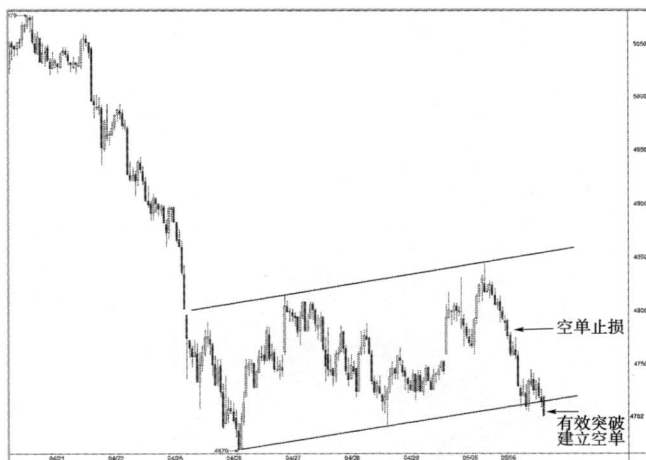

图 11-6　止损放在下旗能量积累的中间位置

第 6 步：入场成功之后，要么止损，要么达到保护位置执行保护。如果止损，则继续执行第 1 步的操作，如果满足保护条件，则执行保护，如图 11-7 所示。

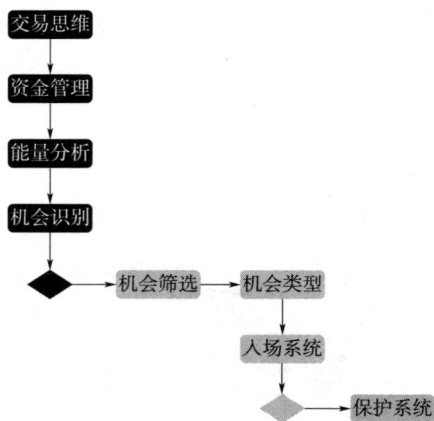

图 11-7　满足保护条件执行保护

第 12 章

制订一份专业的交易计划

12.1　谋定而后动：计划你的交易，交易你的计划

交易计划是投资者成功的必备要素，是立即改善交易绩效的有效方法，没有交易计划的交易，如同打无准备之仗，是根本性的错误。在培训交易员的过程中，我们发现绝大多数亏损交易员的一个共同特征：从不做交易计划。没有交易计划根本就无法找到自己亏损的真正原因，也无法打破亏损的死循环。

长期亏损的投资者在交易时，只是看看财经类的自媒体、浏览财经信息网站，或者听信某些交易高手的"喊单"，从中收集自己想要的有关交易信息，产生准备买进或卖出的感觉（模糊的），之后，根据这种感觉在市场上开始交易。这是长期亏损的交易员无法打破亏损循环的根本原因。

不制订交易计划最大的"好处"是，当发生亏损时，由于没有计划，可以把亏损的原因归咎于除了自己之外的任何听起来可笑的原因。比如，交易系统有问题了，持仓时间太长了，交易平台点差太大了，家人在旁边吵闹了等。不能正确对待失败的交易，本质上就是放弃了总结的机会，也放弃了提高交易技术的机会，这样的投资者是无法在市场中生存的。

要想在金融市场有所收获，必须制定严格的自律规则：每次交易必须制订完整的交易计划，并且要将交易计划和执行过程通过文字的方式记录下来，留作以后进行系统总结时，为我们提供真实的理论数据。在交易过程中要严格执行既定的交易计划，是走向成功的唯一捷径。

交易计划可以预先制订出应对市场各种行情走势的对策，这也是交易计划之所以重要的原因。如果你能够事先预想到市场可能发生的各种情况，一旦出现差错，就可以立即觉察到。它可以让你在不利于自己的头寸情况下立即止损出局，让获利的头寸继续发展。

交易计划可以帮助投资者释放心理压力，让交易变得轻松自然，享受交易带来的乐趣。只要有了交易计划，不管最终的交易结果是盈利还是亏损，都应看作是一笔正确的交易，即便是止损出局，我们的心态也要平和自然。

另外，交易计划可以规范交易，改善交易行为，防止投资者在交易过程中出现失控的局面。如果没有交易计划而任性地随便买卖，非常容易做出非理智的交易行为，结果会让你付出沉重的代价——资金的重大损失，甚至爆仓。

请牢记：计划你的交易，交易你的计划，这是交易成功唯一的捷径。

12.2　一份完整的实盘交易计划

交易计划是指投资者在正确的交易思想指导下，根据自己的个性特征和市场行情走势的判断，并充分考虑各种可能的结果所采取的一系列交易应对措施，尤其是在出现不利状况时的应对措施，以保证心态平静、头脑理智、客观地进行交易的综合指导方案。

一份完整的实盘交易计划包含十方面的内容，分别是：交易品种、交易资金的数量、交易方式、入场价格、建仓手数、盈利目标和亏损限额、应对措施、时间周期、出场时机、意外情况的处理。

1. 交易品种

当前，期货市场投资品种越来越多，既有传统的期货交易品种，比如铜、橡胶、PTA 等，也有刚上市交易的期货交易品种，比如苹果、鸡蛋等，还有国际化的期货交易品种，比如原油、铁矿石等。面对越来越多的期货交易品种，该如何选择呢？应该具有以下四个特点：

一是，期货交易品种具有完善的现货基础，以保证随着期货合约到期日的临近，期货合约价格与现货价格趋向一致，从而降低基差波动风险。

二是，期货交易品种要具有较好的流动性，即具有较大的成交量和持仓量，便于资金的进进出出交易。也就意味着在交易时，我们要选择主力合约。

三是，期货交易品种的市场价格趋势应当比较明朗，与国际市场同类品种具有联动性和互补性。

四是，投资者对期货交易品种的运行特点比较了解，对现货状况比较熟悉。

2. 交易资金的数量

在期货交易中，首先，无论投入资金多少，这些资金最好是不影响生活所需的钱——赔得起。千万不要拿生活所需的钱进行高风险的期货交易。其次，每笔期货交易要投入的资金数额占账户总值的百分比，一般不超过 5%。最后，一般期货交易头寸的建立，我们是分步累加的。先按照资金的一定百分比建立初始头寸，一旦期货市场证明自己的判断是正确的，再加仓。追加资金的数额或百分比仍按照风险／报酬比至少为 1：3 进行投资交易，并且确保盈利的单子，不能亏损出局。

另外，需要注意的是，我们要对账户资金的损失额确定一个明确的界限。如果账户资金损失额超过该界限，就要坚决果断清仓出局，而不是随意继续加仓。比如，有 10 万元的资金可用于投资期货交易，风险损失额限制为 2 万元。如果期货交易失误，亏损了 2 万元，就应该卖出所有期货合约，以免受到更大的交易损失。

风险损失额度的数量，应视期民资金总额和自身承受风险的状况而定。在期货交易计划中，资金管理和风险控制是其核心。根据期货交易的基本原则，资金安全是资金管理的核心，同时也是交易计划的核心，因为实现资金安全，我们才可能持续获利，进而实现丰厚的投资回报。

3. 交易方式

在期货实战交易中，交易盈利方式有很多种，比如日内超短线交易、波段交易、长线战略交易、套利交易。

一定要结合自己的资金大小、风险偏好、个人性格、经验技术来选择不同的投资盈利方式。如果你是期货短线高手，就可以采取日内短线交易方式；如果你是技术分析高手，并且是追求风险型投资者，就可以采取波段交易方式；如果你是稳健投资者，就可以采取套利交易方式；如果是大型投资机构，如银行、投资基金、私募基金，就可以采取长线战略交易方式。

4. 入场价格

在期货实战交易中，入场价格是相当重要的，因为它关系到交易成败。有很多的期民即使看对了行情，做对了方向，但是由于入场价格不好，也没有获得丰厚的投资收益，却止损出局。

5. 建仓手数

在期货交易中，一旦确定进场位置后，接下来就是根据自己账户资金大小来确定买卖多少手期货合约。我建议大家采用 10% 的原则，即把总资金乘以 10%，就是每笔交易中可以使用的资金金额。

比如，期货账户资金为 60 万元，那么，我们每笔交易可以使用的资金额为 6 万元，如果投资大连商品交易所的大豆期货，每手大豆期货合约的保证金为 4 000 元（5 000×8%×10=4 000 元），那么，投资者可以用 6 万元买 15 手大豆期货合约。

需要注意的是，估算出建仓数量后，大家不要一次性建仓，这样可以避免失误后导致交易失败，应采取分批建仓方式，即可以先买 1 手试仓，如果价格符合预期，则继续加仓 5 手，如果价格继续符合预期，则可以再利用技术指标在合适的位置加仓，直到最终建仓 15 手即可。

6. 盈利目标和亏损限额

盈利目标和亏损限额是期货实战交易计划中的重要组成部分。因为它提出了明确的目标，避免投资者为获取一点点盈利，而把整个交易计划搁在一边。需要注意的是：如果交易计划的盈利目标无法实现，大家也要及时变通盈利目标；当然，如果计划的利润目标达到，如果行情仍按自己预测的方向走，可以通过渐进止盈法去保持自己已有的盈利，并尽量获取更大的利润。

大家在设定交易计划盈利目标的同时，还要考虑要承担的风险，因为利润是风险的产物。所以，设置亏损限额是一项防守计划，当期货交易出现意外而发生亏损时，可以马上运用止损指令以限制自己的风险，及时平仓出局。

盈利目标和亏损限额的确定与买卖的确定是一致的。一般情况下，盈利目标至少是所能承受亏损限额的三倍，这样才能保证：如果三笔交易中有一笔盈利，整个交易就可以盈利。

盈利目标和亏损限额设置帮助投资者建立了一个全面的交易计划，有效地控制了期货投资者的风险，是及时止损、放大盈利原则的具体体现。换句话说，如果总是了结开始亏损的头寸而保留开始赚钱的头寸，最终将会获利。

7. 应对措施

由于期货市场最大的确定性就是不确定，所以，大家对行情判断很可能与期货价格走势不一致，这就需要在交易计划中做好各种应变措施。这些应变措施包括三种，分别是：减仓、止损和反向操作，其中，最重要的是止损。

需要大家注意的是：三种止损方法要和投入资金的最高限额结合使用。在期货交易中，设置投入资金的最高限额的好处是让期民明白每笔交易的盈亏情况，一旦发现亏损达到一定限度，可以提前做好充分的心理准备，及时了结头寸，退出期货市场。如果最高限额缺失，大家容易因情绪的干扰冲动地投入大量资金，对自己的头寸和盈亏情况无法迅速反应。一旦市场发生不利变动，损失往往超过自己的承受能力，严重者导致损失惨重。

8. 时间周期

在期货交易中，我们判断一笔交易的好坏，不仅要考虑风险收益的大小，还要考虑多长时间可以实现这样的风险收益，这就是交易的时间周期。

在相同收益的情况下，预期时间越短，意味着这笔交易的持仓风险越小，资金周转越快，在相同时间内获得的利润越高。比如，一笔交易预期3～5天，就可以获得10%左右的收益，这笔投资就比较划算。如果要获取10%左右的收益，则需要几个月，甚至更久，那么这笔交易就不划算了。

9. 出场时机

在期货实战交易中，出场时机相当关键。即使我们能正确地判断期货市场的方向，但是入市和出场时机选择错了，仍可能受到重大损失。

原因是市场趋势的真正形成需要经过一个阶段，有时短期趋势会出现反复，只有等待趋势真正确立之后再入市交易，这样判断错误的可能性较小，投资者承担的风险也就比较小。一般情况下，在趋势市场中，采取滚动或持有仓位的操作策略。

我们在对期货价格做出较有把握的预测之后，选择有利可图的恰当时机入市，没有盈利机会，绝不盲目入市碰运气。当然，如果价格已涨到相当高的位置，即使价格仍在上涨，我们也不要轻易入市交易，因为此时下跌的空间远远大于上涨的空间。在空头行情中，如果价格连续大幅下跌之后，在低位运行一段时间，此时下跌空间远远小于上涨空间，所以，不宜再做空单。另外，当市场走势和预期情况相反时或市场出现新的变化时，我们应静观变化，等趋势明朗后再择机入市。

出场位置的选择，要根据期货市场的客观状况做出判断，并随着市场状况的变化进行适当修正。比如，我们在进场交易之前，制定了一个出场目标位，当盈利目标达到后立即出场。但实际情况是，我们入场交易后，市场刚开始走势符合预期，即按照投资者预测的方向运行，但后市趋势发生了变化，使这一盈利目标变得非常困难，这时投资者需要及时修正盈利目标，最多平仓出局。

10.　意外情况的处理

在期货交易中，无论投资者如何完美地制订交易计划，总会有出乎我们意料之外的事情发生，即小概率事件出现，所以，自己一定要做好意外情况的处理。

同时，在交易计划中，我们一定要对意外情况做出重点考虑，即列举出哪些事情属于意外事件。另外，一旦入场交易，出现超出交易计划的交易情况时，我们要果断停止交易，这是为了降低不确定事件对我们的影响是十分重要的。

12.3　交易计划的四大组成要素

期货交易计划主要由四个部分组成，分别是入市环节、资金管理、退出环节和意外发生时的应对措施。

1. 入市环节

入市环节包括两部分：分别是趋势分析和时机选择。

趋势分析是交易计划的第一步，也是相当关键的一步。通过趋势分析，首先要明白当前是什么趋势：是上涨趋势、下跌趋势还是震荡趋势。假如是上涨趋势，那么，是上涨趋势的初始阶段，还是上涨趋势的中间阶段，或是上涨趋势的末端。上涨趋势的初始阶段大多是震荡上行，所以，我们可以轻仓做大趋势，也可以高抛低吸做波段操作；上涨趋势的中间阶段，行情往往是快速上涨，我们可以重仓持有多单为主，不要来回操作，因为这样操作很容易错过最佳盈利阶段；上涨趋势的末端，最好不要再操作，以持有趋势多单为主。当然，如果你是短线高手，可以高抛低吸做短线操作。

时机选择，是交易计划的第二步，是建立在趋势分析的基础之上的，当然也是最关键的一步。有很多投资者看对了趋势，但由于时机选择错误，结果在趋势展开之前，就在来回震荡的行情中止损出局。不仅出现了实际亏损，还错过了后面的盈利行情。

时机选择，就是具体的进场点，往往是由技术指标做参考依据，比如，在上涨行情中，每当价格回调到均线支撑附近时，我们就可以以均线为止损，介入多单；又如在下跌行情中，MACD指标出现死叉时，我们可以介入空单。

总之，趋势分析是用来告诉我们该做多还是做空的，或要等待更好的交易机会；而时机选择决定我们何时入市交易。

2. 资金管理

资金管理是指决定入市交易后，要用多少资金进行交易，是重仓、轻仓还是满仓。它的重点是资金配置和对交易仓位的止损价位及盈利目标位。资金配置包括投资组合的设计、多样化的安排、在各个品种上应当分配多少资金等。在盈利与亏损关系上，首先，盈利目标要大于损失目标，一般比率为3∶1，因为只有这样操作，长期交易才会盈利。其次，盈利的次数与亏损的次数也很重要，所以，我们要尽可能地提高获胜率。

3. 退出环节

在期货交易中，进场容易，出场难。特别是对于那些不专业的投资者，可能因为账户中有资金，就随随便便入场交易了；也可能是看别人赚钱了，管不住自己就入场了。一旦入场，就由不得自己，特别是一进场就被套，出场就更难了。所以，退出交易计划比入场交易计划更重要。

退出计划包括两部分：分别是盈利时退出和亏损时退出。

盈利时退出，就是止盈，是指投资者通过趋势分析，在恰当的时机入场交易后，制订计划在合理价位退出。一方面，要尽可能地实现盈利，将该得到的利润保留住；另一方面，要避免盈利的单子变成亏损单子。

损时退出，就是止损，是指在行情不符合投资者预期时或行情突然变向时，要及时平仓出局，以避免小亏损变成灾难性的大亏损，从而保留实力，以备再战。

退出计划可以让投资者无论碰到什么行情，都能保持心态平静，从而理智交易，将属于自己的盈利保留，同时又避免出现大亏损。

4. 意外发生时的应对措施

期货市场是变化莫测的，没有任何交易计划是完美无缺的。因此，在制订交易计划时，我们一定要有一定的弹性，考虑到期货交易中可能出现的各种情况，制定尽可能全面的应变措施，通过这种灵活性保持计划和市场同步、追随市场趋势交易。

应对措施主要是将投资者可能在市场上遇到的情况都列举出来，并且考虑到在不同的情况下，应该采取什么样的应对措施。特别是当前行情走势与投资者预测的行情走势不一致时，应采取何种措施，即减仓、止损或反向操作。

12.4　执行交易计划的关键核心

执行交易计划的关键核心包含两部分：一是要科学地制订计划，二是执行交易计划要严格。两者相辅相成，缺一不可。

12.4.1　科学制订交易计划

期货交易计划的制订包括五个方面：分别是针对机会品种的胜算分析、进场计划、随机应对策略、出局的策略、纪律执行保障。

1. 针对机会品种的胜算分析

首先，我们要全面地分析当前期货品种的行情类别，是趋势状态，还是盘整状态。它的长期趋势是什么，中期趋势是什么，短期趋势又是什么。中期趋势处于长期趋势的什么阶段，短期趋势又处于中期趋势的什么阶段。操作的最低限制要求是在中期趋势的发展阶段，我们绝不允许冲动操作在趋势的末端，避免把风险之刀架于自己的颈项。接下来的分析如下：

- 期货品种的基本面分析和目前的政策导向、供求关系及市场规律。
- 期货品种是否活跃，主力的操盘有什么明显的特征。
- 短期、中期、长期技术图形在价格趋势上是否一致。
- 在期货市场中，相关的品种的走势是否配合。
- 期货品种走势的技术位置，目前是否处于短线趋势的起始点，附近是否有一个支撑位或阻力位，可否就近设置止损。
- 这笔交易的风险多大，是否在自己的承受范围内。
- 价格的波动空间有多大，潜在的风险报酬比是多少。
- 目前是否是最佳入场时机。

2. 进场计划

进场计划是以交易策略和方法为基础的，进场信号必须基于牢固的、合乎逻辑的理论基础，即必须是清晰的、唯一的，不能模棱两可，具体内容如下：

- 大体进场的价位区间。
- 进场的开仓方向。
- 首次开仓的资金量。
- 不同期货品种间计划动用资金的比例和关系。
- 盘中的紧贴止损位的设置。
- 走势符合预期，是否需要加仓。
- 尾盘的留仓条件，留仓的仓位控制。
- 必须保证在符合操作的条件下，按计划进场交易。

3. 随机应对策略

我们要不打无准备之仗，市场行情的发展具有不确定性，整个过程千变万化，行情走势参差不一，投资者要根据行情的变化对市场的行情走势进行预案，具体如下：

- 下一个交易日的可能走势有几种。
- 针对明天将会出现的这几种走势，自己将采取何种策略。
- 在与预期相反的走势下，止损点位将如何调整。

- 在走势符合预期的情况下，是否做进一步加仓动作。
- 止盈位的大体的设置。

4. 出局的策略

制订交易计划时，一定要明确在什么情况下退出已进入的交易，出局的实质就是持仓理由的消失，具体如下：

- 行情走势没有按预期走，在什么情况下止损出局。
- 当走势顺应趋势，盈利目标应设在何处？在这个位置是减仓还是全部退出。
- 当市场出现短暂盘整或回抽时，跟踪止损位怎样设置？应设在何处？
- 当走势出现阶段性盘整震荡时，是否做减仓或清仓。

5. 纪律执行保障

交易计划在操作过程中，可以根据市场行情变化不断地进行完善。但是一旦制订，我们就必须保证其被完美地执行，这是相当重要的一环，具体如下：

- 不是交易计划中的交易，坚决不做。
- 当出现计划中的交易时，不能举棋不定，必须按计划进场交易。
- 在交易过程中，我们要严格按计划进行控制。
- 当出现计划中的出局或减仓条件时，自己必须不折不扣地执行。

注意，很多投资者认识到交易计划的重要性，也制订了比较客观的交易计划。但是非常遗憾，费了好大劲制订的计划没有被自己执行，这是缺乏意志和自律的表现。

12.4.2 严格执行交易计划

交易计划制订后，下一步就是要严格执行交易计划。否则，制订的交易计划再好再完美，如果投资者面对利润的诱惑及早结束计划，或面对亏损不能及时出局，其结果只能是失败。

严格执行交易计划包括四个方面：分别是每笔交易投入的最高资金限额不变、耐心等待交易机会、分批建仓、趋势明朗情况下耐心持仓到盈利目标位。

1. 每笔交易投入的最高资金限额不变

我们千万不能感情用事，杜绝心态好时，无论行情怎样，都重仓交易，结果常常亏掉以前大部分盈利；杜绝心态不好时，面对大好的机会，也迟迟不敢入场交易，或轻仓入场，得不到该获利的投资收益。

2. 耐心等待交易机会

当没有好的机会时，不要轻易进场交易。千万不要想着自己如果不进场，就没有机会，其实期货市场不缺机会，缺的是机会来了，你的资金没了。

3. 分批建仓

第一次进场交易的建仓数量不要太大，以防自己预测行情出错，也不会亏损太多；如果预测对了，可以再择机加仓介入，即先试仓，再加仓。

4. 趋势明朗情况下耐心持仓到盈利目标位

在行情对自己有利的情况下，千万不要有点盈利就仓促平仓了事，这样就会错过后面的大好行情，使该获利的收益没有得到。获利平仓后，管不住自己的手，乱操作，结果把盈利给亏了进去，甚至由盈利变亏损，更可怕的是，由小亏损变成巨亏。

12.5 交易计划应用模板

为了帮助投资者掌握交易计划的应用，分享我的一位学员的外汇实盘交易的计划。

外汇交易计划及执行

姓名：＿＿＿＿＿＿＿　　　　　　　　　　　　日期：＿＿＿＿＿＿＿

确定交易机会及策略分析：

交易品种	机会类型	机会周期	备注
AUDUSD	头肩顶	1H	

各周期能量状态：

日图：形成能量积累区间，行情在区间内中间位置形成行情停顿 - 回撤。

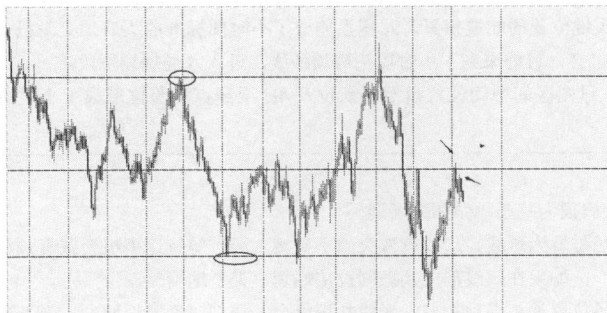

4H 能量状态

在日图区间中间位置及当前周期次高点平衡位形成能量积累。

1H 能量状态

4H 在关键位置形成的能量积累逐步形成了小时图的头肩顶标准交易机会，进入入场规划阶段。

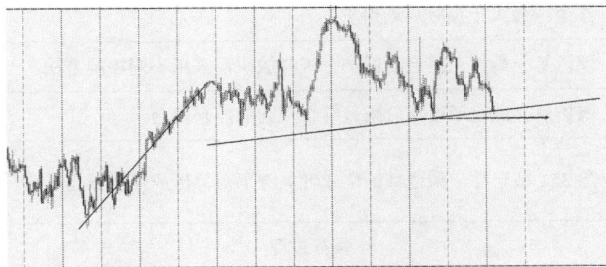

交易策略分析：

交易逻辑：

行情在日图区间内展开逆向释放，受边线平衡位的影响，行情走势容易反复，因此，要做区间内的交易机会必须要在基准周期形成标准的交易机会，操作方式以波段交易为主；行情来到 4H，形成了关键位置的能量积累，此积累构成了小时图标准的头肩顶交易机会，积累 7 天，构成 4H 的交易机会，目前来到了小时图头肩顶颈线，进入入场规划阶段。

综合分析：日图区间中间位置盈亏平衡位及 4H 次高点平衡位形成了小时图的标准头肩顶机会。

策略方法：

以小时图头肩顶为基础，做如下规划：

- 第一入场位置为颈线，形成有效突破不直接入场，等待途中机会或者颈线共振规划"天罗地网"；如果在颈线形成共振则直接规划"天罗地网"。
- 第二入场位置为头肩顶右肩，形成共振机会，规划"天罗地网"，上下释放的空间：上为头肩顶头部平衡位，下为颈线平衡线。
- 第三入场位置：头肩顶头部平衡位，形成共振机会规划"天罗地网"，直接突破则等途中机会。
- 如果有底仓，头部位置则是加仓和减仓的目标位。

交易计划执行单

姓名：_____　　　　　　　　　　　　日期：_____

交易计划 - 资金管理	
资金管理 总资金： 700	风险资金：700×30%=210　　　　止损点：60 点 交易次数：10　　　　　　　　单笔亏损：21 仓位等级：重仓 0.1　一等 0.05　二等 0.03　三等 0.02　试仓单 0.02
资金管理 总资金： 3 000	风险资金：3 000×40%=1 200　　　　止损点：60 点 交易次数：10　　　　　　　　　单笔亏损：120 仓位等级：重仓 0.4　一等 0.2　二等 0.1　三等 0.05　试仓单 0.03
保护法则	浮盈 = 最大止损时启动保护
控制法则	浮盈等于最大止损启动保护，视释放快慢采用不同控制方法
加仓法则	保护后并减仓后用浮盈来做符合规则的加仓机会
减仓法则 （补充）	除 351 减仓外，到达目标位或者关键平衡位形成停顿减仓
执行过程	
时间 + 当前动作 + 下一步计划	

（1）6 月 9 日 10:30 行情逐步形成了积累 7 天的 4 小时图头肩顶交易机会，在大周期区间内形成了标准的头肩顶交易机会，进入入场规划，以小时图头肩顶为基础，做下一步规划，具体如下：

- 第一入场位置为颈线，形成有效突破不直接入场，等待途中机会或者颈线共振规划"天罗地网"；如果在颈线形成共振则直接规划"天罗地网"；
- 第二入场位置为头肩顶右肩，形成共振机会，规划"天罗地网"，上下释放的空间：上为头肩顶头部平衡位，下为颈线平衡线；
- 第三入场位置：头肩顶头部平衡位，形成共振机会规划"天罗地网"，直接突破则等途中机会；
- 如果有底仓，头部位置则是加仓和减仓的目标位。

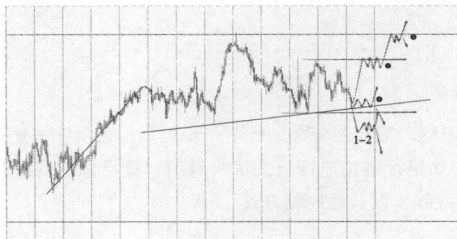

21:00 行情在颈线上方形成能量积累有效往下突破入场空单，采用二等仓入场。

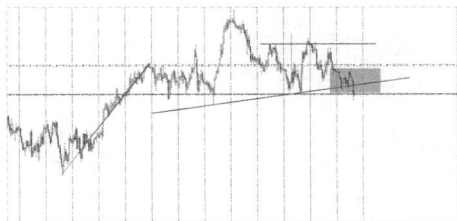

22:00 空单成交，行情纯阴往下释放，下一步规划：等待保护、等待目标位，我们采用垂线测量释放的空间。

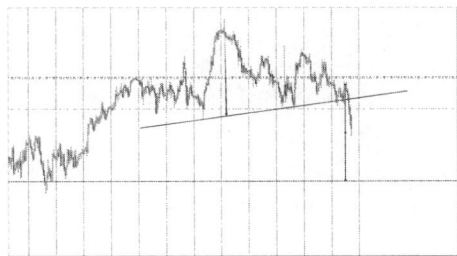

（2）6月10日09:56行情形成标准机会＋共振往下释放后进入持仓控制阶段，下一步规划：我们按照行情运行的特性——纯阴释放采用K线控制，减仓三分之一后采用351短波线（粉线）控制，同时辅助于头肩顶垂线目标位控制，快速到达目标位置减仓总仓位的80%。剩余部分再按照行情运行特点规划下一步。

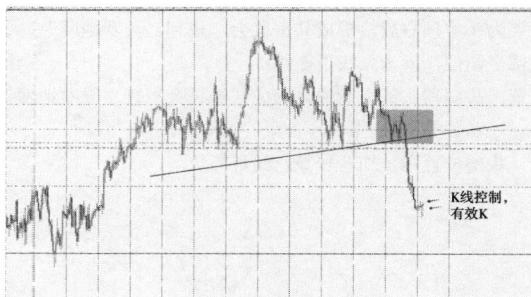

11:00行情形成双阳绝，减仓三分之一，下一步规划：启动351短波线（粉线），有效破则再次离场三分之一，如果行情快速释放到达头肩顶定量目标位则减仓总仓位的80%，剩余仓位等平保等趋势线（绿线）或其他控制方式。

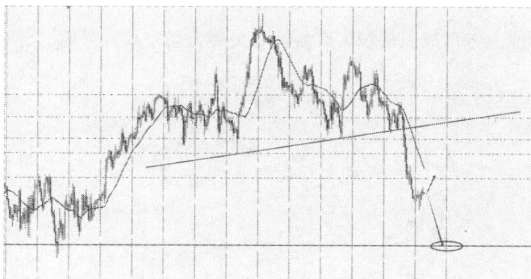

14:40行情回撤有效破短波线（粉线）减仓三分之一，剩余仓位等待平保、等待趋势线（绿线）同时辅助定量控制。

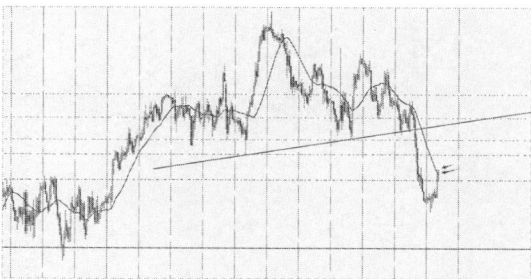

17:00 行情有效破短波线（粉线），减仓三分之一。剩余仓位有效破趋势线（绿线）减仓或离场，如快速到达定量目标位置，减仓至仓位的 80%。

21:00 行情回撤至释放的二分之一处，形成积量往下释放，快速到达目标位置，减仓至总仓位的 80%。

下一步采用小时图释放的起点平衡位作为定量控制，到达目标位置形成停顿减仓剩余仓位的 80%，剩余仓位有效破趋势线（绿线）离场。同时在途中形成加仓机会规划加仓。

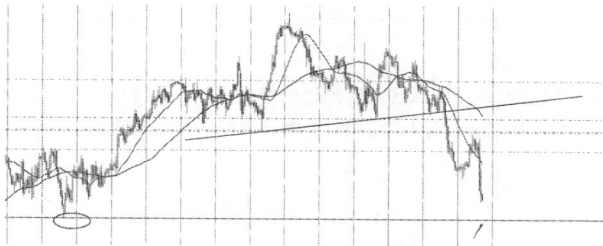

22:45 到达释放的低点平衡位形成 15 分钟停顿减仓总仓位的 80%，剩余仓位等平保、等加仓机会。

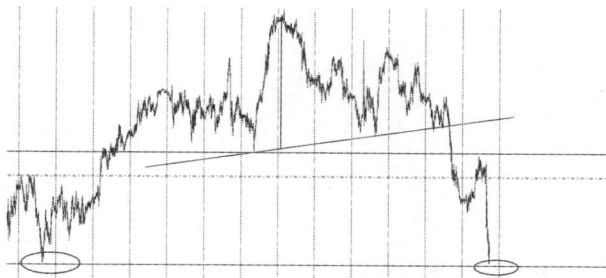

（3）6 月 13 日 15:42 行情快速往下释放，已减仓，下一步规划：启动 351 控制，有效破短波线（粉线）减仓二分之一，剩余仓位有效破趋势线（绿线）全部离场。

（4）6 月 14 日 22:00 日图形成区间内侧逆向快速释放，目标位为下区间平衡位，如形成小时图停顿减仓 80%，剩余仓位等有效破 1H 趋势线（绿线）全部离场。

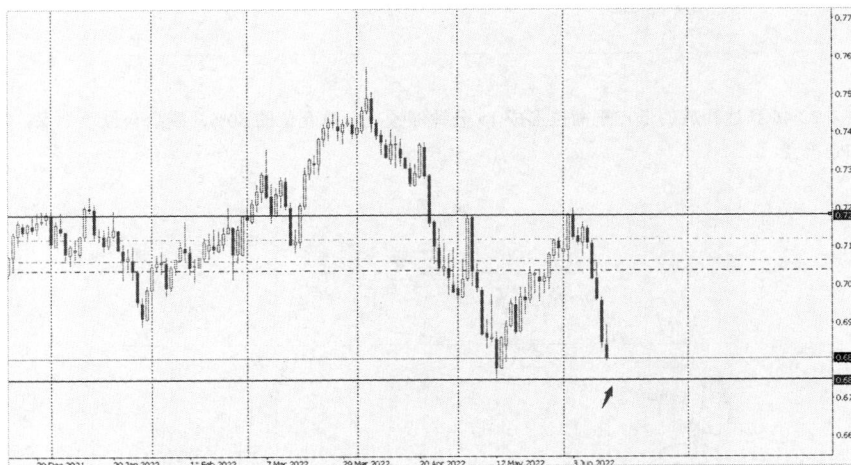

停顿减仓80%，
剩余仓位有效
破绿线全部离场

减仓50%，剩余仓位
有效突破绿线离场

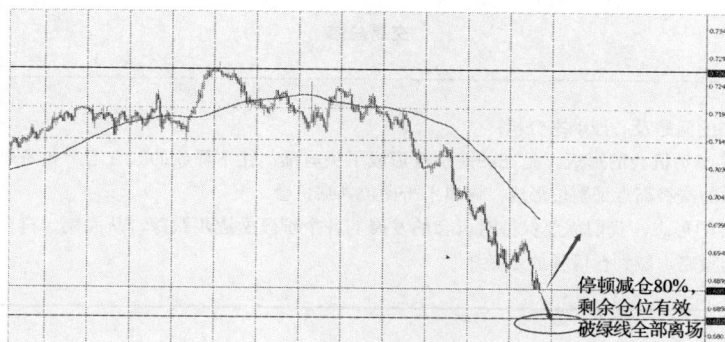

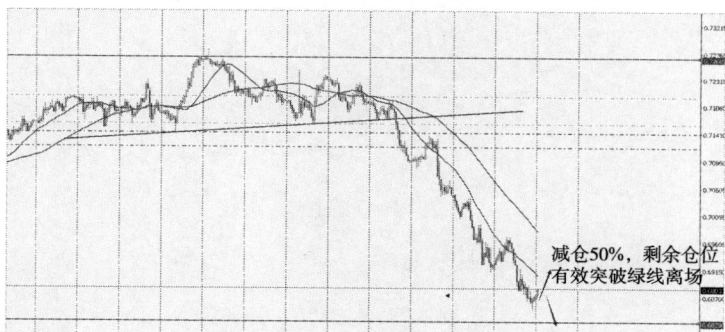

（5）6月15日行情有效破短波线（粉线）减仓50%，剩余仓位有效破趋势线（绿线）全部离场。

（6）6月16日10:50行情有效突破趋势线（绿线）全部离场，下图是交易路径。

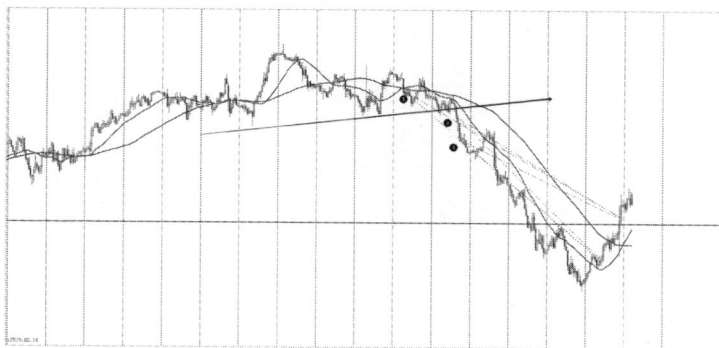

交易总结

存在的问题及心理动态分析：

本笔交易机会的形成，是在关键位置形成了头肩顶：往下释放的二分之一盈亏平衡位，以及回撤的次级高点平衡位形成，这属于平衡位共振机会。

机会的形态，我们需要保持对机会的发展的各个阶段做逐步跟踪，从而制定符合行情走势特性的策略，做到行情释放是必然。

第 13 章

交易员训练体系：稳步迈向成功

13.1　理论学习阶段

交易理论的学习至关重要，关乎到交易的最终成败。没有交易理论指导的交易，容易陷入盲目交易当中，导致交易行为和心理的不稳定，必然造成不利的局面，要么造成巨大的经济损失，要么无法在市场中进行长期交易。成功的投资者都具有自己独特的交易理论，这也是他们成功的底层原因。

仅从具体的交易动作来看，交易确实是件非常容易的事情，通过短时间的学习交易软件，就能够学会如何开仓、如何平仓。但是，开仓和平仓背后的理由是什么？如果不清楚交易动作背后的理由，当交易结果出现不利局面时，必然陷入迷惑和恐惧之中，交易难以继续。

交易必须要有科学的交易理论做指导，才能做到心中有数，进出场自如，欣然接受交易的盈亏结果。大家可以这样理解，交易理论是进行交易活动的理由。

那么，什么是交易理论？

它是指在大量的交易实战经验基础上提炼出符合市场走势规律并且能够实现正向盈利的一系列交易原则的总和。我的交易系统的底层理由由五大交易理论组成：分别是无向论、能量论、共振论、平衡论和实践论。这些理论在不同的角度反映市场走势的规律和投资者获胜的交易规律。

- 深刻理解无向论的原理，能够通过多空力量角度证明无向论的正确性，保持无向论的思考状态，为可能出现的行情状况做好心理应对准备。
- 掌握能量论的原理及其定律，能够使用能量论解释说明当前行情走势，并能推演未来行情可能的走势。
- 掌握共振论的原理和使用原则，你能够辨识出双重共振和多重共振的交易机会。

理论学习的关键因素在于深刻理解该理论形成的原因，并能将理论应用到交易活动中去。在学习完能量论之后，明白了市场的波动是按照积累和释放的方式进行。可以按照这个理论指导自己的交易：在行情处于能量积累时，不参与交易保持观望；在行情处于能量释放状态时，再参与交易。依据能量论指导交易，能够很快形成良性的交易节奏，始终让我们建立的订单处于优势地位，这为实现稳定盈利打下了牢固的基础。

13.2　分析行情训练阶段

分析行情的能力是交易员最基础的交易能力，通过行情分析，给当前的行情诊脉，为制定交易策略提供强有力的支持。行情分析阶段的训练目标有两个：一是使用能量论研判当前行情的状态特征。二是通过行情分析确定交易机会。下面是行情分析的训练步骤。

1. 确定行情分析周期

几乎所有的交易软件都提供了不同周期的行情图表，最小的设置达到 Tick 图级别，最大的图表周期为年图，其中，最常见到的周期为 M1、M5、H1、H4、D1、W1。同一个品种的行情走势，我们可以通过不同的周期进行研究和分析，虽然能更全面地了解行情的走势，但也带来了分析时的混乱，导致行情的结果不能达到唯一性。比如，周线级别的行情处于释放之中，4 小时级别的行情可能处于积累当中，同一个品种带来不同的分析结论，这不利于交易的进行。

为了解决这种问题，使分析的结论能够达到唯一性和确定性，在交易系统中，我们对交易品种的周期作了严格的规定，把交易品种的周期分为三种类型：分析周期、交易周期和控制周期。

- 分析周期：在分析周期图表内仅做行情状态的判断和交易机会的识别，不在分析周期上减仓。行情分析的训练应在分析周期图表上进行。
- 交易周期：被称为基准周期或入场周期，在分析周期上识别出交易机会后，在交易周期上判断入场的条件和时机，采取建仓的交易动作。
- 控制周期：它是一种特殊的周期，当我们建仓成功后，在控制周期上进行第一次建仓操作。

通过对交易周期的划分，我们能够有效避免交易混乱的问题。下面以外汇市场和期货市场的交易为例进行详细说明。

（1）外汇市场

分析周期：H4。

交易周期：H1。

控制周期：M15。

说明：在做外汇交易时，只在 H4 周期图表上分析行情状态和识别交易机会，在 H1 交易周期图表上建立订单，在 M15 周期上进行第一次的持仓控制。

（2）期货市场

分析周期：H1。

交易周期：M15。

控制周期：M5。

说明：在做期货交易时，只在 H1 周期图表上分析行情状态和识别交易机会，在 M15 周期图表上建立订单，在 M5 周期图表进行第一次持仓控制。

分析周期的确定是基础，类似为我们的交易搭建好固定的舞台，只有在固定的舞台上才能作出精彩的操作。否则，经常性地切换不同周期的图表，必然陷入盲目和不安之中。

2. 研判行情所处的状态特征

在分析周期上对行情作状态特征的研判，研判的依据为能量论，主要研判的内容如下：

（1）释放状态：根据释放的定义，用线段标注出行情释放的部分。

（2）积累状态：根据积累的定义，用矩形框标注出积累的区间。

（3）回撤幅度：比较积累状态的幅度和释放幅度之间的关系。

（4）积累内部结构：根据积累状态的三个阶段，判断出当前积累状态是初期阶段、中期阶段还是末期阶段。

（5）交易机会：通过以上四步的分析后，得出当前行情是否存在交易机会的结论，这也是行情分析的主要目标。

3. 制定对应的交易策略和采取的交易动作

交易员之所以容易犯错误，有一个重要的原因：对当前行情的阅读不深入、了解不够透彻，盲目操作自然就发生了。通过行情分析研判出的行情走势结论，会有十分明确和清晰的交易应对措施，下面逐一进行讲解。

- 当前的行情处于释放状态时：如果有持仓，按照控制系统的法则对行情进行控制；如果没有持仓，耐心等待行情的回撤，形成交易机会后再入场。这一点是很多交易员最容易犯的错误，看见行情启动了，就盲目追进去，往往造成不利的交易结果。
- 当前的行情处于能量积累时：耐心等待交易机会的形成，如果没有形成交易机会就直接放弃。
- 当前的行情形成交易机会时：切换到交易周期上，等待满足入场条件后，采取进场的交易动作。

通过行情分析的训练，形成行情分析能力，是每个交易员必备的基本功，是避免交易失误的有力保障，是实现长期稳定盈利的基石。

13.3　交易机会识别训练阶段

交易机会识别训练是最重要的一项训练，也是成功交易员的必备能力。因为交易机会决定了是否参与交易，以及通过何种方式参与交易，倘若交易机会判断不准确，就会影响到入场的成功率，最终影响到交易的结果。

交易机会识别训练阶段的目标是：判断分析图表中是否存在交易机会以及精准判断属于何种类型的交易机会。

交易机会的判断分为三个基本步骤：

第 1 步，判断释放：必须是标准释放，也就是快释放。

第 2 步，策略回撤：回撤幅度不能超过释放的一半。

第 3 步，内部结构：结构清晰，触及点明确。

可以将其概括为：一释放，二回撤，三结构。在交易机会章节中已经有过详细讲解，此处不再赘述。

下面是交易机会识别训练阶段的具体要求：

- 养成识别交易机会的习惯。形成准确识别出交易机会的能力不是一蹴而就的，是一个循序渐进的长期过程，功夫全在平时。
- 对交易品种所有周期的行情进行交易机会的识别。比如螺纹钢，是 2009 年上市的，有十几年的行情数据供练习使用。把螺纹钢不同周期的行情分别识别，把其中出现的交易机会截图保存，见多了，自然就熟悉了。

- 养成截图保存的习惯。在平常分析行情时，只要发现是交易机会，则分门别类截图保存。日积月累形成自己的交易机会图库，当实战交易时遇到把握不准的机会，立即调出同一类型的交易机会图库进行对照，能够有效解决判断机会不准的问题。

- 通过识别交易机会的训练，掌握行情释放的各种形式和特征。由于无向论的限定，同一类型的交易机会有不同的释放形式。比如上三交易机会，就有两种基本的释放形式，从释放方向可分为向上释放和向下释放；从释放的状态可分为快速释放和缓慢释放；从释放的形式可分为逆向释放和正向释放。这些复杂的释放难题，通过大量的机会识别练习，就能轻松掌握。

- 制作交易机会练习卡片，它是一种非常有效的训练方式，把交易机会制作成卡片，可供我们随时进行练习。以上旗交易机会为例，卡片的背面为上旗交易机会的演示图和要点，正面为上旗交易机会的经典实例。

交易机会是参与交易的敲门砖，是决定交易成败的关键一步，无论付出多大的时间和精力练习都不为过，希望大家能够高度重视，勤加练习，稳定盈利必能自然而至。

13.4　流程化交易训练阶段

交易不是孤零零的进场和出场等这些最简单的交易动作，而是不同交易动作的有序排列组合。比如，入场之后，会面临止损和保护的交易动作；保护之后面临平保和加减仓的交易动作。分布在交易流程图上的各个节点就是交易动作，相互之间前呼后应，组成交易的链条，形成交易系统。

对于流程化交易训练的核心在于思维上的转变，要把交易看作是一系列的交易动作，而不是一锤子买卖。

普通人的思维方式往往是点状思考，只考虑当前的问题，不考虑问题的前因后果。作为专业的交易员要能够形成流程化和系统化的思维方式，才能从容应对市场的各种挑战。

交易新手往往不知道如何做，思维的改变也并非一朝一夕之功，是否有好办法？有，对照法。对照交易流程图进行交易。

我们把交易流程图打印出来，交易时对照流程图观察当前的处于哪一个阶段，下一个阶段是什么。比如，当前的交易位置处于入场阶段，从流程图上能够清晰地看出入场之后有两个交易动作：止损和保护，甚至止损之后和保护之后要采取什么交易动作都会一清二楚。

强迫自己按照流程图进行交易，本质就是在进行流程化交易，虽然起初感觉别扭不适应，但习惯之后就会发现交易开始顺畅起来，因为思维方式发生了改变，大脑适应了交易环境。这是能够彻底执行交易计划，实现稳定盈利的本质，所谓的思维一变，奇迹出现，就是这个道理。

在实际交易中，对于新手交易员而言，通过对照法的方式进行训练也是有难度的，因为有时候根本不知道自己的交易动作是否标准，面临这种情况，可以使用临摹法。它是很有效的训练方式，尤其是针对交易流程的训练十分有效。流程化交易的难点在于行情走势的复杂，导致交易动作不容易做到规范化，不容易把各个交易动作有机地串联起来。大家通过临摹整个交易过程，会收到不错的学习效果——临摹一遍，能够明白整个交易流程。临摹两遍，能够记住整个交易流程。临摹十遍，能够掌握整个交易流程，运用到实战中。

13.5　模拟交易训练阶段

对于模拟交易训练有两种截然不同的观念。稳健的交易员认为：刚开始用模拟盘先做交易，再进行实战，这样心里有底，更容易成功。也有交易员认为：模拟交易和实战属于完全不同世界的交易，模拟交易体会不到真金白银的刺激感，激发不了人性中的贪婪与恐惧，暴露不出交易中的心理问题，认为模拟交易没用。

负责任地告诉大家：模拟交易如同军事演习，至关重要。毫不讳言，模拟交易中都不能稳定盈利的人，是很难在实战中获胜的。下面教大家怎么正确地使用模拟交易。

1. 什么是模拟交易

模拟交易是完全仿真的交易，面对的是真实的行情走势，除了账户中的钱不是真的，其他都是完全一样的。

2. 模拟交易的优势有哪些

一是，熟悉交易软件的使用。

外汇交易最常用的软件是 MT4，期货交易常用文华和博易大师等，有一些常规操作，比如，添加和删除指标和交易品种、提交各种订单的流程、调整仓位、查看交易记录等，虽然没有太多的技术含量，但是也需要一个熟悉和熟练的过程。

在模拟交易中，我们可以快速地练习和熟悉，非常方便。有很多新手由于熟悉交易软件的基本操作，导致开错单的情况出现，一定要能够熟练掌握交易软件的基础操作。

二是，熟悉交易系统的操作。

每次进场，需要挂单还是限价单抑或是破位单；挂单的点位计算、止损的位置、仓位的计算等。使用模拟交易，可以快速地熟悉一个交易系统执行的流程，即使犯错也不会有金钱的损失。

三是，感受交易系统的执行过程。

比如，一张订单需要持仓两天，两天中价格起伏变化（这是复盘无法给予的体验），订单进场的时间段，交易系统的交易频率有多高等，都可以在模拟交易中体会到。

通过模拟交易还可以初步形成自己的交易习惯，交易系统同自己的作息规律是否合拍？特别是兼职交易，这尤为重要，盯盘的时间、交易频率、订单进场的时间段，自己是否有时间做。

四是，体会犯错对交易的影响。

交易员一定会在交易中犯错误。即便交易系统很完善，做错交易和错过交易这种事情是一定会发生的，无一例外。导致犯错多种多样，比如有人是因为盯盘不认真，做错过单子，因为交易软件会默认上一次的交易仓位，有人在交易时忘记调整仓位等，都会对交易有影响，在实战中一定要把这个因素考虑进去。

同时，模拟交易也会遇到实盘中同样的错误，通过模拟交易，提前把错误犯了，及时改正，在以后的实战中就会少犯错。

五是，体验交易中的人性。

模拟软件上行情的走势跟实盘是完全一样的，即便是模拟交易也会对我们的人性产生一定的挑战，道理非常简单，因为都有好胜的心理，都想验证自己是正确的。模拟交易盈利了，会非常开心，虽然我得不到什么真正的实惠，但心理上得到了满足，对交易充满了信心。模拟交易亏损了，心情也会变得非常低落，因为自己的判断是错误的。

因此，如果模拟交易盈亏的这种兴奋和失落感都无法掌控，那么就没有必要开始实盘交易，模拟交易也是检验自己是否具备实盘交易能力的过程，非常重要。

3. 怎么正确地做模拟交易

模拟交易既可以用来检验自己交易系统的盈利能力，也可以用来试错和调整自己的交易。那么，怎么正确地做模拟交易？具体如下：

第一，你得有一套完善的交易规则，包括方向的确认、进场、止损止盈的设置和资金管理这几个交易系统必备的要素。

第二，使用复盘软件先把这套交易系统测试一遍，确定这套交易系统在历史行情中能够稳定盈利。

第三，用模拟交易做几个固定的品种，模拟实操这套交易系统；同时，严格按照交易系统的信号执行，仓位也执行一致的标准。

第四，模拟交易至少一个月的时间，保证在这段时间内，交易的结果是正向盈利的。

第五，用真实的资金量去做模拟，不要一开始就用资金量很大的模拟账户，否则会让自己对金钱有错觉，容易养成贪婪的心理。

请牢记：模拟不盈利，实盘不交易。

13.6　实盘交易训练阶段

实盘交易才是交易真正开始的地方。在经历过勤奋学习，艰苦训练，模拟交易通关之后，自然进入实盘交易阶段。实盘交易阶段也是训练阶段，而且是更重要的阶段，大家永远都不要自满，认为自己学会了，模拟赚钱了，就能够在实盘中赚到真金白银了。实盘交易考验的是交易心理，对盈亏的态度，触及到内心深处的灵魂。

实盘交易训练阶段有以下三大基本原则：

1. 无计划，不交易

要对实盘交易的每一个机会，做好万全的交易计划，翔实记录每一个交易动作，克服内心的恐惧和贪婪，彻底执行交易计划。一旦开始实盘交易，盈亏便立即会掌控你，控制你的心理活动，再也不能无忧无虑了。

交易计划有三个极大的好处：一是可以真实地了解自己，深刻地认知自我；二是对每一笔交易清清楚楚，赚得清楚，亏得明白；三是觉察自己犯的过错，及时改正。

2. 量力而行，从小到大

刚开始交易时，资金量要小，小到即使全部亏完，也不影响自己的正常生活。一般外汇交易从 1 000 美金开始，期货交易从 10 000 元人民币期货。虽然刚开始的资金量不大，但作用却十分巨大，能够充分暴露自己实盘交易环境下的各种不足，以最小的成本获得宝贵的实盘交易经验。

每当盈利超过 50% 时，提高自己的交易手数。比如外汇交易 1 000 美金，用 0.02 手交易，当盈利到 1 500 美金时，用 0.03 手交易。

亏损时降低仓位，当亏损超过 50% 时，降低自己的交易手数。比如外汇交易 1 000 美金，用 0.02 手交易，亏损到 500 美金时，仓位水平降低到 0.01 手交易。

3. 盈不骄傲，亏不气馁

盈利和亏损是交易中最常见的现象，要能够用平常心接纳盈利亏损。当盈利时，不要骄傲，根据我的交易经验，骄傲是盈利变亏损的罪魁祸首；当亏损时，更不要气馁。从容面对盈亏，让每一次交易都从零开始，不要让盈亏影响到你的下一次交易，每一单都是新单才是交易的稳定获利之道。